„Gegen die Angst, seid nicht stille“

Doris Liebermann, geb. 1953, studierte Theologie in Jena. Nach einer Unterschriftensammlung gegen die Biermann-Ausbürgerung wurde sie zusammen mit der „staatsfeindlichen Jenaer Gruppe“ um Jürgen Fuchs 1977 nach West-Berlin ausgebürgert. Dort studierte sie Osteuropäische Geschichte und Slavistik. Seit 1983 arbeitet sie als Autorin für Funk, Fernsehen und Printmedien und veröffentlichte mehrere Bücher.

Doris Liebermann

„Gegen die Angst, seid nicht stille“

Das geheime Tonband von Pannach, Kunert und Fuchs

Umschlagfoto: Nach der Ausbürgerung aus der DDR 1977: Christian Kunert, Gerulf Pannach und Jürgen Fuchs mit Wolf Biermann in West-Berlin (Quelle: Robert-Havemann-Gesellschaft / Johanna Elbauer / RHG_Fo_HAB_17672)

Bibliografische Information der Deutschen Nationalbibliothek
Die Deutsche Nationalbibliothek verzeichnet diese Publikation in der Deutschen Nationalbibliografie; detaillierte bibliografische Daten sind im Internet über http://dnb.dnb.de abrufbar.

2., unveränderte Auflage 2023

www.mitteldeutscherverlag.de

Gesamtherstellung: Mitteldeutscher Verlag, Halle (Saale)

ISBN 978-3-96311-689-6

Printed in the EU

INHALT

VORGESCHICHTE

Ein Revox-Gerät aus Berlin

Es war Dienstag, der 12. Oktober 1976, als sich der Leipziger Liedermacher Gerulf Pannach zu seinem Freund Wolf Biermann nach Berlin aufmachte. Ein vermeintlich enger Musikerfreund begleitete ihn als Fahrer, IM „Wolf Kaiser", der der Stasi von Anfang an alle Pläne verriet. Das Auto, ein Shiguli, mit dem Pannach nach Berlin fuhr, gehörte dem ehemaligen Renft-Gitarristen Peter „Cäsar" Gläser, der inzwischen bei der Leipziger Band Karussell spielte. „Cäsar" fuhr auch mit, die Fahrerlaubnis war ihm entzogen worden. Pannach und IM „Wolf Kaiser" setzten ihn an der Musikschule Friedrichshain ab, zu der er jeden Dienstag fuhr. Dann fuhren sie in die Friedrichstraße, stellten das Auto auf einem Parkplatz ab und gingen zu Wolf Biermann. Sie blieben zwei bis drei Stunden in der Wohnung. In dieser Zeit kam ein Mitarbeiter des Kölner Verlages Kiepenheuer & Witsch zu Besuch. So berichtete es IM „Wolf Kaiser" dem MfS. Seit zwei Jahren hatte Pannach Auftrittsverbot, und 1974 war der OV „Chanson" gegen ihn eröffnet worden. Auch die Renft-Combo war seit 1975 verboten, für die Pannach großartige Texte geschrieben hatte. Mit Christian Kunert, genannt „Kuno", dem ehemaligen Renft-Keyboarder, hatte Pannach ein Liederprogramm erarbeitet. Es fand keine Gnade bei den DDR-Oberen. Statt auf der Bühne zu stehen, stapelten die beiden Musiker im Herbst 1976 in Leipzig Obst- und Gemüsekisten.

Pannach hatte Biermann während seiner Armeezeit kennengelernt, eine Begegnung, die ihn nachhaltig prägte. Wolf Biermann hat sich in seiner Autobiografie zu den besonderen Umständen ihrer ersten Begegnung so geäußert: „Ein junger Liedermacher, Gerulf Pannach aus Leipzig, war Grenzer an der Berliner Mauer. Er hatte es geschafft, mit dem Diensttelefon auf seinem Wachturm ins normale Telefonnetz zu kommen, und wählte mit frecher Arglosigkeit meine Nummer. Er besuchte mich dann in Uniform. Mir blieb das

Herz stehen!“[1] Pannach sagte später über die Begegnung mit Wolf Biermann: „Das wurde ein Wendepunkt für mich und ‚Renft‘, denn von jetzt an wurden meine Texte deutlicher und schärfer […].“[2]

Wie Biermann verstand sich Pannach als Sozialist – als kritischer Sozialist. Bloße Lippenbekenntnisse, um im „real existierenden Sozialismus“ Karriere zu machen, waren ihm zuwider.

Seine Lieder und seine Freundschaft mit Wolf Biermann fielen dem Ministerium für Staatssicherheit (MfS) auf. 1974 legte es einen Operativen Vorgang (OV) über Pannach an und versuchte mit erstaunlich viel Personal und Energie, den Liedermacher zur Räson zu bringen. Das bedeutete: Überwachung durch ein enges Netz inoffizieller Mitarbeiter, Zensur seiner Texte, Behinderungen durch die Leipziger Kulturbehörden, Auftrittsverbote. Oder, wie es in der Stasi-Sprache hieß, „durch geeignete Sicherungsmaßnahmen die Wirksamkeit der Vorbereitung seiner feindlichen Ideologie einzudämmen bzw. zu verhindern“.[3]

An diesem 12. Oktober 1976 holte Gerulf Pannach bei Wolf Biermann ein empfindliches „Revox“-Tonbandgerät ab, es stammte aus dem Westen. Damit wollte er in Leipzig zusammen mit Christian Kunert und dem Schriftsteller Jürgen Fuchs Lieder und Texte in technisch guter Qualität aufnehmen. Pannach vertraute IM „Wolf Kaiser“ unterwegs an, dass schon Lieder von ihm im Westen seien. Der Versuch, eine Platte bei der DDR-Plattenfirma Amiga zu veröffentlichen, war gescheitert. Es gab Pläne, eine Schallplatte mit Pannach-Liedern in der Bundesrepublik zu veröffentlichen. Nun sollte noch ein Band entstehen und nach drüben gelangen, damit Rundfunksender es in ihr Programm nehmen konnten.

Pannach hatte seine Lieder in der Vergangenheit immer wieder Wolf Bier-

---

1 Wolf Biermann: Warte nicht auf bessre Zeiten! Die Autobiographie, Berlin 2016, S. 299.

2 Michael Rauhut: Blues in Rot. Der Fall Gerulf Pannach und das Verbot der Klaus Renft Combo, in: Deutschlandarchiv, 31 Jg., Nr. 5/1998, S. 775.

3 BStU MfS AKK 3179/84 Gerulf Pannach, MfS-Bericht vom 14.1.1975 „Verbindung des Biermann“, HA XX BV Leipzig, Bd. 1, Bl. 3.

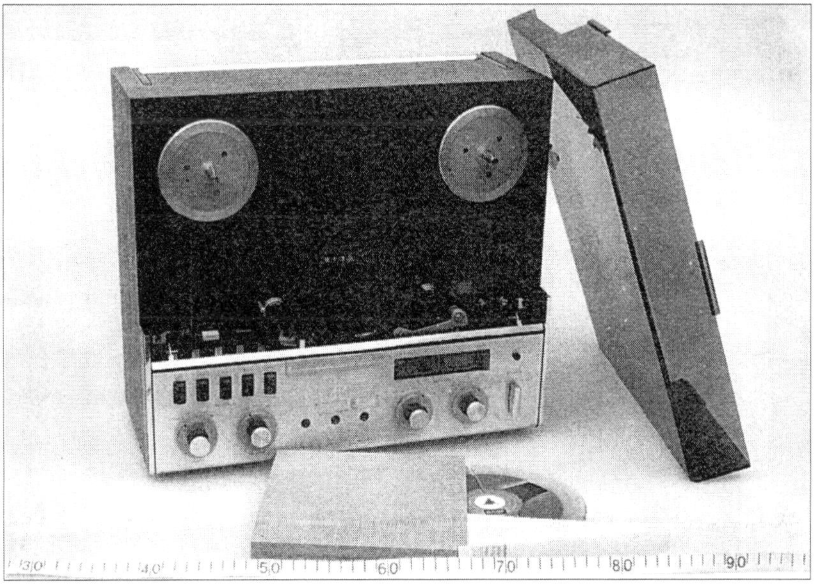

Das von Wolf Biermann stammende Revox-Tonbandgerät, auf dem das „Leipziger Tonband“ aufgenommen wurde – vom MfS beschlagnahmt, ist es bis heute spurlos verschwunden (BStU MfS AU 14 674/77, Bd. 12, Bl. 16)

mann vorgetragen und seine Texte mit ihm besprochen. Bei diesen Gelegenheiten lernte er auch interessante Westbesucher bei dem älteren Freund kennen, Verleger, Schriftsteller, Journalisten, Künstler, den Liedermacher Walter Mossmann zum Beispiel, den Soziologen und Politaktivisten Rudi Dutschke oder Günter Gaus, den ersten Leiter der Ständigen Vertretung der Bundesrepublik in der DDR.

An diesem Oktobertag holten Pannach und IM „Wolf Kaiser“ den Musiker Peter „Cäsar“ Gläser wieder von der Musikschule ab und fuhren zurück nach Leipzig. Das Gerät brachten sie in Pannachs Wohnhaus in Leipzig-Dölitz. Das Haus gehörte der evangelischen Kirche, in der unteren Etage befand sich ein Gemeindesaal. Dort sollten am darauffolgenden Wochenende die Tonaufnahmen stattfinden.

Zurück in Leipzig, berichtete IM „Wolf Kaiser“ seinem MfS-Führungsoffizier unverzüglich von den Plänen. Der ließ sofort per Telegramm den stellvertretenden Minister für Staatssicherheit, Generalmajor Rudi Mittig, in Berlin informieren.

> „durch einen im [d.h. Inoffiziellen Mitarbeiter] wurde bekannt, dasz am 12.10.1976 rpt 12101976 eine zusammenkunft bei biermann rpt biermann mit gerulf pannach rpt pannach und dem neuen verlagsdirektor des verlages kippenheuer [sic!] und witsch rpt kippenheuer und witsch stattfand. Biermann trug 2 angeblich neue gedichte vor vom ‚legalen und illegalen verlassen der ddr' und der leipziger chansonsaenger pannach sang 2 lieder, ‚ueberholen ohne einzuholen' und das ‚fahnenlied'. […]
> im gespraech erwaehnten biermann als auch pannach, dasz sie am 17.10.1976 nicht zur wahl gehen werden.
> zwischen biermann und pannach wurde eine beabsichtigte sendung im rias besprochen. diese sendung soll am kommenden wochenende in der wohnung des pannach mit dem jenaer lyriker fuchs rpt fuchs gefertigt werden. daran sollen auch die beiden ehemaligen mitglieder der renft-combo, kunert und schoppe rpt kunert schoppe, teilnehmen. […]"[4]

Das Tonband, das an diesem Wochenende entstand, sollte Geschichte machen. Dank Wolf Biermann bereitete CBS 1977 eine Schallplatte mit den Aufnahmen vor, als Jürgen Fuchs, Gerulf Pannach und Christian Kunert in der Stasi-Untersuchungshaftanstalt Berlin-Hohenschönhausen eingesperrt waren. Kurz nach ihrer Ausbürgerung nach West-Berlin kam sie auf den Markt: „Für uns, die wir noch hoffen. Lieder und Prosa aus der DDR". 2013 erschienen die Aufnahmen noch einmal neu als CD bei dem kleinen Audio-Label „Marktkram".[5]

---

4 BStU MfS AU 14 674/ 77 Gerulf Pannach, MfS-Telegramm, Bd. 9, Bl. 51. Die Schreibweise wurde beibehalten. – Am 17. Oktober 1976 fanden in der DDR die Wahlen zur Volkskammer, dem DDR-Parlament, statt. Der RIAS war eine bis 1993 existente West-Berliner Rundfunkanstalt, die von den US-Militärbehörden 1945/46 gegründet worden war.

5 Schallplatte: Pannach, Fuchs und Kunert: Für uns, die wir noch hoffen. Lieder und Prosa aus der DDR, CBS Schallplatten GmbH 1977. Als CD: Für uns, die wir noch hoffs 102

ausnahme

BStU
000171

GVS/VVS	CFS-Nr.: 102	
Datum	Zeit	Sig.
15.10.76	17.20	
Empf. vers. am:	um:	

mfs berlin

stellv. des ministers, gen. generalmajor mittig

durch einen im wurde bekannt, dasz am 12.10.1976 rtp 12101976 eine zusammenkunft bei biermann rpt biermann mit gerulf pannach rpt pannach und dem neuen verlagsdirektor des verlages kippenheuer und witsch rpt kippenheuer und witsch stattfand. biermann trug 2 angeblich neue gedichte vor vom "legalen und illegalen verlassen der ddr" und der leipziger chansonsaenger pannach sang 2 lieder, "ueberholen ohne einzuholen" und das "fahnenlied". bei dieser zusammenkunft erklaerte biermann, dasz der direktor des westdeutschen verlages zu einer besprechung wegen der herausgabe eines liederbuches und einer boigrafie von biermann im jahre 1977 rpt 1977 gekommen ist. im verlaufe der unterhaltung brachte biermann zum ausdruck, dasz er ueber den von den staatsorganen der ddr ausgewiesenen spiegel-journalisten metke rpt metke einen artikel zur veroeffentlichung uebergeben hat. dieser artikel war in form eines briefes an seine mutter emma geschrieben, wo er den auftritt in einer kirche des bezirkes neubrandenburg schildet.

a–b Telegramm an den stellv. MfS-Minister Rudi Mittig (BStU MfS AKK 3179/79 Bd. 2, Bl. 171/172)

in diesem zusammenhang aeuszerte biermann, dasz auch andere leute in kirchen veranstaltungen durchfuehren wollen, so u. a. eine veranstaltung in der kirche leipzig-schoenefeld mit der saengerin uschi bruenung rpt bruening.
im gespraech erwaehnten biermann als auch pannach, dasz sei am 17.10.1976 nicht zur wahl gehen werden.
zwischen biermann und pannach wurde eine beabsichtigte sendung im rias besprochen . diese sendung soll am kommenden wochenende in der wohnung des pannach mit dem jenaer lyriker fuchs rpt fuchs gefertigt werden. daran sollen auch die beiden ehemaligen mitglieder der renft-combo, kunert und schoppe rpt kunert schoppe, teilnehmen.
biermann beabsichtige, weitere veranstaltungen in kirchen durchzufuehren. zu der veranstaltung im bezirk neubrandenburg seien eine reihe von pfarrern eingeladen gewesen.
biermann will eine weitere veranstaltung in einer kirche im bezirk neubrandenburg und in berlin vorbereiten und durchfuehren.

bv leipzig
stellv. operativ
goericke - osl

„Dein Weg bleibt dein Weg". Gerulf Pannach, Song-Interpret

Bekannt wurde Gerulf Pannach durch die legendäre Rockband Renft. Ihre Musik prägte eine ganze Generation. 1958 gründete Klaus Jentzsch die Band in Leipzig und gab ihr den Mädchennamen seiner Mutter: Renft. Die Musiker spielten die Westhits nach, Elvis Presley, Little Richard, Fats Domino, trugen westliche Outfits und Frisuren: erst Elvistollen, dann lange Haare. 1962 wurde die Band verboten. Zwei Jahre später gründete Klaus Jentzsch eine neue Band, The Butlers, nun von den Beatles und den Rolling Stones beeinflusst. 1965 wurde auch sie verboten: Als die Band, ihr Umfeld und das Repertoire 1965 auf sozialistische Bekenntnisse hin überprüft wurden, erhielt sie keine Spielerlaubnis mehr. Ihr Verbot war neben dem anderer Gruppen wie The Shatters, The Guitarmen und The Towers Anlass für den sogenannten Beat-Aufstand in Leipzig im Oktober 1965.[6] Zwei Jahre später gründete Jentzsch die Band Renft neu. Als Pannach mit dem Bandleader Anfang der 1970er Jahre in engeren Kontakt kam, war Renft auf dem Höhepunkt des Erfolges. Die Band bestand zu der Zeit neben Klaus „Jenni" Jentzsch (Bass) aus Thomas „Monster" Schoppe (Gesang), Peter „Cäsar" Gläser (Gitarre, Gesang), Christian „Kuno" Kunert (Keyboard, Posaune, Gesang), Peter „Pjotr" Kschentz (Geige, Flöte, Saxophon) und Jochen Hohl (Schlagzeug).

Kurt Demmler und dann auch Gerulf Pannach schrieben Texte. Die Renft-Combo bevorzugte deutsche Texte, die sich auf die Gegenwart bezogen, sie wollte nicht nur englische Gruppen nachspielen, wie zu der Zeit üblich. Doch

---

fen. Lieder von Gerulf Pannach & Christian Kunert. Prosa von Jürgen Fuchs. Leipzig 1976. West-Berlin 1977, Marktkram 2013. Enthält auch den vollständigen Mitschnitt des ersten Konzertes von Pannach & Kunert nach ihrer Ausbürgerung aus der DDR in der West-Berliner Akademie der Künste am 31.10.1977, hg. von Doris Liebermann und Bodo Strecke.

6 Yvonne Liebing: All you need is beat. Jugendsubkultur in Leipzig 1957–1968, hg. von Uwe Schwabe und Rainer Eckert im Auftrag des Archivs Bürgerbewegung e. V., Leipzig 2005, S. 67. Erich Loest beschreibt den Beat-Aufstand in seinem Roman „Es geht seinen Gang oder Mühen in unserer Ebene", Halle/Leipzig 1977.

die deutschen Texte sollten zum Problem werden, als die Band die stetige Einmischung und die Änderungen der Zensur nicht mehr akzeptieren wollte. Im Zuge zeitweiliger Lockerung der DDR-Kulturpolitik, die die Ablösung von Walter Ulbricht als SED-Generalsekretär durch Erich Honecker 1971 begleitete, konnte sich Renft als beliebteste Rockband der DDR etablieren – bis zum Verbot 1975. Pannachs erster Text für Renft wurde gleich ein Hit: „Zwischen Liebe und Zorn" (Musik: Gläser/Text: Pannach, 1971). Auch „Cäsars Blues" (Musik: Gläser/Text: Pannach, 1971) und „Ketten werden knapper" (Musik: Gläser/Text: Pannach, 1972), ein Song über internationale Solidarität, waren Erfolge. Obwohl in „Ketten werden knapper" mit Versen wie „Singt für alle, die alles wagen/ für die Leute in jedem Land" schon versteckte, auf die DDR zu beziehende Kritik anklang, wurde das Lied bei den X. Weltfestspielen der Jugend und Studenten 1973 prämiert: es bekam den 3. Preis im Liedwettbewerb des Zentralrats der FDJ.[7] Zwei Jahre später sollten Pannachs Texte „Rockballade vom kleinen Otto" (Musik: Schoppe/Text: Pannach) und „Glaubensfragen" (Musik: Kunert/Text: Pannach) zum Verbot der Band beitragen.

Pannachs frühe Texte stehen im Zeichen des Klassenkampfes: „Mahnung!", „An die nach dem Siege Geborenen" und „Zum Thema: Worte um Lenin" (alle unveröffentlicht[8]) klingen wie von Brecht beeinflusster Agitprop, lassen aber bereits Pannachs poetisches Talent erkennen.

Sein erster Liedtext für Renft – „Zwischen Liebe und Zorn" – umschrieb dagegen das Spannungsfeld, in dem er lebte. Auf Druck der Renft-Musiker musste er eine Strophe daraus kürzen, der Song wäre sonst nicht im DDR-Rundfunk gesendet worden. In einem Radio-Gespräch von 1995 zitierte Pannach die gestrichenen Verse aus dem Gedächtnis: „Und da spielt so mancher / mit dem Volk Katz und Maus / und er glaubt, das Volk hielte aus. /

7 Die Urkunde ist veröffentlicht in Liebing: All you need is beat (wie Anm. 6), S. 109.

8 Gerulf Pannach: Als ich wie ein Vogel war. Gerulf Pannach: Die Texte. Die Songtexte von Gerulf Pannach für die Klaus Renft Combo, Pannach & Kunert, Veronika Fischer, die Puhdys und andere, hg. von Salli Sallmann, mit Anm. von Christian Kuno Kunert, Berlin 1999, S. 27, 35.

Einmal bricht der Krug."[9] Übrig blieben die weniger verfänglichen Strophen des Songs, und 1973 wurden Renft und Pannach dafür von Kulturminister Hans-Joachim Hoffmann sogar mit einer Goldmedaille ausgezeichnet.[10]
Die Lyrikerin Gisela Steineckert lobte Pannach und dieses Lied so: „Ebenfalls mit Renft arbeitet der wie Demmler aus der Singebewegung kommende Gerulf Pannach, jung, bärtig, zornig und begabt. Sein Titel ‚Zwischen Liebe und Zorn', oft gespielt, kommt der Jugend offenkundig recht, wie Diskotheken und Wunschsendungen beweisen, obwohl neben anderen harten Vokabeln solche Wörter wie ‚Revolution' vorkommen."[11]
Neben kapitalismuskritischen Songs schrieb Pannach Chansons, Balladen, Liebeslieder, Lieder über die Leipziger Messe oder Fahrten in der Straßenbahn. Zunächst in der Singebewegung aktiv, lag ihm zunehmend die Differenz zwischen dem ideologischen Anspruch und der Realität der DDR auf der Seele und wurde ihm zum Thema. Als junger Marxist, als der er sich verstand, der die Klassiker Marx, Engels, Lenin las und sich mit ihren Ideen auseinandersetzte, fiel ihm dieser Widerspruch täglich auf. Er thematisierte ihn in seinen Versen, eckte damit an, wurde verboten und verfolgt: „Doch ich geh nicht schlafen vor dem Selbstbetrug / Heuchler und Nachtwächter sind schon genug / Solang die Zensur musiziert – bitte sehr / Bleibt mein Platz leer", heißt es in dem unveröffentlichten „Lied vom Sänger, der nicht schlafen geht" (ca. 1971).[12]

---

9 ORB: „Prominente spielen ihre Musik". Gerulf Pannach im Gespräch mit Marianne Oppel, 7.10.1995.

10 „Urkunde. Anlässlich der III. Leistungsschau der Unterhaltungskunst der Deutschen Demokratischen Republik wird dem künstlerischen Beitrag ‚Zwischen Liebe und Zorn' eine Goldmedaille verliehen. Für die schöpferische Initiative spreche ich allen Beteiligten meinen besonderen Dank und meine Anerkennung aus. Leipzig, den [unleserlich] Februar 1973. Hoffmann, Minister für Kultur." Abgedruckt in Undine Materni/Heike Stephan (Hg.): Die Bewaffnung der Nachtigall. Tagebücher von Klaus Renft 1968 bis 1997, Berlin 2015, S. 30.

11 Gisela Steineckert: Statt Liebe und Triebe, in: Schlagermagazin 1973, Berlin (Ost) 1974, S. 71.

12 Pannach: Als ich wie ein Vogel war (wie Anm. 8), S. 49.

Jung und voller Idealismus, selbstbewusst, unangepasst und laut, so stand Gerulf Pannach auf den DDR-Bühnen und begeisterte sein Publikum: in Leipzig und Dresden, in Berlin, Karl-Marx-Stadt, Cottbus, Rostock oder Weimar.[13] In seinen Liedern sprach er aus, was viele dachten, aber nicht öffentlich zu äußern wagten: Kritik an Funktionären, die ihre Macht missbrauchten, am Geheimdienst, der die Menschen einschüchterte, an offenkundigen Lügen in den DDR-Medien. Er hätte Karriere machen, Privilegien, Geld, Preise, Westreisen, Vergünstigungen erhalten können – wenn er im DDR-System mitgespielt hätte, wenn er sich als Sprachrohr der SED, „der Partei", auf die Bühne gestellt hätte, wenn er als „Beatmusiker" junge Leute in deren Sinne beeinflusst hätte. Aber der Liedermacher wollte seinem Publikum keinen verlogenen Revolutionsoptimismus vorgaukeln, er kritisierte in seinen Texten Phrasendrescherei und Karrieresucht, ging seine eigenen Wege und geriet damit schnell in den Verdacht, „als Chansonsänger Liedertexte, die er selbst schreibt und vorträgt, auszunutzen, um damit gegen die gesellschaftlichen Verhältnisse in der DDR zu hetzen"[14]. So wurde 1974 das Anlegen einer „Vorlauf-Akte-Operativ" (VAO) „Chanson" gegen ihn begründet.
Einen solchen Abweichler trafen Hass, Verfolgung, Verhaftung und Ausbürgerung. Pannach musste für seine ehrliche Haltung bitter büßen.

Zwischen Liebe und Zorn
Allezeit drängt nach vorn
Das Lebendige und regt sich
Zwischen Liebe und Zorn
Reift der Mensch und er bewegt sich
Auf sich zu immer mehr

---

13 Das MfS listete 42 Auftritte von Pannach zwischen Mai 1973 und März 1975 in unterschiedlichen Städten der DDR auf. Manche fanden zusammen mit anderen Musikern statt, z. B. Uschi Brüning, der Sander-Formation, Lift, Veronika Fischer. BStU MfS AKK 3179/84 Bd. 5, Bl. 26 f.

14 BStU MfS BV Leipzig AOP 535/77 Gerulf Pannach, Beschluss über das Anlegen einer Operativ-Vorlaufakte vom 20.2.1974, Bl. 226.

Was für den nicht angenehm ist
Der am Hintern zu schwer
Und im Kopfe zu bequem ist.

Revolution
Ist das Morgen schon im Heute
Ist kein Bett und kein Thron
Für den Arsch zufriedner Leute
Denn sie lebt in dem Sinn
Daß der Mensch den Menschen wert ist
Daß der Geist der Kommune
Dem Genossen Schild und Schwert ist

Und da geht wer mit dem Kofferradio
Hört ein Lied
Redet nur von langen Haaren und Beat
Sagt, ist das genug?
Und da dreht wer seinen Kopf herum
Nach dem Lied
Und er schimpft auf lange Haare und Beat
Sagt, handelt er klug?

Und da baut so mancher nur
An seinem eigenen Haus
Und er hängt dann unsre Fahne raus
Sagt, ist das Betrug?
Und da kümmert mancher sich nur
Um den eigenen Bauch
Und vergißt dabei: Die Andern ziehen auch
An seinem Pflug.[15]

---

15 1971, LP Sampler „hallo Nr. 4", Amiga 1972. Außerdem CD Renft „Zwischen Liebe

Gerulf Pannach wurde am 24. Juni 1948 in Arnsdorf bei Dresden geboren. Sein Vater, ein gelernter Technischer Zeichner, arbeitete als Dekorationsmaler und gehörte der SED an. Seine Mutter war Buchhalterin. 1950 wurde die Schwester Ingwild geboren. Als der Vater begann, auch als Fußballtrainer zu arbeiten, zog die Familie mehrfach um: Cottbus, Tiefenort/Werra in Thüringen, Lucka bei Altenburg. 1955 kam sie schließlich nach Schkeuditz bei Leipzig, wo der Vater als Trainer bei Motor Schkeuditz arbeitete und an der Deutschen Hochschule für Körperkultur (DHfK) in Leipzig studierte. Später war er als Berufsberater tätig.

Gerulf Pannach besuchte die Grundschule in Schkeuditz. Seine Lieblingsfächer, so gab er in einem handgeschriebenen Lebenslauf an, waren Geschichte, Deutsch, Musik, Sport und Kunsterziehung. Er war bei den Pionieren und bei der FDJ, ab der 3. Klasse Mitglied des DTSB, in der Sektion Turnen bei BSG Motor Schkeuditz, später in der Sektion Fußball und Wintersport, 1973 wurde er Mitglied des FDGB. Von der 3. bis zur 7. Klasse lernte er Akkordeon in der Volksmusikschule Schkeuditz. Mit siebzehn spielte er Gitarre in einer Band, der „Club-Combo 65", mit der er in der Umgebung von Halle auftrat. Das Repertoire durfte nicht nur aus Westtiteln bestehen. Sechzig Prozent mussten in der DDR entstandene Songs sein, vierzig Prozent konnten Westtitel sein, die in der DDR verlegt sein mussten. Er fing an, selbst Texte zu schreiben. Seine Vorbilder waren Bob Dylan, François Villon und Bertolt Brecht.

Seine ersten Songs trug er schon in der Oberschule vor und hatte damit bei Schülern und Lehrern Erfolg. 1967 legte er an der Leibniz-Oberschule das Abitur mit Facharbeiter als Kühlanlagenbauer ab.

Bald danach findet sich der erste Stasi-Ermittlungsbericht (1967), in dem es heißt:

---

und Zorn", Deutsche Schallplatten GmbH 1993, und CD-Box: Klaus Renft Combo: Zwischen Liebe und Zorn. Die Original-Amiga-Alben, Hits und Raritäten + DVD, Sechzehnzehn 2015. Text nach Pannach: Als ich wie ein Vogel war (wie Anm. 8), S. 65 f.

> „Der Gerulf ist ein vielseitig interessierter, aufgeweckter junger Mann. Er hat längere Zeit aktiv Fußball gespielt und nur wegen den Abiturprüfungen unterbrochen. Sein Hobby ist die Gitarre. Er steht in Übereinstimmung mit seinen Berufsabsichten und seiner, ihm im Elternhaus anerzogenen fortschrittlichen Einstellung zu unseren gesellschaftlichen Verhältnissen. Er versteht es, seine freie Zeit sinnvoll zu nutzen. Er steht deshalb nicht an den Straßenecken herum und distanziert sich von solchen Jugendlichen, welche unangenehm auffallen. Zu seinen positiven Eigenschaften zählt außerdem, daß er verschwiegen ist und nicht über Dinge spricht, welche nicht für die Öffentlichkeit bestimmt sind. Er hat einen sehr guten Leumund im Wohngebiet. [...]
> Es wurde eingeschätzt, daß er ein politisch zuverlässiger junger Mann ist und immer und überall zu unserem Staat stehen wird.“[16]

Auch, dass die Familie nicht mit „negativen Kreisen“ verkehre, fiel dem MfS positiv auf.

Nach der Oberschule arbeitete Pannach bis Oktober 1967 beim VEB MAB Schkeuditz als Kühlanlagenbauer, dann musste er zur Armee: Berlin, I. Grenzbrigade der Grenztruppen. Nach der Ausbildung in Berlin-Treptow kam er in das Grenzregiment in Rummelsburg, das für die Grenzübergangsstellen (GÜST) Heinrich-Heine-Straße und Oberbaumbrücke zuständig war. Pannach wurde als Sicherungsposten und Postenführer eingesetzt. Er nahm Kontakt zum Chansonklub Pankow auf und schrieb auf dem Wachturm, wenn ihm zu langweilig war, Lieder, zum Beispiel über die Zinnowitzer Strandpromenade.

Anfang 1968 ließ er sich vom MfS überreden, eine Verpflichtungserklärung als Inoffizieller Mitarbeiter[17] zu unterschreiben. Er sollte mithelfen, Republikfluchten von Grenzsoldaten zu verhindern. Allerdings fiel negativ

16 BStU MfS 11203/69 Zentral-Archiv Ermittlungsbericht vom 07.09.1967, Bl. 18 f.

17 BStU MfS 11203/69 Zentral-Archiv XVIII 829/68, Verpflichtung vom 21.2.1969, Bl. 37.

auf, dass er „so etwas wie leichte Halbstarkenmanieren“[18] habe. Pannach bereute die Unterschrift, kam in Gewissenskonflikt und erzählte Wolf Biermann davon.

Der Liedermacher Biermann, 1953 von Hamburg in die DDR übergesiedelt, war schon seit dem berüchtigten XI. Plenum der Partei 1965 verboten. Es ging als „Kahlschlag-Plenum“ in die Geschichte ein, weil danach viele Filme, Theaterstücke, Bücher und Musikgruppen verboten wurden. Die Begegnung mit Biermann sollte den jungen Songschreiber nachhaltig prägen. „Ich halte ihn für den besten jungen Liedermacher der DDR“, schrieb Wolf Biermann ein paar Jahre später über ihn.[19]

„Ich war ja mal Grenzsoldat“, erzählte Pannach in den 1990er Jahren in einem Radio-Interview, „und witzigerweise auf der Oberbaumbrücke in Berlin eingesetzt. Damals hörte ich zufälligerweise Westsender, das war ja uns verboten. Ich habe einfach mal rumgedreht an dem Apparat, und da kam das Lied: ‚Was verboten ist, das macht uns grade scharf‘ von Biermann. Ich hatte vorher nie was von Biermann gehört, außer dass er verboten worden war, und das bereits zu Schulzeiten und verkündet durch Lehrer, was für mich klarerweise irgendwie die Positivität des Biermann bedeutete, weil ich auch so innerlich auf Konfrontation drauf war, schon ziemlich lange. Damals bei der Armee habe ich den Titel gehört und habe wirklich versucht, ihn zu Hause zu besuchen in Uniform. Er war Gott sei Dank nicht zu Hause, er hat sich versteckt zu dieser Zeit, weil es gerade die Zeit des Einmarsches in die Tschechoslowakei war …“[20]

Wolf Biermann erinnert sich so:

> „Ich glaube, falls mein Gedächtnis mich nicht foppt, dass ich ihn zuerst am Telefon kennengelernt habe. Das Telefon klingelte, ein Mann rief an. Ein Soldat!

---

18 Ebd., Bl. 26.

19 Wolf Biermann: Zwei Portraits, in: Jürgen Fuchs: Gedächtnisprotokolle. Mit Liedern von Gerulf Pannach und einem Vorwort von Wolf Biermann, Reinbek bei Hamburg, 1977, S. 9 f.

20 ORB: „Prominente spielen ihre Musik“ (wie Anm. 9).

> Eigentlich war das Kommunikationssystem der Grenzarmee so gesichert, dass es nicht angezapft oder missbraucht werden konnte für außerdienstliche Telefonate. Aber dieser Soldat hatte es irgendwie technisch geschafft, durch Raffinesse oder Ungeschicklichkeit der zuständigen Leute, ein Schlupfloch zu finden. Er erzählte mir, er sitze auf dem Wachturm an der Berliner Mauer. Verrückt! Ich wunderte mich schwer, dass der mich überhaupt anrufen kann. Pannach.
> Dann hat er mich besucht. In meiner Erinnerung sogar in Uniform. Er spielte mir Lieder vor, und ich dachte: Na ja, Anfänger, klar, aber echt. Pannach war wahrhaftig. Und er war sächsisch. Beides gefiel mir.
> Ich wollte nichts weiter, als ihm beistehen, wie man es bei einem Menschen macht, den man sympathisch findet. Ich freute mich, dass da so ein junger Athlet kam, der frisch und frech ist und mir auf Sächsisch mein ‚Soldat, Soldat'- Lied vorsingt. Das gefiel mir außerordentlich. Politisch, weil er ein junger Mensch war, der nicht aus der Kulturblase des Brecht-Theaters kam. Und aus sentimentalen, privaten Gründen, weil die schönste Sprache, die ich in meinem Herzen habe, natürlich das Sächsische ist. Nicht das vornehme Sächsisch der Leipziger, sondern das dreck'sche sächsisch-anhaltinische Sächsisch aus Halle an der Saale. Das ist die Sprache von meiner Oma Meume."[21]

Biermann, erfahren mit Stasi-Verfolgung, riet Pannach, seinen Freundeskreis über die IM-Verpflichtung aufzuklären: Der Stasi könne man nur entkommen, wenn man über sie rede. Ein Ratschlag, den Pannach beherzigte. Obwohl er unterschrieben hatte, zur „Rechenschaft gezogen zu werden", wenn er darüber spreche, offenbarte er sich insgesamt 18 Angehörigen und Freunden – so schrieb er später in der Haft in einer persönlichen Notiz: „Ich wäre für o.g. Personen zweifelhaft, wenn nicht gar unglaubwürdig geworden, was meine politischen Lieder und mein Auftreten betrifft."[22] Neben Wolf Biermann gehörten auch seine Freunde Jürgen Fuchs und Christian Kunert zu

---

21 Interview mit Wolf Biermann, April 2019.

22 BStU MfS AU 14674/77 Gerulf Pannach, Persönliche Notiz vom 23.2.1977, Bd. 3, Bl. 59.

den Eingeweihten. Pannach war damit nicht mehr als IM zu gebrauchen und später auch nicht durch das MfS zu erpressen. Die IM-Akte wurde nach der NVA-Zeit archiviert und nie wieder aktiviert. Es ist eines jener seltenen Beispiele dafür, dass dem DDR-Geheimdienst durch Mut und Offenheit zu entkommen war. Allerdings zog Pannach mit seiner entschiedenen Haltung den Hass des MfS auf sich.

Nach der Armee arbeitete Pannach zunächst wieder beim VEB MAB Schkeuditz als Kühlanlagenbauer. Ab September 1969 begann er dann ein Wirtschafts-Jura-Studium an der Martin-Luther-Universität Halle. Am Ende des ersten Studienjahres beschloss er, die Fachrichtung zu wechseln. Er wollte lieber einen künstlerischen Beruf ergreifen und in Leipzig Theaterwissenschaft studieren. Frisch exmatrikuliert, arbeitete er als Referent für die Singebewegung beim Bezirkskabinett Leipzig, um die XIII. Arbeiterfestspiele, alle zwei Jahre stattfindende Kulturfeste, mit vorzubereiten. Er versuchte, eine Veranstaltungsreihe mit dem Titel „Zwischen Liebe und Zorn" zu etablieren, in der Renft die Hauptrolle spielen sollte. Sie wurde nicht genehmigt. „Für diese Typen in der Kulturverwaltung war er zu eigensinnig und unangepasst", erinnerte sich Peter „Cäsar" Gläser an diese Zeit.[23]

Pannach sah es als Übergangstätigkeit an, bis er mit dem neuen Studium beginnen konnte, doch er bestand die Aufnahmeprüfung nicht. Wegen Konflikten mit den Funktionären schied er aus dem Bezirkskabinett aus und nahm Jobs bei der Leipziger Privatfirma Zirrgiebel und im VEB Holzverarbeitungswerk Wiederitzsch an.

Von 1969 bis Mitte 1971 war er Mitglied des Zentralen Singeklubs Leipzig, sang mit ihm Agitprop und Volkslieder und als Solist auch seinen „Song vom Kapital": „Krieg in Vietnam / Blutende Wunden / Viel tausend Gräber // Das Kapital / bekämpft global / Mit Bomben und mit Geld die Vernunft / Und die Zukunft der Welt //".[24] Er nahm mit dem Singeklub an drei Zentralen Werk-

---

23 Peter Gläser/Gerhard Pötzsch: Cäsar. Wer die Rose ehrt. Die Autobiografie, Leipzig 2007, S. 86.

24 Pannach: Als ich wie ein Vogel war (wie Anm. 8), S. 23.

stattwochen teil und erhielt 1971 sogar ein Diplom des Zentralrats der FDJ für seine Kompositionen. Er wurde auch als Reisekader vorgeschlagen, d. h., er hätte bei Bestätigung ins westliche Ausland reisen dürfen.

Die Singeklubs in der DDR, nach dem amerikanischem Vorbild der Folk-Mitsing-Bewegung „Hootenanny“ gegründet, wurden von der FDJ gesteuert und für ihre propagandistischen Ziele genutzt. Führend dabei war der Berliner „Oktoberklub“.

In dieser Szene lernte Pannach verschiedene Leute kennen: den kanadischen Sänger Perry Friedman, die Lyrikerin Gisela Steineckert und den Arzt, Liedermacher und Texter Kurt Demmler, den Haupttexter von Renft. Demmler erkannte Pannachs Talent und war an einer Zusammenarbeit interessiert. Pannach aber wollte als Solist weiterkommen, trat nach Meinungsverschiedenheiten aus dem Leipziger Singeklub aus und gründete mit sieben Leuten den „Chanson- und Lyrikklub Leipzig“, der mit jungen Poeten, schreibenden Arbeitern und der Renft-Combo zusammenarbeiten wollte. Pannach war der künstlerische Leiter. „Das künstlerische Anliegen unseres Chanson/Lyrikklubs besteht vor allem in selbstschöpferischer Erarbeitung gegenwartsbezogener Chansons und Lyrik. Dabei sind wir durchaus daran interessiert, gute Lieder, die in der Singebewegung entstanden sind, in unser Repertoire aufzunehmen. Besondere Bedeutung messen wir dem Thema ‚Revolutionär sein heute‘ bei, mit dessen Problematik wir uns in den Eigenschöpfungen primär auseinandersetzen. Wir sind der Meinung, dass alle Lieder und Gedichte, die wir schreiben, realistisch unser Lebensgefühl, unseren Standpunkt ausdrücken müssen. Nur so können wir die konstruktive Lösung von Problemen herbeiführen“, stand in der Konzeption des Klubs.[25] Zeitgleich stellte das MfS fest, dass Pannach „in seiner Grundeinstellung antisozialistisch“ und ein „Anhänger Biermanns“[26] sei, die Arbeit des Klubs wurde misstrauisch beobachtet. Wegen interner Differenzen verließ Pannach den Chansonklub.

25 BStU MfS BV Leipzig AP 1015/81, Chanson/Lyrikklub Leipzig, Konzeption vom 23. Dezember 1971, Bd. 1, Bl. 51 f.

26 Bildung eines Chanson/Lyrikklubs in Leipzig, 23. Dezember 1971, ebd., Bl. 50.

Schon damals wurde ihm vorgeworfen, er würde die Singebewegung auf eine Diffamierung der DDR-Verhältnisse hin orientieren.

Nach einer Prüfung durch die Bezirkskommission für Unterhaltungskunst Leipzig bekam er im Mai 1972 seinen Berufsausweis, die „Pappe", wie die Musiker den Ausweis salopp nannten. Es war der Beweis, dass freischaffend tätige Musiker einer Arbeit nachgingen. So konnte ihnen nicht der § 249 angehängt werden, der „Asozialenparagraf", der eine Strafe bis zu zwei Jahren für jemanden vorsah, der keiner geregelten Arbeit nachging. Pannach konnte mit seinem Berufsausweis der Leistungsgruppe A (Grundhonorar bei Auftritten) und der staatlichen Zulassung Nr. XIII-82 nun allein als Songinterpret auftreten. Er sang Lieder, oft eigene, im Rahmen von Verträgen mit der Konzert- und Gastspieldirektion[27] Leipzig.

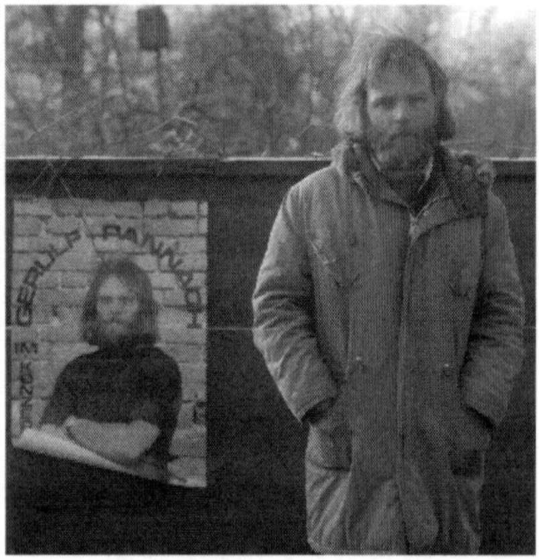

Gerulf Pannach Mitte der 1970er Jahre (BStU MfS AU 14674/77 Bd. 1, Bl. 346)

Sein langjähriger Freund Christian Kunert beschreibt Pannach so:

„Wenn er sich Lüge und Feigheit ausgeliefert sieht, gepaart mit Macht gar, dann verliert Gerulf die Beißhemmung. Den Verrat seiner humanstaatlichen Ideale durch Bonzen und ihre besoldeten Arschkriecher empfand er als persönliche Kränkung. So einer muss nach vorn, muss fighten, sonst geht er kaputt. Bühne oder Barrikade – für Gerulf wird beides eins."[28]

---

27 Die Konzert- und Gastspieldirektionen hatten das Vermittlungsmonopol in der DDR und wickelten alle Verträge und Auftritte für die Künstler ab. Eine Honorarverordnung legte die Höhe des Honorars fest, wovon ein bestimmter Prozentsatz an die Abteilung Kultur des Bezirkes abgeführt wurde. Angesiedelt waren die KGD bei den Räten der Bezirke.

28 Pannach: Als ich wie ein Vogel war (wie Anm. 8), S. 38.

In dieser Zeit – Anfang der 1970er Jahre – engagierte Klaus Jentzsch Pannach fest für Konzerttourneen. Die Rockmusik galt in dieser Zeit liberaler Tendenzen in der Kulturpolitik als „sozialistische Jugendtanzmusik". Die DDR-Oberen sahen mit Sorge, dass die Jugend des Landes sich für die westliche Beatmusik interessierte und Westsender hörte. Um sie nicht ganz an den Klassenfeind zu verlieren, musste auch in der DDR die Popkultur gefördert werden. Nun produzierte auch der DDR-Funk die ersten Renft-Lieder. Im Oktober 1971 spielte die Band in der Ost-Berliner Nalepastraße ihre ersten Titel ein. Per Radio erreichten sie ihre Fans jetzt auch im letzten Winkel des Landes. Ihr erster Hit war „Wer die Rose ehrt" (Gläser/Demmler), weitere folgten.
„Der Band öffneten sich Studios und Medien", stellt Michael Rauhut fest, „es hagelte üppige Gagen, Auszeichnungen und erste Plätze in den landeseigenen Hitparaden. Klaus Jentzsch, bis dahin eher Persona non grata, wurde zum Ehrenmitglied des FDJ-Zentralrats berufen. Und der Kulturminister bescheinigte der Kapelle höchste Qualität und händigte ihr eine Goldmedaille für das Programm ‚Zwischen Liebe und Zorn' aus. 1973 nahm die Generaldirektion beim Komitee für Unterhaltungskunst die Combo unter Exklusivvertrag. Sie half mit Geld und Kontakten und ebnete den sechs Musikern die Karriere. Renft war im Kreis der Privilegierten angekommen."[29]
Eine solche Staatsnähe wurde von vielen Fans kritisch gesehen, und auch die Musiker hegten trotz der lukrativen Bedingungen ungute Gefühle über die zunehmende propagandistische Vereinnahmung.
In einem Interview mit dem damaligen Renft-Schlagzeuger Delle Kriese erzählte Pannach, er habe die Band über die Frau von Klaus Jentzsch, Angelika, kennengelernt.[30]
„Er interessierte sich für unsere Band", erinnerte sich Gitarrist Peter Gläser, „und Klaus (Jentzsch) konnte ihn kurzerhand für die Arbeit als weiteren Texter für uns, neben Kurt Demmler, begeistern. Gerulf schrieb fortan auch

---

29 Rauhut: Blues in Rot (wie Anm. 2), S. 774.

30 Delle Kriese: Nach der Schlacht. Die Renft Story von der Band selbst erzählt, Berlin 1998, S. 168.

für uns und brachte von Beginn an frischen Wind in die Band. Er verwendete dabei eine kräftige und kompromisslose Sprache, brachte den realexistierenden Sozialismus wie er ihn empfand und den Arbeitsalltag ungeschönt in die Texte und wich keinem Thema aus. Bei Gerulf wusste man sofort, der stand quer. Da gab es keine Spur von Anbiederung, keine Schmeichelei, sondern ungestüme, reine Sehnsucht nach Wahrheit und Liebe, die nach vorn drängt!"[31] Pannach betätigte sich auch als Tontechniker, und er trat in den Konzertpausen der Band mit eigenen Liedern auf. Mit großem Erfolg. Manchmal pfiff das Publikum, wenn die Band weiterspielen wollte. Pannach sang etwa über einen Jenaer Freund, der nachts von einem „Mann in Ledermantel" niedergeschlagen worden war. In dieser Figur erkannten alle Zuhörer auf Anhieb einen Stasimann. In diesem Lied, „Die Lehre des Bernd Rolle" (Musik und Text: Pannach, 1972), lautet der Refrain: „Wenn du einmal satt hast / Was in Wahrheit faul ist / Dann mach die Klappe auf / Meinst du's ernst als Marxist!"[32] Pannach wollte Kritik an kritikwürdigen Zuständen in der DDR nicht verborgen zwischen den Zeilen äußern, um nicht zensiert zu werden, sondern offen aussprechen. Doch solche Liedertexte wurden von offiziellen Stellen kritisiert, argwöhnisch angehört und Pannach schon das Verbot angedroht. Klaus Jentzsch wurde von Funktionären gewarnt, dass Pannach eine Gefahr für die Renft-Combo sei.

Ab Juli 1973 trennten sich die Wege wieder; Pannach war Klaus Jentzsch, der schon einschlägige Erfahrungen mit Verboten hatte, in seiner politischen Haltung zu radikal: „Wir wollten mitsingbaren Liederbeat, wie es damals die Polen so Klasse machten", erinnerte sich der Band-Leader, „und wir waren auch viel melancholischer, nicht so aggressiv wie etwa Biermann. Dann aber geriet Gerulf Pannach unter den Einfluss von Wolf Biermann, vielleicht war dies das eigentliche Ende von ‚Renft'. Biermann war eine Art Gottvater, Pannach wollte dem ‚Herrn' gefallen, und so wurde er immer kompromissloser.

---

31 Gläser/Pötzsch: Rose (wie Anm. 23), S. 86.

32 Pannach: Als ich wie ein Vogel war (wie Anm. 8), S. 94 f.

Wir natürlich, in individuell unterschiedlichen Schwankungen, wurden es damit objektiv auch. Im Verhalten nach außen hin."[33]

Während der Weltfestspiele 1973 in Ost-Berlin gab es noch einen gemeinsamen Auftritt, und Pannach schrieb nach der Trennung noch vier Texte für Filmsongs: „Als ich wie ein Vogel war", „Ich und der Rock", „Was mir fehlt" und „Unbequem wolln wir sein". Sie waren für den DEFA-Film „Für die Liebe noch zu mager?" bestimmt, die ersten beiden Titel wurden auf der zweiten Renft-LP 1973/74 veröffentlicht.

Als die Band im Juni 1973 eine Tournee im Bezirk Schwerin unternahm und auf einer Freilichtbühne in Schwerin vor 3.000 Jugendlichen auftrat, wurde das gesamte Programm von einem Funktionär mitgeschnitten:

> „Da die von PANNACH gebrachten 7 Titel in keiner Weise der kulturpolitischen Linie der Partei entsprachen, wurde gleich im Anschluss an die Vorstellung seitens der KGD mit Gerulf PANNACH ein Gespräch geführt. Nach mehrmaligem Befragen versicherte PANNACH, daß alle 7 Titel im Programm der Combo enthalten sind. Daraufhin wurde er aufgefordert, auf den letzten Titel ‚Dein Weg bleibt dein Weg' in den weiteren Veranstaltungen zu verzichten. Erst nach längerer Diskussion erklärte Pannach sich bereit, hierfür einen anderen Titel ‚Ballade vom Pfeifer' (Persiflage auf einen Westernsong) zu bringen. Den Titel ‚Dein Weg bleibt dein Weg' sah PANNACH als sein bestes Lied an und betonte mehrmals, daß er auch seiner Position am ehesten entspricht. Wie Genosse MELLIES berichtete, sah PANNACH in dem Gespräch die Gefährlichkeit und negativen Auswirkungen seiner Lieder, zumal sie in solch komprimierter Form gebracht wurden, nicht ein."[34]

---

33 Klaus Renft: Zwischen Liebe und Zorn. Die Autobiografie, hg. von Hans-Dieter Schütt, Berlin 1997, S. 92.

34 Pannach: Als ich wie ein Vogel war (wie Anm. 8), S. 74 f. Das Renft-Konzert fand am 6. Juni 1973 statt.

Die Konzert- und Gastspieldirektion Leipzig wurde informiert und Renft zu einer Auswertung über das Auftreten von Pannach geladen. Für die nächsten vertraglich schon vereinbarten Konzerte versuchte die KGD Schwerin, Pannachs Auftreten zu verhindern.
Besonders kritisch angesehen wurden Lieder wie „Dein Weg bleibt dein Weg!“ (Musik und Text: Pannach, 1972), in dem eine Strophe lautet: „Nimm deinen Hut und suche dich selber / Reiß deinen Strick ab, der ist für die Kälber / Eigene Leute sind keine Meute / Die man nach Belieben korrumpieren / und manipulieren kann!“[35] Oder „Überholen ohne einzuholen“ (Musik und Text: Pannach, 1973): „Mensch, wir werden fettgefüttert / Mit Kampagnen, immer neu / Und ich krieg das große Kotzen / Mensch, ich fraß schon massig Heu/ Pappkartons voll leerer Worte/ Mann, der Fraß macht mich kaputt/ Gestern noch die große Losung / Heute nur noch Phrasenschutt /“. Der Refrain lautet: „Überholen, ohne einzuholen / Das ist DDR konkret / Idioten macht man zu Idolen / Wenn sie loben, was besteht“.[36]
Auch das Lied vom „Vom Vertrauensmann, der kein Vertrauen hat“ (Musik und Text: Pannach) empörte die DDR-Oberen, darin lautet der Refrain: „Vertrauensmann, ach, du verkaufst unser Vertraun / Vor jedem höheren Posten/ Mann, auf unsre Kosten / Mußte doch kein Männchen baun / Vertrauensmann, ach, du verkaufst unser Vertraun.“[37]
Ein Jahr später erregte der Song „Glaubensfragen“ über einen Bausoldaten die Gemüter: „Du, woran glaubt der / Der nicht anlegt / Der als Fahne vor sich her / Einen Spaten trägt“[38] (Musik: Kunert/Pext: Pannach, 1975). Als Renft dieses Lied zum ersten Mal in Meerane aufführte, sei es ganz still im Saal geworden, erinnerte sich Christian Kunert.[39] Schließlich waren es der Song „Glaubensfragen“ und die „Rockballade vom kleinen Otto“ (Musik: Schoppe/ Text: Pannach, 1975) über einen DDR-Flüchtigen, die mit zum Verbot von

35 Ebd., S. 72.
36 Ebd., S. 96 f.
37 Ebd., S. 98 f.
38 Ebd., S. 120.
39 Ebd.

Renft führen sollten. Republikflucht und Wehrdienstverweigerung waren Tabuthemen in der DDR.
1971 lernte Pannach die Bibliothekarin Amrei Recknagel, genannt „Ami", kennen. Im September 1972 heirateten beide. Seit Mai 1973 wohnten sie in der Vollhardt-Straße 10 in Leipzig-Dölitz, jenem Haus mit Gemeindesaal, das der evangelischen Kirche gehörte. Im Sommer 1972 fuhr Pannach als Leiter einer Leipziger Delegation zum Zentralen Poetenseminar der FDJ nach Schwerin, seine Frau Amrei begleitete ihn. Bei diesem Schreibseminar für junge Autoren lernte er den Dichter Jürgen Fuchs kennen. Pannach gefielen die Gedichte aus dem „Papier"-Zyklus, die Fuchs vorlas, und Fuchs gefielen Pannachs Lieder, die dieser am Ende des Seminars vortrug. Beide erkannten, dass sie auf der gleichen Linie lagen. Sie informierten sich fortan über ihre Texte, über ihre Lektüre, ihre Auftritte. Pannach vertonte auch ein Gedicht von Fuchs:

Neue Gasse zu Jena
Sah gestern eine Fahne
Und diese Fahne war rot
Sie lag als Schaufensterfahne
Unter dem Schild: Hundeverbot

Das war ein zerbrechlicher Laden
Sein Angebot Porzellan
Und allerhand Tassen und Vasen
Bedeckten die rote Fahn

Und hinter sehr teuren Gläsern
Las ich vom Sozialismus im Land
Der war aber nur halb zu sehen
Weil davor ein Rauchverzehrer stand.[40]

---

40 Fuchs: Gedächtnisprotokolle (wie Anm. 19), S. 57.

Beide verstanden sich als demokratische Sozialisten und kritisierten den real existierenden Sozialismus in der DDR. Sie waren nicht gegen die DDR, gegen eine Abschaffung des Systems, sondern für eine Öffnung und Liberalisierung des Landes, für elementare Menschenrechte wie Meinungsfreiheit, Presse- und Reisefreiheit. Sie kritisierten Machtmissbrauch und wollten eine ehrliche Auseinandersetzung mit historischen Tabus, zu denen die Verbrechen der Stalinzeit in der Sowjetunion, die Volksaufstände in der DDR 1953 und in Ungarn 1956 oder der Einmarsch der Truppen des Warschauer Paktes in Prag 1968 gehörten. Beide maßen den ideologischen Anspruch des DDR-Systems an der Wirklichkeit, die sie umgab. Sie thematisierten die Diskrepanz zwischen den Phrasen von Frieden und Sozialismus, mit denen sie seit frühester Kindheit indoktriniert worden waren, und der sie täglich neu bedrängenden DDR-Realität. Pannach und Fuchs wurden Freunde. Beide traten auch in Veranstaltungen zusammen auf: 1973 in Pretzsch, 1974 in Erfurt, 1975 in Bad Köstritz. Der Auftritt in Bad Köstritz sollte schwerwiegende Folgen nach sich ziehen.[41]

Der Schriftsteller Jürgen Fuchs

Jürgen Fuchs wurde am 19. Dezember 1950 als Arbeitersohn in Reichenbach/Vogtland geboren, einer kleinen Textilarbeiterstadt nahe der tschechoslowakischen Grenze. Nach dem Abitur, einer Lehre bei der Reichsbahn und dem Armeedienst, den er nach der Grundausbildung in Johanngeorgenstadt als Tastfunker im Grenzregiment Plauen ableistete, studierte er von 1971 bis 1975 Sozialpsychologie in Jena. Erste Texte schrieb Jürgen Fuchs schon in der Schulzeit. In kurzen, realitätstreuen Momentaufnahmen, in Gedächtnisprotokollen und parabelhaften Versen notierte er, was ihn bewegte, worüber er nachdachte, was er an Konflikten in seiner Umgebung wahrnahm.

41 Siehe Kapitel Bad Köstritz, S. 68 ff.

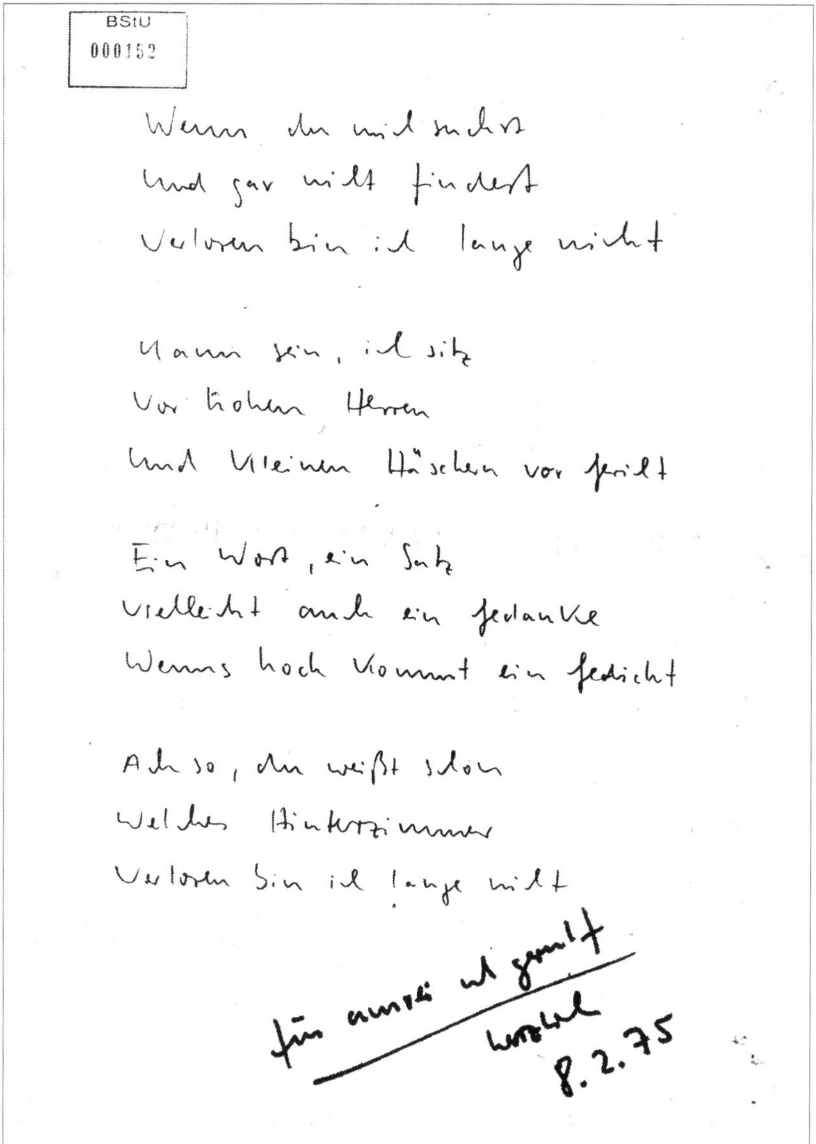

Wenn du mich suchst
Und gar nicht findest
Verloren bin ich lange nicht

Kann sein, ich sitz
Vor hohen Herren
Und kleinen Häschen vor Gericht

Ein Wort, ein Satz
Vielleicht auch ein Gedanke
Wenns hoch kommt ein Gedicht

Ach so, du weißt schon
Welches Hinterzimmer
Verloren bin ich lange nicht

für amrei und gerulf
[illegible]
8.2.75

Handschriftliches Gedicht von Jürgen Fuchs, das er Amrei und Gerulf Pannach am 8. Februar 1975 widmete, am zweiten Tag in Bad Köstritz (Privatarchiv Lilo Fuchs)

Er konnte allerdings nur einige Gedichte und einen Essay in der DDR veröffentlichen. Den jungen Autor beschäftigten die Unterdrückungsmechanismen der DDR-Gesellschaft, ihn interessierte die Realität, die sich nackt und ungeschminkt hinter „Präambeln, Phrasen und gehobenen Worten" verbarg: in den „Dienstzimmern kleiner Bahnhöfe", in „Gefängnissen, Irrenhäusern, Schulen und Kasernen". Bald interessierte sich das MfS für ihn. Es hatte ermittelt, dass er ein Student sei, der sich viel mit politischen und gesellschaftlichen Problemen beschäftigte, wobei aber noch eine Reihe „von Unklarheiten" auftreten würden und er falsche Schlüsse zöge. Das „Referat Universität der MfS-Kreisdienststelle Jena" wollte seine Werbung als IM vorbereiten.[42]

Als Termin für das Werbungsgespräch war der 20. Juli 1973 geplant: „Zu den geführten Kontaktgesprächen lehnte er jedoch eine Unterstützung des MfS ab mit der Begründung, daß sich dies nicht mit seiner künstlerischen Entwicklung vereinbaren lasse",[43] heißt es in einem Auskunftsbericht. Konsequenz der Verweigerung war, dass gegen Jürgen Fuchs die Vorlauf-Akte-Operativ (VAO) „Revisionist" eröffnet wurde. Später wurde er im OV „Revisionist" und im OV „Pegasus" (gegen den „Arbeitskreis Literatur und Lyrik" in Jena, dem junge Autoren wie Lutz Rathenow, Siegfried Reiprich, Udo Scheer und Bernd Markowsky angehörten, dort als jemand, der die Genannten beeinflusste) weiter vom MfS bearbeitet, ab 1976 im Einzelvorgang OV „Spinne" und später, nach seiner Ausbürgerung nach West-Berlin, im OV „Opponent".[44]

Seine Heimatstadt Reichenbach lag nicht weit von der Grenze zur Tschechoslowakei entfernt. Das Nachbarland war ihm nicht nur geografisch nahe. Als junger Dichter entdeckte er die tschechische Lyrik für sich, dank Reiner Kun-

42 BStU, MfS AP 56305/92, Bl. 10 (Auskunftsbericht vom 23.4.1973 [Würbach]), Bl. 13 (Maßnahmeplan zur Aufklärung des IM-Kandidaten vom 23.4.73 [Würbach]).

43 Ebd., Eröffnungsbericht zur Vorlauf-Akte-Operativ „Revisionist" vom 18.01.1974, Bl. 14–20, hier Bl. 20.

44 Udo Scheer: Jürgen Fuchs. Schriftsteller, Bürgerrechtler, Sozialpsychologe. Ein Porträt, Erfurt 2019, S. 7.

ze, den er Ende der 1960er Jahre kennenlernte und der zu seinen frühen Förderern und Ermutigern gehörte. Kunze lebte in Greiz, nicht weit von Reichenbach entfernt. Er übertrug zusammen mit seiner tschechischen Frau Elisabeth Gedichte von Jan Skácel, Ludvík Kundera und Jaroslav Seifert ins Deutsche, Dichter, die für Fuchs Vorbilder wurden. Es war auch ein tschechischer Dichter, den er später in der Stasi-Untersuchungshaft Berlin-Hohenschönhausen rezitierte, um sich Mut zu machen: Vladimír Holan, „Parkspaziergang 1939": „Es gibt Parks. Es gibt Schwarzes. Das Schwarze bläht sich./ Es gibt Schilder: Verboten ist – / Macht nichts. Die Erde dreht sich. / Die Nacht verfließt."[45] Als 17-Jähriger hatte er diese Verse in der von Ludvík Kundera und Franz Fühmann herausgegebenen Anthologie „Die Glasträne" gefunden und an die Wand seines Zimmers gehängt: Es war im Jahr 1968, dem Jahr des „brüderlichen" Einmarsches der Truppen der Warschauer-Pakt-Staaten in die ČSSR, um den Reformversuch „Prager Frühling" gewaltsam niederzuschlagen. In Reichenbach sah er im August 1968 russische und auch einige DDR-Panzer Richtung Grenze rollen: „Die Panzer / Fuhren durch unser Viertel / Ich stand am Annenplatz und habe sie gesehen" heißt es in dem Gedicht „Die Fassade meiner Straße".[46]

„Jetzt sind die Tschechen dran", hörte er einen älteren Mann sagen, „in zwei, drei Tagen, ohne Blutvergießen geht das heutzutage ... die Technik."[47] Im Frühjahr 1968 hörte er die deutschen Sendungen von Radio Prag, und er vergaß nie die verzweifelten Hilferufe, die der Tschechoslowakische Staatsrundfunk in Pilsen in den Augusttagen des gleichen Jahres in den Äther schickte. Seine Sympathien für den Prager Frühling wurden ihm später immer wieder vorgeworfen, auch er sei wie die tschechoslowakischen Reformkommunisten ein Vertreter des „demokratischen Sozialismus", jemand, der sich für eine

45 Ludvík Kundera/Franz Fühmann (Hg.): Die Glasträne. Tschechische Gedichte des 20. Jahrhunderts, 2., verb. Aufl., Berlin (Ost) 1966, S. 225.

46 Jürgen Fuchs: Pappkameraden. Gedichte, Reinbek bei Hamburg 1981, S. 35.

47 Jürgen Fuchs: Wo ist diese Verbundenheit geblieben?, in: Doris Liebermann/Jürgen Fuchs/Vlasta Wallat: Dissidenten, Präsidenten und Gemüsehändler. Tschechische und ostdeutsche Dissidenten 1968–1998, Essen 1998, S. 11.

Öffnung des starren realsozialistischen Systems einsetzte. Damals hieß das im Klartext, er sei ein Feind des Systems, ein „Staatsfeind".
Jürgen Fuchs trat 1973 in die SED ein, um die DDR-Gesellschaft von innen, aus dem Parteiapparat heraus, zu verändern. Wegen „Plattformbildung" und „trotzkistischer Tendenzen" wurde er zwei Jahre später wieder aus der Partei ausgeschlossen. Sein Psychologiestudium konnte er nicht beenden. Unmittelbar vor Abschluss des Examens, das er mit der Note „sehr gut" bestanden hatte, wurde Jürgen Fuchs 1975 von der Universität Jena relegiert. Er fand Arbeit in einem kirchlichen Kinderheim bei Berlin und mit seiner Frau Lilo und der kleinen Tochter Lili Unterkunft bei Robert und Katja Havemann in Grünheide. Seinen Werdegang als Lyriker und Schriftsteller schilderte er selbst so:

> „Seit dem 17. Lebensjahr notiere ich Gedanken, Gefühle und Positionen, die ich einnehme und habe, und zwar in Form von Gedichten, Prosastücken und Versuchen im dramatischen Bereich. Seit 1970 bemühe ich mich um Veröffentlichungen, seit 1971 stand ich im Kontakt zu Verlagen, zu Kulturabteilungen der FDJ und des Schriftstellerverbandes. Seit 1971 veröffentliche ich meine Arbeiten und nehme an Lesungen teil, artikuliere mich also öffentlich.
> Sowohl der Umfang meiner literarischen Arbeiten als auch die öffentliche Resonanz nahmen in den folgenden Jahren ständig zu. Die Veröffentlichung einer großen Anzahl von Gedichten in den ‚Offenen Fenstern 4', die Anwesenheit in der ‚Auswahl 74', der Abdruck einer essayistischen Arbeit in ‚Sinn und Form' und das Auftreten in Veranstaltungen wie dem ‚Eintopp'[48] und Lesungen in verschiedenen größeren Städten der DDR stellten für mich eine Arbeitsgrundlage dar, die meine literarische Arbeit aktivierte.
> Der Austausch mit dem ständig größer werdenden Publikum, die Konfrontation mit Ansichten und Problemen anderer Menschen führte dazu, daß der Wirklichkeitsgehalt meiner Arbeiten größer wurde und ich zunehmend zu der

48 Am 10. Oktober 1974, Haus der Jungen Talente Berlin. Daran nahmen neben Jürgen Fuchs auch Volker Braun, Bettina Wegner und Barbara Thalheim teil.

Auffassung kam, daß meine künstlerischen Arbeiten nicht in den Schubkasten, sondern an die Öffentlichkeit gehören. Ich wurde ermutigt von Menschen, mit denen ich notgedrungen meine Arbeiten vergleichen mußte: Von anerkannten Künstlern der DDR.
Der Vorgang meiner Persönlichkeitsentwicklung verlief bis zum Februar/März 1975 in gesellschaftlichen Verhältnissen, die die Entfaltung meiner künstlerischen Möglichkeiten begünstigte, indem mir das Recht zugebilligt wurde, mir Wissen anzueignen, künstlerisch zu arbeiten und mich öffentlich zu artikulieren. Auftretende Widersprüche und Konflikte halfen mir bei der Entwicklung meiner Persönlichkeit."[49]

Ein früher Förderer von Jürgen Fuchs war der Lehrer, spätere Literaturwissenschaftler und Schriftsteller Edwin Kratschmer, Mitherausgeber der erwähnten Jugend-Lyrik-Anthologie „Offene Fenster". Er sagte in einem Interview:

„Ich habe in meiner Vita viele Teile Jürgen Fuchs gewidmet. Da steht unter dem 29. Juni 1971: Per Post erreicht mich ein Brief von Jürgen Fuchs aus Reichenbach im Vogtland. Er stellt sich so vor: ‚Seit etwa zwei Jahren betrachte ich meine künstlerische Betätigung als literarische Arbeit. Was bei mir unter anderem heißt, meine Zeilen nicht als strenge Geheimnisse in unterirdischen Reservaten zu belassen, sondern gesellschaftsoffensiv zu versuchen, wichtige Probleme und Konflikte mit den Mitteln der Kunst zu erhellen und mich damit konkret zu engagieren.'
Da war er zwanzig Jahre alt. Eben aus der NVA zurückgekehrt, in der Hoffnung, dass er in Jena einen Studienplatz bekommt. Damals waren unsere ersten beiden Bände ‚Offene Fenster' erschienen. Er hatte davon gehört und uns daraufhin seine ersten Gedichte geschickt.
Wir haben sofort erkannt, da meldet sich jemand zu Wort, ein Revoluzzertyp, der unzufrieden mit den Gegebenheiten war, die ihn repressiv bedrängten und

49 Privatarchiv Lilo Fuchs sowie BStU MfS AU 11554/78 Jürgen Fuchs, Bd. 3, Bl. 36.

> der versuchte, das in Worte zu fassen. Gleichzeitig war er ein hochintelligenter Mensch, der sich weit über den Durchschnitt hinaus mit seiner Zeit auseinandersetzte. In seinen Briefen aus der damaligen Zeit sind viele Zitate eingeschlossen, von Hegel, von Lenin usw. … Wir haben versucht, im vierten Band der ‚Offenen Fenster' elf Texte unterzubringen. Elf von sechsundzwanzig. Die anderen fünfzehn waren nicht zu publizieren wegen ihrer gesellschaftskritischen Potenz.
> Mit Sicherheit haben diese Texte dazu beigetragen, dass die Stasi ihre Kassiber über ihn anfertigte, denn diese Gedichte lagen dann bei seinen ersten Vernehmungen vor."[50]

Während der Weltfestspiele in Ost-Berlin 1973 machte Gerulf Pannach seinen Freund Jürgen Fuchs mit Wolf Biermann bekannt. Fuchs war auch mit Sibylle Havemann befreundet, die wie er in Jena Psychologie studierte. Sowohl Wolf Biermann als auch ihr Vater Robert Havemann besuchten Sibylle Havemann in Jena und lernten ihren Freundeskreis kennen. Wolf Biermann beschreibt den Freund so:

> „Jürgen gehört zu der Generation, die anfing, selbständig zu denken, zu fühlen und frech zu werden. Die Bonzen der Partei hatten bereits die Biermann-Lektion gelernt. Wenn sie überhaupt etwas aus dem Fall Biermann verstanden hatten, dann folgendes: Es sollte möglichst nie wieder geduldet werden, dass ein Mensch sich so weit entwickeln und so populär werden kann. Stattdessen sollte er schon im Keime kaputt gemacht werden. Die Schallplattenfirmen im Westen hatten Talentscouts, die außergewöhnlich begabte Leute suchten. Auch die Partei hatte solche Talentscouts, die rausfinden sollten, wo sich ein echtes Talent entwickelt. Was der Partei dann aber nicht passte, sollte rechtzeitig verhindert und kleingehalten werden. Gisela Steineckert war ein Talentscout. Eine

50 Interview mit Edwin Kratschmer im Jahr 2000 für das Radio-Feature der Autorin: „Das Schlimme ist nicht, in einer Zelle zu sitzen". Zum ersten Todestag von Jürgen Fuchs, Deutschlandfunk, 5. Mai 2000.

nach meiner Meinung verkrachte Lyrikerin, die Musen haben sie nicht geküsst. Steineckert sollte dafür sorgen, dass junge, begabte, starke freche Leute rechtzeitig ausfindig gemacht werden.
Jürgen wuchs in der Zeit auf, in der die Parteiführung schon einen sehr guten Früherkennungsapparat für freche Leute aufgebaut hatte. Aber Jürgen hat sich trotzdem entwickelt. Er hat gemacht, was er konnte. Er hat sich aufgelehnt und ist über die Grenzen gegangen, die ihm zugewiesen wurden. Er hat sich nicht gebeugt. Er schrieb, was er dachte. Und die Quittung dafür hat er dann ja auch bekommen. Dass sie ihn eingesperrt haben, war kein Missverständnis.
Es ist ein Glück, dass er – wie auch Pannach und Kunert – dann doch in den Westen entlassen wurde. Die Herrschenden hätten ihn auch verfaulen lassen können in Bautzen oder in irgendeinem Keller. Das haben sie mit anderen Leuten gemacht, die nicht so bekannt waren. Jürgen hatte aber schon mit der Nasenspitze über diese Nobody-Grenze geguckt und ihn kannten solche Leute wie ich, die im Westen deutlich und laut seinen Namen nannten und seine Freilassung forderten. Ich habe dafür gesorgt, dass seine Gedichte und Texte im Westen veröffentlicht wurden. Und dass die Lieder von Pannach und Kunert bei CBS als Schallplatte erscheinen. Es waren die Aufnahmen, die sie in Leipzig gemacht hatten. Das erwies sich als großer Schutz für die drei Helden.“[51]

Christian „Kuno“ Kunert. Biografische Stationen

Christian Kunert, genannt „Kuno“, geboren 1952 in Leipzig, war der einzige studierte Musiker in der Renft-Combo. Ein begnadeter Sänger, dessen thomanergeschulte Stimme die Tonleiter schwindelerregend hochklettern konnte, ohnegleichen in der Rockszene der DDR. Noch heute halten viele Fans die von ihm gesungene deutsche Version von „Helpless“ (Neil Young) für besser als das Original. Mit „Kuno“, „Monster“ und „Cäsar“ hatte die Renft-

51 Interview mit Wolf Biermann, 2000, ebd.

Combo drei unverwechselbare Sänger und Musiker, keine andere Band der Zeit konnte das aufweisen.
Kunert stammt aus einer musikalischen Familie: Seine Mutter war Konzertpianistin, eine Großmutter spielte Orgel in der Kirche. Schon als Kind sang er gern und lernte Klavier, bevor er seine Aufnahmeprüfung bei den weltberühmten Thomanern ablegte. Während der Thomanerzeit (1961–1965) hörte er die Beatles auf dem Kofferradio und war begeistert von deren Gesängen. Er besorgte sich eine Gitarre und gründete mit drei weiteren Thomanern seine erste Band: The Little Stars. Sie bestand aus drei Gitarristen und einem Schlagzeuger. Im Keller seines Wohnhauses wurde geprobt, und trotz mangelhafter technischer Ausrüstung gab es einen ersten Auftritt bei einem Schulfest. Aus dieser Zeit stammten Fragmente späterer Lieder, etwa von „Sonne wie ein Clown". Auf The Little Stars folgten weitere Bands, mit denen Kunert in der Studentenmensa und in den umliegenden Dörfern spielte.
Im September 1970 begann er an der Karl-Marx-Universität Leipzig ein Lehrerstudium für Musikerziehung und Deutsch, ließ sich aber bald einen Stimmschaden attestieren und wechselte zur Leipziger Hochschule für Musik

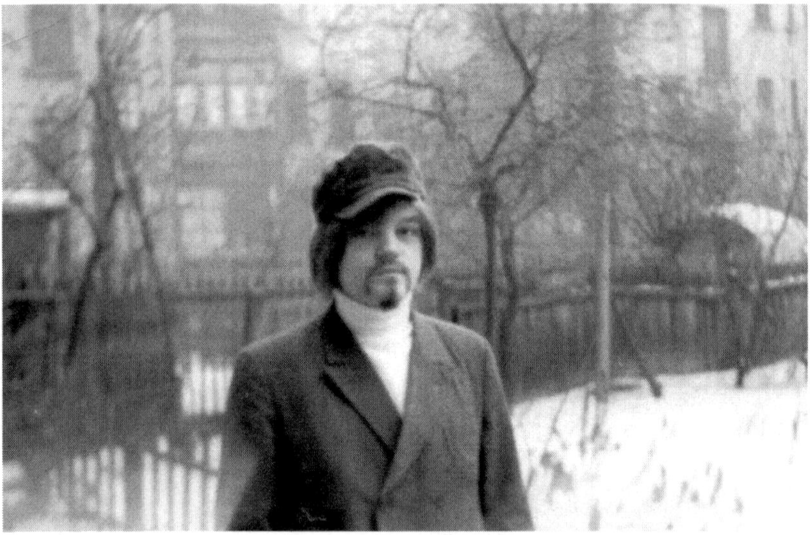

Christian Kunert Anfang der 1970er Jahre (Foto: privat)

„Felix Mendelssohn Bartholdy“, wo er von 1971 bis 1975 das Fach Posaune studierte. Da er manchmal längere Zeit mit Renft auf Tour war, bekam er Schwierigkeiten mit dem Studium. Er konnte die geforderte Anwesenheitspflicht nicht erfüllen und beantragte deshalb einen Wechsel ins Abendstudium. Es wurde ihm vom Rektorat unter der Bedingung bewilligt, dass er im zweiten Studienjahr sechs Wochen Armeedienst absolvieren würde.

Mit Klaus Jentzsch war er durch den ehemaligen Renft-Sänger und Schlagzeuger Gerhard „Fats“ Pachsteffel in Kontakt gekommen, der sich mit der Band zerstritten hatte und seine eigene gründete. Als sich auch der Organist Michael Heubach von Renft trennte, suchte die Band nach Ersatz. Sie engagierten den jungen Christian Kunert, der zu der Zeit noch nicht Orgel spielte, aber schnell lernte. Sein erstes Konzert mit Renft fand im Januar 1972 in Gotha statt. Er erinnerte sich an einen sensationellen Auftritt mit einer tollen Band und „Monster“ als Frontmann. „Cäsar“ lockte unverwechselbare Klänge aus seiner Gitarre, das Publikum jubelte nach jedem Song. „… lange Nächte voller Irrsinn, Derbheiten und Lachen. Und Zank nicht zu vergessen.“[52]

Anfang der 1970er Jahre lernten sich Christian Kunert und Gerulf Pannach kennen, Freunde wurden sie im Sommer 1974. Damals zeltete Pannach mit seiner Frau Amrei in Boltenhagen an der Ostsee. Andere Musiker machten dort ebenfalls Urlaub, und auch Kunert gesellte sich mit seiner Frau Karin und seiner kleinen Tochter Denise dazu. Pannach gefiel, dass Kunert sich für Literatur interessierte, ihm gefiel auch seine Wahrhaftigkeit. Christian Kunert erinnert sich so an diese Zeit:

> „Wir trafen uns auf dem Zeltplatz, wir kannten uns ja sehr gut von Renft, wir waren zusammen auf Tournee gewesen. Ich hatte eine Kassette von der zweiten Renft-LP mit, auf die ich sehr stolz war. Er fand das alles nicht gut, sagte, dass seid ihr nicht, was ihr da singt. In der Tat war es so gewesen, dass alle Texte

---

52 Christian „Kuno“ Kunert (Interview von Christian Reder mit Christian Kunert), 2010, online: www.deutsche-mugge.de/index.php/interviews/2010/1727-christian-kuno-kunert.html (19.05.2022).

dieser LP nicht von Amiga genommen wurden. Wir wurden dann zu einem Gespräch mit der späteren Vorsitzenden des Komitees für Unterhaltungskunst, Gisela Steineckert, genötigt, die diskutierte und sagte: ‚Diese Texte gehen alle nicht.' Kurt Demmler war nicht so, er hat dann für die Songs alle Texte neu geschrieben. Ich war damals so drauf: Hauptsache spielen. Ich habe nicht ganz verstanden, was da diskutiert wurde und was in den Texten stand. Gerulf hat ein bisschen für Aufhellung in meinem Kopf gesorgt. Wir haben über diese Texte und über die Songs geredet, was er gut findet und was er nicht gut findet, er hatte Gründe dafür, Dinge nicht gut zu finden.

Ich muss dazu sagen, ich hatte mich von dem, wie ich als Kind und als Teenie politisch empfunden habe, entfernt, zugunsten einer Haltung: Sozialismus ist toll, es ist nicht alles da, wo es hinsoll, aber es muss erst mal so sein, dass man akzeptiert, was so eine Regierung tut, damit sie beweisen kann, dass sie eine gute Arbeit macht und der Sozialismus was taugt. Mit so einer Haltung fängt man an, vieles zu entschuldigen oder eine Widerrede auf später zu verschieben. Man fängt an, Dinge zu akzeptieren, die inakzeptabel sind. In so einem Stadium war ich damals geistig. Es kam noch hinzu, dass Renft natürlich eine sehr lukrative und schöne Sache war, wo ich gar nicht so groß über bestimmte Dinge nachdenken wollte, damit ich mir das erhalten kann. Ein bisschen Denkfaulheit kam da mit ins Spiel und Unlust, über den Tellerrand zu schauen.

Wir haben in diesem Urlaub nächtelang diskutiert. Wir haben eigentlich nur zwei Dinge gemacht: Weinbrand getrunken und diskutiert. Ich habe mich irgendwann daran erinnert, was ich mal für einer war. Einer, der etwas riskiert hat und auch eine Gegenposition zum Staat hatte. Das war in meiner Kindheit so, und das war in meiner Teeniezeit so. Dann habe ich mir gedacht, das war doch eigentlich verdammt schön. Das hat dir doch gefallen, das hat dir Spaß gemacht, und ich habe gedacht, verdammt, der Junge hat recht. Ich musste dann ein bisschen umdenken. Das war nun wieder für meine Kollegen nicht ganz leicht, weil ich dann aus dem Urlaub zurückkam und das Gegenteil von dem erzählte, was ich vorher erzählt habe, so ungefähr."[53]

---

53 Interview mit Christian Kunert, Juni 2019.

Gerulf Pannach äußerte sich später so über den Freund: „Ich glaube, dass ich Kuno in den damaligen Gesprächen davon überzeugte, dass meine Lieder unseren Staat und die gesellschaftlichen Verhältnisse in ihm keineswegs mit ‚Schmutz bewerfen', sondern dass sie vielmehr vorhandenen ‚Schmutz' ans Licht bringen."[54]

Pannach machte Kunert auch mit Liedern von Wolf Biermann bekannt. Die kunstvoll gebauten Strophen gefielen dem Freund. Als Biermann im Herbst 1974 zweimal nach Leipzig fuhr, lernte Kunert ihn kennen. Später besuchte er ihn gemeinsam mit Pannach in Berlin. Kunert lernte auch Jürgen Fuchs und Robert Havemann durch Pannach kennen. Beide Freunde waren der Meinung, dass man nicht vor den Rotstiften der Zensur kapitulieren dürfe. Pannachs Auffassung, „dass die Beatmusik vom Staat seit 1972 deshalb so sehr gefördert wurde, damit sie ihm gewissermaßen als trojanisches Pferd für das Troja ‚Jugend' diene", wurde von Christian Kunert geteilt. „Er sah genauso wie ich, dass die Beatmusik ihrem sozialkritischen Ursprung (den hatte sie ja seit den Beatles) durch die poppige Schönfärberei der staatlich geförderten und begünstigten Beatgruppen entfremdet wurde und dem Publikum ein platter, schwächlicher Optimismus vorgegaukelt wurde, den natürlich das Publikum diesen Musikern nicht glaubte. Dieser Unglaube des Publikums hatte auch die Renfts in der Gunst desselben beträchtlich sinken lassen und diese wollten ebenso wie Kuno wieder mehr die Sache des Volkes singen und nicht als Staatsband gesehen werden. Kuno brachte in diesem Zusammenhang das Lied ‚Helpless' (Young) ins Deutsche, in dem die Rede davon war, dass der Jugend viele Tore versperrt sind und dass sie machtlos und hilflos ist."[55]

---

54 BStU MfS AU 14674/77 Gerulf Pannach, Persönliche Niederschrift vom 18.07.1977, Bd. 3, Bl. 149–154.

55 Ebd.

„Schöne Worte könnte ich mir nicht verzeihen" Sechs Briefe von Jürgen Fuchs an Gerulf Pannach

Wenn über Gerulf Pannach geschrieben wird, dann über ihn als Solisten, im Zusammenhang mit Renft oder dem Duo Pannach & Kunert. Über die frühen Jahre der Freundschaft und Zusammenarbeit von Gerulf Pannach und Jürgen Fuchs ist bislang wenig bekannt. Auch in den Publikationen zu Jürgen Fuchs ist wenig zu Gerulf Pannach zu finden. Die folgenden sechs Briefe von Jürgen Fuchs an das Ehepaar Pannach lassen einige Erkenntnisse über die Zusammenarbeit der Freunde in den frühen 1970er Jahren zu, über gemeinsame Auftritte und über Bücher, die sie lasen. Vermutlich stammen alle nachfolgenden Briefe aus dem Jahr 1973. Antwortbriefe von Gerulf Pannach ließen sich bisher nicht finden.

Jürgen Fuchs schreibt dem Freund ebenso über seine Lektüre der Briefe von Karl Marx und dem Schriftsteller Arnold Ruge wie über eine Lesung von Christa Wolf in Jena. Im Brief vom 27. April 1973 weist er auf die Veröffentlichung seiner Gedichte in der Jugendanthologie „Offene Fenster" hin, von ihm spöttisch „geschlossene Fenster" genannt, und er deutet Kompromisse an, die er im Zusammenhang mit den DDR-Veröffentlichungen machen musste: „ich prostituiere mich gründlich", heißt es selbstkritisch. Er berichtet von Kritik nach seinen ersten Auftritten, von Aufnahmen, die davon gemacht und abgehört wurden und von Auseinandersetzungen mit den Behörden: „dieses winden und verlogene gestammel, wenn ihr wüßtet, wie ich das satt habe".

Ein anscheinend beiläufig geäußerter Satz im zweiten Brief weist auf verbotene Literatur hin: „J. Daniel: sehr gefragt." Anfang der 1970er Jahre hatte Wolf Biermann die Gedichte des russischen Dichters Julij Daniel ins Deutsche übertragen, sie erschienen 1972 bei Hoffmann und Campe in Hamburg.[56] Julij Daniel hatte ebenso wie der Schriftsteller Andrej Sinjawskij ohne Geneh-

56 Julij Daniel: Berichte aus dem sozialistischen Lager, ins Deutsche gebracht von Wolf Biermann, Hamburg 1972.

migung der Sowjetbehörden im Westen publiziert, Sinjawskij seit 1959 unter dem Pseudonym „Abram Terz“, Daniel seit 1962 unter dem Pseudonym „Nikolaj Arschak“. Als der sowjetische Geheimdienst KGB ihre richtigen Namen herausfand, wurden beide 1965 verhaftet und Sinjawskij zu sieben, Daniel zu fünf Jahren Lagerhaft verurteilt. Daniels in Versform geschriebenen „Berichte“ über den Gulag, in die DDR eingeschmuggelt, wurden unter der Hand weitergereicht und schon ungeduldig von den nächsten Interessenten erwartet. Fuchs lässt in seinen Briefen auch die Furcht vor einem neuen 11. Plenum anklingen, die Furcht vor einem Kahlschlag in der Kultur wie 1965.

Wie eine Ermutigung an sich und den Freund klingt dagegen nachfolgender Satz aus dem nur mit „Montag“ datierten Brief: „was zählen wird, sind einzig meine zeilen und deine lieder, die geschrieben wurden oder nicht“.

> 19. I.
>
> liebe ami, lieber gerulf,
>
> meine expeditionen ohne anmeldung schlagen fehl in der regel. telegramme und ähnliches zu verschicken scheue ich mich. wer weiß, was da ankommt an worten. gerulf, überholen ohne einzuholen gefällt mir sehr – warum, das sage ich dir mündlich.
> Ich sitze hier, heute ohne besuch (zentral) [...]
>
> bewegte zeiten
> z. Z. bin ich im „praktikum“.
>
> ... sehr herzlich
> euer jürgen
>
> [handschriftlich]

jena, 4.3.73

liebe amrei, lieber gerulf,

für die sehr interessante information herzlichen dank!! (w. b.)! – mündliche auswertung in spe … Am 1.3. war ich in erfurt (siehe konzertplan), konnte aber leider nicht zum ort des geschehens vordringen; vielleicht ist euer konzert auch ausgefallen. Am 12. werde ich nach weimar fahren, hoffentlich sehen wir uns. weil ich wenig weiß, muß ich fragen: amrei, begleitest Du gerulf? wenn nicht, wäre es nicht möglich, daß du …
ich habe ein paar geheiminformationen erhalten: im mai mini-„poeten"-seminar in schwerin – etwa 40 teilnehmer wurden vom zentralrat vorgeschlagen, einige mit fragezeichen versehen (gerulf, dein Name stand interpunktionslos, pietraß und f. ebenfalls).
uwe klabunde wurde nicht vorgeschlagen – sabotage!
aus gründen der kommunikation werde ich wahrscheinlich fahren (und nicht schweigen) – weisbach/viertel & co. interessieren mich als potentielle gegner, wie gehabt (for eyes only).
- j. daniel: sehr gefragt.
ich hörte, die „beat-lyriker" (gerlach, tilgner …) sollen sich demnächst treffen, um von dir zu lernen – ich bin gespannt, was du berichten wirst.

sehr herzlich
(unbedingt bis bald)

jürgen [handschriftl.]

27.4.73

liebe ami, lieber gerulf,

von bad schmiedeberg habe ich noch nichts gehört. ich freute mich aber sehr, daß du an mich gedacht hast, gerulf, ein demmler-ersatz kann ich nicht sein,

sanfte melodien und schöne worte könnte ich mir nicht verzeihen – ich habe nur das wort – du müßtest halt das wichtigste übernehmen … termin? auf der landkarte habe ich pretzsch gefunden. ansonsten skandaliere ich ein wenig mit der „TREPPE", jena, in der gegend umher. ich freue mich auch, daß du am literaturinstitut eine chance erhältst … berichte mir nur dann genau, wer was wozu warum sagte, frisch von der poetischen quelle. gerulf, du wirst schon durchhalten!
ich war über ostern in der ČSSR, als ich eure telegramme erhielt (doppelt hält besser!), wäre ich natürlich nachträglich sehr gerne gekommen!! schade (oder wie das heißt). zur zeit mache ich auch auf häuslich, eure niedliche kleine puppenstube möchte ich mir ganz gerne mal in nächster zeit irgendwann wenns möglich wäre ohne euch belastungen zu bereiten ganz kurz natürlich nur – ansehen. / die geschlossenen fenster sind nun käuflich, ich prostituiere mich gründlich, hoffenlich lobt mich niemand von diesen idioten, die wir freundlich hassen.

sehr herzlich, hoffentlich bis bald

euer j.

5.5.73

liebe ami, lieber gerulf,
die einladung aus bad schmiedeberg habe ich inzwischen erhalten. der 24. ist ein wenig ungünstig: in dieser woche finden an der uni die studententage statt. mittwoch: lesung richard pietraß/ freitag lesung christa und gerhard wolf.
aber ich komme natürlich. wann können wir uns ein wenig abstimmen? mündlich wäre gut, schriftlich möglich. vielleicht könntest du mir, gerulf, mitteilen, was du bringen wirst, ich stimme dann meine vergeßliche sprache ab.
am mittwoch fahre ich kurz nach schwerin – „werkstatt". werkeln?
heute war ich in gera, eröffnungsveranstaltung der woche des buches, lesung: straßenzustandsbericht. („sie sollten nicht so kritisch sein …") sagten die schön-

redner. unsere tage sind gezählt, weil wir die tage unserer vieldeutigen feinde schon zählen.

nur gut, daß es euch gibt.

j.

Montag [handschriftl.]

lieber gerulf, liebe ami, umgekehrt,

habt dank für euren brief, er war ermutigend. die behörden, mit denen du, gerulf, gesprochen hast, waren klug und taktvoll, taktisch raffiniert auch, wie könnte es anders sein.
vielleicht gibt es in der zwischenzeit schon wieder neue informationen – beruhigung kommt vor dem fall. dieses winden und verlogene gestammel, wenn ihr wüßtest, wie ich das satt habe. inzwischen habe ich erneut aussprachen führen müssen. ein forschungsstudium wird man mir nicht gewähren, obwohl ich von allen verantwortlichen (fdj + partei) vorgeschlagen wurde. begründung: veranstaltung am 28.2. das ist wieder diese taktik – ein termin ersetzt eine gesamte politische haltung, die man bekämpft, und zu recht bekämpft, wie ich meine. (wenn unsere zeiten kommen …) bevor steht wahrscheinlich die streichung von der kandidatenliste (im mai).
morgen hört mein parteisekretär irgendwelche geheimnisvollen bänder ab, die parteiintern zur verfügung gestellt wurden (na von wem schon!), um meine person „realistischer" (beachte den unsinnigen komparativ) einschätzen zu können. danach wird man handeln. ich habe meinen mut zusammengenommen und den hochmut gegen die hochmütigen auch – wahrscheinlich handelt es sich um einen veranstaltungsmitschnitt (erfurt?). Ich hoffe nur, daß es sich nicht um koordinierte aktionen handelt, die mehrere personen betreffen wird.
liebe ami, lieber gerulf, verzeiht, daß ich immer von diesem häßlichen kleinkrieg schreibe, der mein leben nicht bedroht. ich weiß doch, daß es in der endabrechnung keine geige spielen wird, unter welchen umständen man versagt oder hal-

tung bewiesen hat – was zählen wird, sind einzig meine zeilen und deine lieder, die geschrieben wurden oder nicht.
noch eine letzte bemerkung, die ich in den deutsch-französischen jahrbüchern (marx/ruge 1843) las: der kommunismus ist rasch zu ehren gekommen, er ist deutsch geworden, er ist verloren.

ich wünsche mir sehr, das wir uns
bald sehen
j.

28.V.
liebe ami, lieber gerulf,

vertraut mir nicht mehr, was ist das nur für ein drückeberger, die wichtigsten gespräche verpaßt er, „die scharf sind auf die scharfen sachen und selber in die h …" schon gut, wenn es nur das wäre: christa wolf kam sah siegte, was für eine frau, am sonnabend mittag kauften wir fahrkarten nach berlin, voraussichtlich an ½ 8. am bahnhof amoklauf – hanas haus- und wohnungsschlüssel verschwunden, eltern nicht in der durchgerißnen stadt – wir hatten es satt. (anfrage: fand sich in eurer wohnung ein schlüsselbund?) als vergebliche suchaktionen – neuer plan: sonntag früh ab jena, an berlin ½ 10. am nachmittag kurzbesuch bei christine, edgar + kinder – bus am sonntag früh nach saalfeld – an saalfeld bf. kurz nach abfahrt des zuges. aussichtslos. rückzugsgefecht. was werden die beiden sagen? siehe oben. / am freitag erfuhr ich: die handwerker kommen ins haus, auch in mein zimmer, fenster neu, fassade neu, ich suche schutz. montag früh kamen sie, mein zimmer wird ein durchgangszimmer für fünf monate und mehr. ah ja. noch ein paar kurzinformationen nach gesprächen mit christa und gerhard wolf: ihr film „till eulenspiegel" (sie arbeiteten fünf jahre an den worten) wurde abgesetzt – plenzdorf im zk umkämpft – „mußten sie wirklich der ddr so wehe tun" – hinter den groß- und kleinstadt (staat)kulissen formiert sich die ältliche garde zum altbekannten vor(rück)marsch. rechts, rechts, zwo drei vier – ein 11. plenum planen wir …

nachdem sie wieder mal ein paar widersprüche genehmigten, genehmigen sie sich jetzt den einspruch – helden müssen her. wibeaus aus dem verkehr. Von wegen wibeau. §!§
ihr beiden, verzeiht mir, aber bedenkt: in kürze komm ich wieder vorbei – von abend bis früh. kurz, aber bitte mit ganz-frühstück.

jürgen[57]

Gerulf Pannach: Forderung statt Förderung

„Im Nachhinein weiß ich, die wollten, daß wir die Schnauze halten!"[58]
Gerulf Pannach um 1997

Gerulf Pannach war in den frühen 1970er Jahren der Meinung, es müsse einen vernünftigen Kompromiss zwischen Künstler und Kulturapparat geben. Doch der Staat gab die Direktiven vor. Nachdem seine kritischen Texte

57 Alle Briefe: Privatarchiv Lilo Fuchs. – „Kandidatenliste" bezieht sich auf den angestrebten Eintritt in die SED, dem eine einjährige Kandidatenzeit voranging. „Die Treppe" war ein 1972 gegründetes experimentelles Jenaer Studententheater, 1989 aufgelöst. „Edgar Wibeau" ist der Protagonist des Romans „Die neuen Leiden des jungen W." von Ulrich Plenzdorf, erschienen 1973 bei Hinstorff, Rostock. – Uwe Klabunde (Jg. 1951), Lyriker, studierte 1971–1974 an der Fachschule für Bibliothekare „Erich Weinert" in Leipzig und veröffentlichte in wenigen Anthologien. Reinhard Weisbach (1933–1978), Literaturwissenschaftler, Lyriker, Essayist. Ab 1970 Seminarleiter der jährlich stattfindenden zentralen Poetenseminare der FDJ in Schwerin. Martin Viertel (1925–2005), Schriftsteller, Seminarleiter der zentralen Poetenseminare der FDJ in Schwerin. Jens Gerlach (1926–1990), Lyriker, Liedtexter, Autor. Er schrieb u.a. Texte für die Gruppe Wir, die er mit dem Musiker Wolfgang Ziegler 1972 gründete. Wolfgang Tilgner (1932–2011), Lyriker, Liedtexter, Sachbuchautor. Er schrieb u.a. Texte für die Puhdys, Kreis und Electra.

58 Kriese: Schlacht (wie Anm. 30), S. 180.

mehrfach negativ aufgefallen waren, ging alles schnell: Am 20. Februar 1974 legte die Leipziger Stasi eine Operative Vorlaufakte, dann den Operativen Vorgang zu Pannach an: OV „Chanson“. Der Tatbestand lautete auf § 106 und 220 StGB, staatsfeindliche Hetze (2 bis 10 Jahre Haft) und Staatsverleumdung (bis zu zwei Jahre Haft).

Auch die Leipziger Kulturfunktionäre wurden im Auftrag des MfS aktiv, um Pannachs Einfluss auf die Jugend des Landes einzuschränken. Anfang Juni 1974 verlangte die Vorsitzende der Leipziger Bezirkskommission für Unterhaltungskunst und Vorsitzende der Konzert- und Gastspieldirektion (KGD) Ruth Oelschlegel (GMS „Ruth“), dass Pannach seine Texte vorlegt. Auf Basis der eingereichten Texte erarbeitete Dr. Robert Zoppeck (GMS „Johannes“), Dozent und Parteisekretär am Literaturinstitut Leipzig, ein Gutachten, das Ruth Oelschlegel zum Anlass nahm, Pannachs Berufsausweis als Songinterpret einziehen zu lassen. Die KGD stützte sich dabei auf das Gesetzblatt Nr. 708 vom 21. Juni 1971, das die Anordnung über die Zulassung von frei- und nebenberuflich tätigen Künstlern auf dem Gebiet der Unterhaltungskunst regelte. „Geltungsdauer und Entzug“ waren in § 4 beschrieben: „Die Zulassung wird unbefristet erteilt und gilt für das gesamte Territorium der DDR. Sie kann durch das erteilende Organ oder das Ministerium für Kultur nach Anhören der Gewerkschaft Kunst widerrufen werden, wenn [...] b) die erforderliche gesellschaftliche, moralische oder fachliche Eignung nicht mehr vorliegt oder gegen das moralische Empfinden oder gegen die Ansprüche der Werktätigen auf hohe künstlerische Qualität und humanistische Haltung verstoßen wird.“[59]

Die Begründung zur Anwendung dieses Paragrafen lieferte Zoppecks Gutachten, das auf dreizehn Pannach-Texten basierte, drei weitere Texte stammten von Jürgen Fuchs, Wolf Biermann und Reinhard Mey. In diesem Gutachten heißt es:

---

59 Gesetzblatt Sonderdruck Nr. 708, Anordnung über die Zulassung von frei- und nebenberuflich tätigen Künstlern auf dem Gebiet der Unterhaltungskunst – Zulassungsordnung Unterhaltungskunst – vom 21. Juni 1971.

Bezirksverwaltung Leipzig
Abteilung XX/7

Leipzig, den 10. 6. 1974
Ke/Wi

BStU
000017

B e r i c h t

Entsprechend der am 5. 6. 1974 getroffenen Vereinbarung führte unterzeichneter Mitarbeiter am heutigen Tag mit der GMS Oelschlegel eine Absprache.
Zielstellung dieser Absprache war die Übergabe von Texten der in der VAO "Chanson" bearbeiteten Person Pannach,Gerulf an unsere DE. Sie schätzte dazu ein, daß die Texte unter aller Würde sind und sie als Vorsitzende der Bezirkskommission für Unterhaltungskunst ein Auftreten des P. mit diesen Texten im Repertoire generell ablehnt. Sie wird aus diesem Grund noch heute die Abteilung Kultur beim Rat des Bezirkes davon informieren und diesen Genossen empfehlen, daß sie eine Auftrittssperre zum Pannach aussprechen. Des weiteren wird sie veranlassen, daß der Pannach heute 15.00 Uhr davon informiert wird, daß er ohne ein neuüberarbeitetes Repertoire keine Engagements von seiten der KGD Leipzig erhält. Sie wird ihm weiterhin mitteilen, daß sie mit diesem Repertoire die Veranstaltung am 11. 6. 1974 in Altenburg ablehnt und von ihrem Entschluß bereits des Rates des Bezirkes, Abt. Kultur, informierte. Des weiteren wird sie P. mitteilen, daß er in spätestens14 Tagen einen Mentor erhält, mit dem er seine zukünftigen Texte abspricht und erarbeitet.
Über dieses Gespräch wird sie unterzeichneten Mitarbeiter informieren.

Sie bat, daß von seiten unserer DE mit dem Leiter der Abt. Kultur beim Rat des Bezirkes, Gen. Werner Wolf bzw. dessen Stellvertreter gesprochen wird, damit eine zeitweilige Auftrittssperre des P. erwirkt wird.

Maßnahmen:

- Ablichten der Texte des Pannach
- Information über Maßnahmen betreffs Sperre an Gen. Leopold und Absprache mit Dienstvorgesetzten, Gen. Major Lühr
- Ein Duplikat der Texte zum Verbleib für Genn. Oelschlegel und einmal zur Vorlage für Abt. Kultur, Rat des Bezirkes.

Keller
Leutnant

Gemeinsam gegen Pannach: die Leipziger Kulturbehörden und das MfS (BStU MfS XIII 145/74 VAO „Chanson", Bl. 17)

> „Ich bin der Meinung, daß diese Zusammenstellung der Texte, gedacht für den musikalischen Vortrag mit Gitarre, insgesamt weder der Form noch der Aussage nach unseren ideologisch-ästhetischen Ansprüchen genügt. Abgesehen von einzelnen Texten, muß diese Zusammenstellung von einem sozialistischen Publikum als Zumutung und Beleidigung empfunden werden.“[60]

Ein paar Seiten weiter:

> „Man kommt zu der Erkenntnis, daß die sozialistische Macht der eigentliche Gegenstand seiner Angriffe ist und seine Satire das Ziel verfolgt, den Widerspruch aufzureißen und zu manifestieren, der angeblich zwischen dem Volk und der Führung, dem Oben und dem Unten bestehe.“[61]

Und schließlich:

> „Hier wird ziemlich deutlich, welche Welt Pannach ablehnt, gegen welche Welt er als ‚wahrer Marxist und lauterer Sozialist‘ ankämpft. Er ist derjenige unbeugsame Fels, der gegen die roten Papageien steht, die Ledermäntel tragen, nachts junge Leute zusammenschlagen, den Arbeiter nicht achten, die den Sozialismus schlecht machen und nicht sehen, dass vor der roten Fahne der Rauchverzehrer steht. […]
> Hinter dem Programm steht m. E. eine politisch-ideologische Zielstellung, die sich ihrer Methoden, Mittel und Wirkungen bewusst ist.“[62]

---

60 Dr. Robert Zoppeck: Einige Bemerkungen zum ideologisch-ästhetischen Gehalt der Texte von Gerulf Pannach, vorgelegt am 7.6.1974 bei der KGD Leipzig. Anlage zum Schreiben von Ruth Oelschlegel, Vorsitzende der Bezirkskommission für Unterhaltungskunst, an Werner Wolf, Rat des Bezirkes Leipzig, Abt. Kultur vom 1.7.1974, BArch SAPMO DY/30/23 317, unpag.

61 Ebd.

62 Ebd.

Der Liedermacher wurde am 12. Juni 1974 zu einem Gespräch bei der Konzert- und Gastspieldirektion Leipzig bestellt. Es kam zu einer Aussprache mit der Direktorin Ruth Oelschlegel und mehreren Mitgliedern der Leipziger Bezirkskommission für Unterhaltungskunst. Es ging dabei um eine Veranstaltung am 14. Mai 1974 in der Leipziger Ingenieurschule für Post- und Fernmeldewesen, die die dortige FDJ-Gruppenleitung organisiert hatte und bei der Pannach aufgetreten war. Oelschlegel hatte zwei Mitglieder der Bezirkskommission dorthin geschickt, um Pannachs Repertoire zu überprüfen – vermutlich ohne dessen Wissen. Einer hatte einen ablehnenden Bericht darüber geschrieben.[63] Bei dem Gespräch wurde Pannach dann verkündet, dass sein Liederprogramm zu kritisch sei und Auftritte damit nicht mehr möglich seien.

> „In Auswertung dieser Veranstaltung wurde Herrn P. nachgewiesen, daß Form und Aussage der im wesentlichen von ihm verfassten Texte sowie der Musik nicht unseren ideologisch-ästhetischen Ansprüchen genügt und diese Zusammenstellung von einem sozialistischen Publikum als Zumutung empfunden werden muß. Herr P. versuchte, seine Texte, die nur negative und vor allem entstellte Erscheinungen in unserem Leben widerspiegeln, als marxistisch-dialektisch hinzustellen, die helfen sollen, unser Leben zu verbessern. Dabei ging P. von einer völligen unsozialistischen Plattform aus."[64]

---

63 BStU MfS AKK 3179/84 Gerulf Pannach, Sachstandsbericht zum „OV Chanson" vom 17.2.1975, Bd. 1, Bl. 54. In einem Verhör sagte Pannach später, dieser Bericht sei ihm von der Direktorin der Konzert- und Gastspieldirektion Ruth Oelschlegel kurzzeitig überlassen worden, er hätte sein Berufsverbot eingeleitet. Jürgen Fuchs hätte ihn gelesen und geäußert, dass er gut auf das Cover einer West-Schallplatte passen würde. Vgl. BStU MfS 14 674/77 Gerulf Pannach, Verhör vom 28.01.1977, Bd. 12, Bl. 173.
64 Aktennotiz vom 3.7.1974 über ein Gespräch mit Herrn Gerulf Pannach am 12.6.1974 in den Räumen der KGD Leipzig. Anwesende: Oelschlegel, Dr. Hempel, Langrock, Wahala, Rothe, Pannach. BArch SAPMO DY/ 30/ 23317, unpag.

Es wurde ihm auch vorgeworfen, auf der Linie Biermanns zu liegen. „Die an seinen Texten und der Musik geübte Kritik sah er nicht ein, war jedoch bemüht, sich für die Erarbeitung eines neuen Repertoires helfen zu lassen."[65] Ruth Oelschlegel ließ Pannach wissen, dass die KGD jederzeit bereit sei, ihm das entsprechende Honorar zu zahlen, wenn er „ordentliche"[66] Texte schreibe.

Am 1. Juli 1974 legte Oelschlegel dem Abteilungsleiter Kultur beim Rat der Stadt Leipzig Werner Wolf nahe, Pannach ab sofort bis zum Jahresende den Berufsausweis zu entziehen.[67] Nun folgte ein unerhörter Vorgang. Der noch im Vorjahr preisgekrönte Liedermacher, der seinen Berufsausweis nach einer entsprechenden Prüfung erhalten hatte und vielfach mit großem Erfolg aufgetreten war, sollte ein politisch-ideologisch überarbeitetes Programm vorlegen und für diese Zeit einen „Förderungsvertrag" erhalten. Dieser Förderungsvertrag war über „inoffizielle Quellen in Schlüsselposition eingeleitet" worden, wie es unmissverständlich in den MfS-Akten[68] heißt. Die Stellvertreterin von Ruth Oelschlegel, Dr. Gisela Holan (GMS „Tanja"), war vom MfS instruiert worden, die Aktion in die Wege zu leiten. Es bestand also vonseiten der KGD nie die Absicht, Pannach wirklich zu fördern, sondern ihn auf Weisung des MfS zu kontrollieren, um seine „feindliche Tätigkeit" als Songinterpret weiter einzuschränken. Gleichzeitig war vorgesehen, dass aus „P. keinesfalls ein Märtyrer gemacht wird".[69]

Dr. Zoppeck erklärte sich bereit, Pannach als Mentor zu betreuen. Er spielte fortan ein doppeltes Spiel: Pannach gegenüber trat er als väterlicher Freund auf, gleichzeitig denunzierte er ihn bei der Stasi und den Leipziger Kulturbehörden. Außerdem wurde er vom MfS instruiert, bevor Gespräche mit

---

65 Ebd.

66 BStU MfS AOP 535/77 Gerulf Pannach, VAO „Chanson", 17. Juni 1974, Bl. 18.

67 Ebd., Bl. 19.

68 BStU MfS AKK 3179/84 Gerulf Pannach, Verbindung des Biermann vom 14.01.1975, Bd. 1, Bl. 3.

69 BStU MfS BV Leipzig, Abt. XII Archiv, Allg. P. 1015/81, Bericht zum „OV Chanson", Bd. 2, Bl. 36.

Pannach stattfanden. Der Liedermacher sollte sich alle vierzehn Tage mit dem Mentor treffen, regelmäßige Konsultationen mit der KGD einhalten, außerdem sollte er Gasthörer an der Leipziger Musikhochschule „Felix Mendelssohn Bartholdy“ werden. Zum Jahresende sollte sein neues Repertoire vorgelegt und abgesegnet werden.

Im August 1974 wurde Pannach von der KGD Leipzig, vertreten durch Ruth Oelschlegel, und dem Rat des Bezirkes, vertreten durch die stellvertretende Kultur-Abteilungsleiterin Dr. Gisela Holan, dieser Förderungsvertrag für ein neues Liederprogramm aufgenötigt.[70] Er galt für vier Monate, vom 1. September 1974 bis 31. Dezember 1974 und war für DDR-Verhältnisse großzügig mit 800 Mark abzüglich 20 Prozent Steuern im Monat honoriert. Im Gegenzug musste Pannach seinen Berufsausweis bei der Abteilung Kultur hinterlegen und durfte nicht mehr auftreten. Er lehnte zunächst ab, nahm den Vertrag aber beim nächsten Gespräch gegen Abgabe des Ausweises an. Nach Protesten beim Abteilungsleiter Kultur Werner Wolf bekam Pannach im Oktober 1974 rückwirkend eine befristete Auftrittserlaubnis für die Dauer des Förderungsvertrages. Auftritte waren allerdings nur erlaubt, wenn die KGD die Verträge dafür abschloss. Pannach wusste nichts von dem landesweiten Verbot, das Wolf bereits heimlich mit einem Telegramm initiiert hatte (siehe Kapitel Bad Köstritz), wohl wissend, dass der Liedermacher mit der befristeten Auftrittserlaubnis nirgends würde auftreten können. Nach Ende des Förderungsvertrages wurde Pannachs neues Liederprogramm von der KGD-Direktorin abgelehnt. Und so ging es weiter: Auf eine Ablehnung folgte die nächste Ablehnung – bis zu Pannachs Verhaftung im November 1976.

Im Förderungsvertrag von 1974, basierend auf dem Gesetzblatt 708, der mit Befürwortung des Rates des Bezirkes, Abteilung Kultur, abgeschlossen wurde, hieß es wörtlich:

70 Abgeschlossen lt. Gesetzblatt 1.708 (Bezirkskomitee für Unterhaltungskunst) am 31. August 1974.

> „1. Die Förderung erfolgt mit dem Ziel, ein Repertoire zu erarbeiten, das den politisch-ideologischen und künstlerisch-ästhetischen Ansprüchen der Kulturpolitik der DDR entspricht. Das Repertoire soll für Jugendveranstaltungen vor allem der Arbeiterjugend, für Veranstaltungen in Betrieben der sozialistischen Industrie und Landwirtschaft einsetzbar sein.
>
> Deshalb gelten folgende inhaltliche Kriterien:
>
> - die Neuerarbeitung bzw. Überarbeitung eigener Texte, die dem Grundanliegen entsprechen,
> - die Einbeziehung sozialistischer Lyrik aus der Sowjetunion und anderen Ländern der sozialistischen Staatengemeinschaft.“[71]

Das neue Programm sollte mindestens 30 Minuten lang und in ein größeres Gesamtprogramm einzuordnen sein.
Künstlerische Verpflichtungen, sogar das Schreiben neuer Texte für Bands, durfte Pannach in dieser Zeit nur in Absprache mit der KGD übernehmen. Er musste sich verpflichten, monatlich über den Stand der Arbeiten zu berichten. Die Möglichkeit einer Verlängerung des Förderungsvertrages bis Ende Juni 1975 wurde eingeräumt, falls das Repertoire nicht den gewünschten Anforderungen entsprechen sollte. Eine Jugendbrigade aus einem volkseigenen Betrieb sollte als gesellschaftlicher Berater fungieren.
Knapp zwei Wochen nach Unterzeichnung des Förderungsvertrages protestierte Pannach beim Abteilungsleiter Kultur des Rates des Bezirkes Leipzig, Werner Wolf, gegen die Einziehung seines Berufsausweises:

> „E R K L Ä R U N G
>
> Hiermit protestiere ich gegen die Einziehung (‚Hinterlegung‘) meines Berufsausweises durch Frau Dr. Holan am 2.9.1974. Ich kann mich mit den vorgebrachten Argumenten der Frau Dr. Holan keinesfalls einverstanden erklären.

71 Förderungsvertrag vom 31. August 1974, unterzeichnet von Ruth Oelschlegel und Gerulf Pannach, BArch SAPMO DY/30/23317, unpag.

Das Hauptargument, meine politisch-künstlerische Qualität entspräche nicht mehr jener, die ich vor zwei Jahren, bei der Verleihung des Ausweises, hatte, sie läge unter dieser, kann ich nur als undialektisch und haltlos zurückweisen. Die Praxis hat nämlich genau das Gegenteil bewiesen. Die Einschätzung des Dr. Reuschel, auf die sich Frau Dr. Holan stützt, muss ich ebenfalls zurückweisen: Sie ist von keiner tieferen Sachkenntnis getrübt und obendrein bösartig – was die Publikumseinschätzung angeht: Verlogen.
Der ‚Förderungsvertrag', der mir angeboten wurde, ist mehr ein Forderungsvertrag, in dem nur an einen Vertragspartner Forderungen gestellt werden: An mich! Die Änderung des Vertrages, die ich vorschlug, wurde abgelehnt – sie war eine Forderung, die i c h stellte.
Die Anmaßung Frau Dr. Holans, die darin bestand, daß Frau Dr. Holan mir das Recht absprach, mich als verboten zu betrachten, da mir ja dieser Vertrag angeboten wurde, muss ich als erpresserisch zurückweisen.
Gibt man einem Hungrigen ein steinernes Brot, obwohl man volle Speisekammern an Genießbarem hat, und sagt ihm, da er das ‚Brot' zurückweist, er wäre ja gar nicht hungrig, so handelte man ebenso, wie die Vertragsaussteller an mir.
Ich sagte zu, daß ich gerne bereit wäre, mein Programm zu verbessern – was wäre nicht verbesserungswürdig – nicht aber zu verwässern.
Noch finde ich mein Programm besser als jene der singenden Lobhudler, die (ohne Einschränkung) hochbezahlte Engagements erhalten (mit und ohne Ausweis).
Wenn ich mit meinem bisherigen Programm jetzt nicht mehr auftreten darf, dann – muss ich messerscharf schlussfolgern – konnte der angebotene ‚Förderungsvertrag' nur die Funktion eines Knebels haben.
Ich muss logischerweise annehmen, daß man von mir ein Programm im obligaten Stil verlangt: Politische Lobhudelei + sexuelle Schlüpfrigkeit.
Hiermit erkläre ich, daß ich mich

1. als verboten betrachte
2. darüber nicht schweigen werde
3. mich in meiner Sache, die, wie ich weiß, die Sache aller zum Ziel hat, weiterwenden werde.

Der großartige sowjetische Schriftsteller Aitmatow sagte einmal: ‚Ach …, schlecht ist es, wenn Sänger in Lobhudelei wetteifern, denn das macht sie zu Feinden des Liedes.‘

Gerulf Pannach“[72]

Es sind Berge von Papier, tausende Seiten, abgeheftet in BStU- und Bundesarchiv-Akten: Stellungnahmen, Informationen, IM-Berichte, Terminvereinbarungen und Aussprachen, um Pannachs Auftritte zu unterbinden. Ein Hin und Her. Jürgen Fuchs ließ sich von Anfang an nicht von dem Begriff „Förderung“ täuschen, sondern sah in ihm ein „Verbot“, wie nachfolgender Brief zeigt, und er kritisierte Pannach wegen der Abgabe seines Berufsausweises.

„29.9.74
liebe ami, lieber gerulf,
da ich mit eurem kommen rechnete, ließ ich nichts von mir hören.
als ich von deinem verbot hörte, gerulf, war es ganz eigenartig: einerseits empörung, andererseits hatte man ja längst damit rechnen müssen. trotzdem, diese schweine.
Das verbotsangebot (‚förderungsvertrag‘) war eine grobe unverschämtheit, so offen serviert, daß man bei lektüre der paragraphen sich hätte sofort erbrechen können. nur eines ist mir unklar: war es unumgänglich, auf diese schnelle art den berufsausweis auf den tisch zu legen? wenn wir uns sehen, werdet ihr mir sicher die situation genauer schildern können.
am 10. okt. lese ich einige gedichte im ‚haus der jungen talente‘ (‚eintopp‘), ich werde dort die gelegenheit wahrnehmen, einiges zu deinem verbot zu sagen. vielleicht ergibt sich auch schon am 4. gelegenheit dazu (einladung vom lyrik-

72 Schreiben von Gerulf Pannach an Werner Wolf, 12. September 1974, Privatarchiv Amrei Pannach sowie in BStU MfS Lpz AP 1015/81 Gerulf Pannach, Bd. 1, Bl. 226 f.

aktiv des verbandes). ich bin der meinung, daß die dürftigen solidaritätsmöglichkeiten, die uns bleiben, genutzt werden sollten.
trotzdem, gerulf, so ermutigend dein ‚fall' ist, daß wir so wenig tun können …

bis bald, sehr herzlich

jürgen"[73]

Gerulf Pannach schrieb im Dezember 1974, nachdem vier Konsultationen mit Dr. Zoppeck stattgefunden hatten, in seinem Bericht an die Konzert- und Gastspieldirektion Leipzig:

> „Im Ergebnis dieser Konsultationen wurden für mein Programm bisher folgende Lieder (Neuerarbeitungen bzw. Überarbeitungen) ausgewählt:
>
> Chanson auf Luise (Pannach)
> Wie konnt ich (Pannach)
> Sozialistischer Biedermeier (Pannach/Bartsch)
> Neue Gasse zu Jena (Fuchs)
> Trug sie Jeans (Schoppe/Pannach)
> Lied vom Vertrauensmann (Pannach)
> Eine Sonne, wie ein Clown (Kunert/Pannach)
> Ach, die erste Liebe (Okudshawa)
> Friedenslied (Stevens/Pannach)
> Bill Parker (Pannach/Mucke)
> Leipziger Messe (Pannach)
> Kämpfer (Pannach/Bartsch)
>
> Bei der Auswahl der Lieder wurden vor allem philosophische und ideologische Probleme und Fragen berücksichtigt und diskutiert. Themenkomplexe waren

73 Privatarchiv Lilo Fuchs sowie BStU MfS AK 11554/78 Jürgen Fuchs, Bd. 12, Bl. 18.

> insbesondere: Strategie und Taktik, Wahrheitsfindung, Beziehung: Künstler-Umwelt.
> Es wurde eingeschätzt, dass die Forderung des Förderungsvertrages, ein Programm von mindestens 30 Minuten bis 31.12.74 zu erarbeiten, realisiert werden kann.
> Mit dem Mentor für Komposition, Gerd Schlotter, fanden bisher zwei Konsultationen statt. Der Mentor arbeitete mit mir an der Harmonisierung meiner Lieder und ihrer Notierung. Dies vor allem im Hinblick auf die spätere Arbeit eines, die Lieder bearbeitenden, Arrangeurs."[74]

Durch Mentor Zoppeck war das MfS über Pannachs Texte aus dieser Zeit immer auf dem neuesten Stand. Schon Anfang 1975 wurde überlegt, ob ein Verfahren nach § 220 (Staatsverleumdung), vor allem wegen der „Ballade vom schlechten Schlaf", gegen den Liedermacher eingeleitet werden könnte. Der Vorschlag wurde verworfen, da Zoppeck sonst enttarnt worden wäre.[75] Wörtlich heißt es in den MfS-Akten: „Dabei ist zu beachten, daß diese ‚Ballade' bisher in ihrer vorliegenden Fassung nur durch unseren GMS bekannt wurde und über weitere erfolgte und beabsichtigte Verbreitung keine Hinweise – außer Augenscheinnahme durch einen IM bekannt sind. Eine Auswertung dieses Textes ist möglich, zieht allerdings den Abbruch des op. Einsatzes des GMS an P. nach sich."[76]

---

74 Bericht von Gerulf Pannach über den Stand der Arbeit bei der Verwirklichung des Förderungsvertrages an Ruth Oelschlegel, KGD Leipzig, vom 11.12.1974, BArch SAPMO DY/30/ 23 317, unpag. – Der Komponist und Dirigent Gerd Schlotter (1930–2021) war u. a. Leiter des Ensembles im Haus der Pioniere Leipzig, Leiter der Tanz- und Unterhaltungsmusikabteilung beim Sender Leipzig des DDR-Rundfunks und seit 1974 Lehrer an der Felix-Mendelssohn-Schule für Musik und Theater in Leipzig. Vgl. https://nl.wikipedia.org/wiki/Gert_Schlotter (02.06.2022).

75 BStU MfS AKK 3179/84 Gerulf Pannach, Vorschlag zur Einleitung eines Ermittlungsverfahrens nach § 220 StGB gegen den Verdächtigen im OV „Chanson" – Reg.-Nr. XIII/145/74 vom 22.01.1975, Bd. 1, Bl. 16.

76 Ebd.

Am 10. Januar 1975 konnte die MfS-Bezirksverwaltung Leipzig einer Meldung über Pannach an die für „Kultur und Massenkommunikationsmittel" verantwortliche MfS-Hauptabteilung XX/7 in Berlin die Texte, die es von Dr. Zoppeck bekommen hatte, gleich beilegen:

> „Im OV ‚Chanson', Richtung § 106 StGB, gelang es, durch geeignete Sicherungsmaßnahmen, die Wirksamkeit der Vorbereitung seiner feindlichen Ideologie einzudämmen bzw. zu verhindern. [...] Inoffiziell wurde dazu bekannt, daß der P. alle von ihm bearbeiteten Texte mit dem Biermann, Wolf abspricht. [...]
> Wir bitten Sie, zu überprüfen, ob sich darunter Texte des Biermann befinden bzw. die Verbreitung Biermannschen Gedankengutes nachweisbar ist."[77]

Zur gleichen Zeit informierte Pannachs einstiger Leipziger Singeklub-Freund Eckhard Langnäse, den er in seinem „Lied von einem FDJ-Sekretär oder: Wenn man ihm die roten Hosen runterzieht"[78] (Musik und Text: Pannach, 1971/72) angegriffen und karikiert hatte, die Kulturbehörden – und damit direkt das MfS – über „illegale Einsätze" des Liedermachers am 2. und 30. November 1974 in Krippehna bei Eilenburg[79] (ohne Sondererlaubnis der KGD).

---

77 Aktennotiz vom 20.12.1974, Unterschrift: Rothe, Sekretär der Kommission, SAPMO BArch DY/30/ 23 317, unpag.

78 Pannach: Als ich wie ein Vogel war (wie Anm. 8), S. 43–45, darin lauten Verse: „Im Gewand von Marxens Lehre / Stets im Auge die Karriere" und „Hauptsache ist: / Mit dem Arsch an die Wand" [1971/72].

79 Aktennotiz vom 20.12.1974, SAPMO BArch DY/30/23 317 unpag. und BStU, MfS AKK 3179/84 Gerulf Pannach, Aktennotiz Abt. Kultur, BV für Staatssicherheit Leipzig, Abteilung XX, 10.1.1975, Bd. 1, Bl. 3.

Die MfS-Maßnahmen gegen Gerulf Pannach 1974

Schon im Jahre 1974, in der Zeit, als der vom MfS initiierte Förderungsvertrag abgeschlossen wurde, stand Gerulf Pannach auch massiv unter MfS-Beobachung. Wie sehr, lässt sich an einem mehrseitigen „Sachstandsbericht zum OV ‚Chanson'" vom 17. Februar 1975[80] ablesen. Darin wurden umfangreiche Überwachungs- und Zersetzungsmaßnahmen aufgelistet:

> „[Pannach wird] operativ bearbeitet, da er im Verdacht steht, als Chansonsänger Liedertexte, die er selbst schreibt und vorträgt, auszunutzen, um damit gegen verschiedene Seiten der gesellschaftlichen Verhältnisse und die Entwicklung in der DDR zu hetzen. (Bearbeitung nach §§ 106/220 StGB). Die bisherige operative Bearbeitung erfolgte anhand des bestätigten Maßnahmeplanes vom 2.5.74.
>
> Das Ziel des Maßnahmeplanes bestand:
> 1. In der Organisierung einer umfassenden operativen Kontrolle des P. bei seinen Auftritten in Bezirken der DDR zur Feststellung und Dokumentierung seiner Verhaltensweisen, die objektiv geeignet sind, gegenüber dem Publikum politisch zersetzend zu wirken.
> 2. Durch den Einsatz geeigneter IM zu prüfen, inwieweit von der Motivbildung her P. im Sinne des § 106 StGB wirksam wird.
> 3. Die Wirksamkeit des P. im Sinne der Verdachtsrichtung einzuschränken."

Begründet wurde das Vorgehen damit, dass Pannach mit seinen Texten und seiner Vortragsweise überwiegend Jugendliche mit „negativer oder schwankender politischer Haltung" anspreche und „verschiedene Seiten der gesellschaftlichen Entwicklung in der DDR" diffamiere. Weiter wird in dem Be-

---

80 BStU MfS AKK 3179/84 Gerulf Pannach, Sachstandsbericht zum „OV Chanson" vom 17.02.1975, Bd. 1, Bl. 18–29. Der Bericht ist zehn Tage nach dem Auftritt in Bad Köstritz verfasst, siehe Kapitel „Bad Köstritz".

richt Pannachs Verhalten bei Studenten- und Jugendtanzveranstaltungen in den Bezirken Karl-Marx-Stadt, Dresden, Cottbus und Leipzig dokumentiert, Auftritte, die er vor Abschluss des Förderungsvertrages hatte. Dazu werden die Berichte von insgesamt 17 Inoffiziellen Mitarbeitern ausgewertet. Sie alle beschreiben überwiegend den großen Zuspruch und Beifall, den der Liedermacher bei seinen Auftritten bekam, schätzen ihn auch als talentierten Künstler ein, betonen aber gleichzeitig nahezu übereinstimmend seine „negative politische Haltung". Ein IM „Bernd" der Bezirksverwaltung Karls-Marx-Stadt, Abteilung XX, berichtet zum Beispiel über eine Veranstaltung der FDJ-Leitung des VEB Starkstromanlagenbau Karl-Marx-Stadt vom 9. März 1974 im „Luxor-Palast", bei der die Gruppen College-Formation und Satori spielten: „In der Pause trat ein Sänger aus Leipzig auf. Er begleitete sich auf der Gitarre. Er sang Lieder, wie ‚Stellt man den FDJ-Sekretär an die Wand und zieht man ihm die roten Hosen runter, sieht man seinen wahren Standpunkt'. Im Saal war großer Beifallsturm […]."[81]
Ein GMS „Vonstein", der, wie es heißt, Pannach persönlich kannte und ein verantwortlicher Mitarbeiter im Leipziger Bezirkskabinett für Kulturarbeit war, vertrat die Meinung, dieser sei ein „sehr begabter junger Mann", der „viele Ideen hat". „Vonstein" berichtete über eine Jugendveranstaltung „Steil" im Zentralen Club der Jugend und Sportler in Leipzig:

> „Gerulf lässt sich in seinem Auftrittsverhalten sehr stark von den sogenannten Nonsenskünstlern aus der BRD inspirieren (Unterstreichung der Textpassagen durch Mimik und Gestik). […] während er früher in seinem Auftrittsverhalten sehr ruhig aber selbstbewusst seine Texte darbrachte, versucht er jetzt vor allem bei seinem jugendlichen Publikum durch entsprechende Gesten und Mimik, durch eingestreute Gags seinen Vortrag aufzuheitern. Ein Beispiel hierzu ist, daß er bei dem Wort Sozialismus dieses wie folgt betont ‚Sozialis …. mus', d.h. er versucht hier einen bestimmten Zwang zu suggerieren … Im Anschluss danach

---

81 Zum Liedtext vgl. Anm. 78.

> brachte er das Lied ‚Sozialistischer Biedermeier' … bei der letzten Textpassage ‚dann sieht Marx wie Moritz aus' erreichte er einen großen Heiterkeitserfolg beim Publikum. Ein neues Lied, was ich von ihm noch nicht gehört hatte, befaßte sich mit dem ‚Vertrauensmann'. Ich bin der Meinung, in diesem Lied kommt die ganze Fragwürdigkeit in bestimmten Textaussagen bei Gerulf sehr deutlich zum Ausdruck. Unverdautes Wissen um bestimmte Einzelerscheinungen im Leben führten hier zu einer schnellen und spontanen Äußerung. Er bezeichnete es selbst als ein sehr neues Lied."[82]

In diesem Lied vom „Vertrauensmann, der kein Vertrauen hat" kritisiert Pannach einen Gewerkschaftssekretär, der nicht für die Rechte der Arbeiter, die ihn gewählt haben, kämpft, sondern vor den Vorgesetzten kuscht. Der Refrain lautet: „Vertrauensmann, ach, du verkaufst unser Vertraun / Vor jedem höheren Posten / Mann, auf unsre Kosten / Mußte doch kein Männchen baun / Vertrauensmann, ach, du verkaufst unser Vertraun."[83]

Ein namentlich nicht genannter IM der KD Dresden-Stadt, von dem es heißt, dass er Mitglied der „Sanderformation" sei, mildert in seinem Bericht vom 19. Juni 1974 die Vorwürfe gegen Pannach ab: „Ich gewann den Eindruck, dass P. ein grundehrlicher, überzeugter Mensch ist, überzeugt von der Sache, die er hier vertritt. Dieser Eindruck kann natürlich nach der Kürze der Bekanntschaft auch falsch sein. P. prangert in der Regel in seinen Liedern Menschen an, die anders reden als sie denken, die Worte dazu benutzen, um Karriere zu machen, um Geld zu verdienen."

Ein IMV „Hubert Franke" der BV Cottbus, Abteilung XX/2, schreibt über eine Veranstaltung am 15. April 1974 in Cottbus: „P. hat ein Songprogramm aus vorwiegend eigener Produktion. Pannachs eigene Lieder hatten durchweg pessimistischen Charakter. Diese Wirkung wurde durch seinen bissigen und teilweile zynischen Vortrag noch verschärft. Was rein textlich noch als

82 Vgl. Anm. 80.

83 Pannach: Als ich wie ein Vogel war (wie Anm. 8), S. 98 f.

zweideutig aufgefasst werden konnte, wurde durch seinen Vortrag eindeutig negativ. Allgemein gleicht sein Stil stark dem Biermanns in Text und Vortrag.“ Doch er muss auch festhalten: „Bei diesen und den anderen Liedern zeigte sich das Publikum zu etwa 80 % durch teilweise starken Beifall von seinem Vortrag eingenommen.“

Pannach trug nicht nur eigene Songs vor. Er sang auch Lieder des verbotenen Wolf Biermann, wie „Das Lied vom Kameramann“ und „Comandante Che Guevara“. Von den IM wurden sie meist als Pannach-Lieder wahrgenommen. Eine Genosse Dr. (geschwärzt) – Mitglied der Bezirkskommission für Unterhaltungskunst und Leiter des Hardtmusikverlages Leipzig – schätzt in einem Brief vom 14. Mai 1974 Folgendes ein:

> „Das Hauptanliegen des Sängers scheint mir der Protest zu sein. Das ist politisch richtig akzentuiert bei Songs über Vietnam und Che Guevara, bei der Ballade vom Kameramann und einigen Liedern, die Spießertum bei uns satirisch angreifen.
> Das ist auch richtig bei Liedern, die die Wohlstandsgesellschaft der BRD auf's Korn nehmen. Allerdings wirkt auch hier schon manches nicht zielgerichtet genug, da die Aussagen und die Texte der Lieder anonym sind. Es wird an keiner Stelle richtig deutlich gesagt, gegen wen sich die Kritik richtet. … Dabei ist jedes Lied für sich genommen noch möglich, es wird nichts direkt gegen die DDR und den Sozialismus ausgesagt. Aber in der Anhäufung derartiger Texte hat man doch ein ungutes Gefühl.“

Aus dem Bericht des FIM „Simon“ vom 5. Juli 1974 geht hervor: „P. ist sehr klug und versucht sich in seinen Texten nicht klar und eindeutig auszudrücken.“

Der V-IM „Bernd“ informiert im Bericht vom 24. Mai 1974 über einen Pannach-Auftritt im April 1974 im „Konsument“ in Cottbus:

> „In der Diskussion vertrat G. Pannach die Meinung, dass man seine Texte gar nicht falsch verstehen kann und daß er bei allen einen ‚gesunden Zweifel‘ (wörtlich) hegen möchte. Hierbei ließ er allerdings offen, ob er persönliche, alltäg-

> liche Probleme ansprach oder ob er den Zweifel am System meint. Dies war also ebenso zweideutig interpretierbar wie seine Texte, wobei auch hier die zweite schlechtere Seite stärker zum Ausdruck kam."

Aus Pannachs unmittelbarem Freundeskreis wurde ein IM „Lothar" geworben. Dieser sah Pannach als einen bedeutenden, „sich voll für den Aufbau des Sozialismus einsetzenden Künstler" an, „dessen zeitweilige textlichen Verfehlungen keineswegs als Absicht bezeichnet werden können".[84]
Das Ergebnis all dieser Berichte war, dass ein neuer Maßnahmeplan gegen Pannach die Überwachung verschärfen und sein Wirken in der Öffentlichkeit noch weiter einschränken sollte. Hierzu sollte auch der Förderungsvertrag herhalten:

> 1. „Die operative Kontrolle des P. über die Einhaltung der Festlegungen des Förderungsvertrages ist umfassender zu organisieren.
>
> 2. Bei Verstößen gegen den Vertrag sind sofort die GMS in Schlüsselposition zu informieren und durch diese geeignete Maßnahmen entsprechend der Gesetze (Honorarverordnung) einzuleiten."[85]

Es wurden noch mehr Spitzel eingesetzt, um Pannach massiv zu überwachen: sein Sozialismusbild sollte erforscht werden, seine angebliche Überheblichkeit und seine „politische Aggressivität", etwa in der „Ballade vom schlechten Schlaf", wurden argwöhnisch beobachtet.
„Verstärkt werden konnten die inoffiziellen Informationen über die Haltung und Absichten Pannachs zum gegenwärtigen Stand der Auseinandersetzungen mit ihm. Durch die inoffiziellen Quellen der Abteilung XX der BV Leipzig IM ‚Lothar', IM ‚Roland Horn', IM ‚Wolf Kaiser', IM ‚Katja', GMS ‚Peter',

84 Alle Zitate aus dem Sachstandsbericht zum „OV Chanson" vom 17. Februar 1975, BStU MfS AKK 3179/84 Gerulf Pannach, Bd. 1, Bl. 18–29.
85 Ebd.

GMS ‚Johannes', GMS ‚Burkhardt' sowie inoffizielle Quellen der HA XX wurden […] wesentliche Aspekte erarbeitet."[86] IM „Lothar" und IM „Katja" aus Pannachs Freundeskreis sollten vor allem private Angelegenheiten ausforschen, und der vermeintliche Musikerfreund Wolf-Rüdiger Raschke (IM „Wolf Kaiser") von der Gruppe Karussell informierte seinen Führungsoffizier umgehend und eilfertig von Pannachs Plänen.

Jürgen Fuchs, Gerulf Pannach und Bettina Wegner in Bad Köstritz, Februar 1975

Dass Pannachs befristet gültiger Berufsausweis abgelaufen war, sollte ihm nach einem Auftritt in Bad Köstritz zur Last gelegt werden. In dieser kleinen Thüringer Fachwerkstadt, zwischen Gera und Eisenberg gelegen, fand sich am Freitag, dem 7. Februar 1975, ein bunt gemischtes Publikum in der „Kleinen Galerie – Die Gucke" ein: acht Karten hatte die Greizer Jazz-Gruppe media nox erworben, sechs die Gruppe Renft aus Leipzig, 16 Karten eine Klasse des örtlichen Jugendwerkhofes „Geschwister Scholl". Für den nächsten Tag waren „ca. 60 Karten an Jugendliche aus Jena (Mitglieder der AG Lyrik Jena-Lobeda mit Anhang, op. bearbeitet durch Ref. XX/7 und KG Jena im OV ‚Pegasus' sowie im Rahmen der op. Durchdringung des Schwerpunktbereiches ‚Missbrauch der Lyrik')", 10 Karten an das Chemiewerk Köstritz, 9 Karten an das Röntgenwerk Gera verkauft worden.[87] So ist es in den MfS-Akten überliefert. Dort sind noch viele Einzelpersonen aufgezählt, die ebenfalls Karten kauften. Ein gemeinsamer Auftritt von Gerulf Pannach, Bettina Wegner und Jürgen Fuchs in Bad Köstritz sorgte für reges Interesse und sollte zum landesweiten Politikum werden.

Mitschuld daran hatte der Greizer Kulturbundsekretär Manfred „Ibrahim"

86 BStU MfS AKK 3179/84 Gerulf Pannach, Bd. 1, Bl. 189.

87 BStU MfS AKK 3179/84 Gerulf Pannach, Bd. 1, Bl. 30.

Böhme alias IMB „Paul Bonkarz“, der zuerst seinen Führungsoffizier von der geplanten Veranstaltung informierte, dann in Absprache mit diesem die Kulturbund-Leitung des Bezirkes Gera. Die MfS-Bezirksverwaltung und die SED-Bezirksleitung sorgten dann dafür, dass beim Auftritt von Pannach, Wegner und Fuchs nicht nur Fans, sondern auch hauptamtliche MfS-Mitarbeiter und SED-Funktionäre einen Teil der ca. 90 Plätze besetzen.[88] Zwei Tage vor der Veranstaltung hatte sich das MfS auch mit dem 1. Bezirkssekretär des Kulturbundes, Walter Schilling (IM „Fritz Schellhorn“) beraten, um „reformistische/revisionistische bzw. offen staatsfeindliche“ Einflüsse in den Kleinen Galerien des Landes zurückzudrängen.[89]
Es begann ganz harmlos mit einer Ausstellung des jungen Jenaer Malers Gerd Sonntag, der im Februar 1975 frühe großformatige Bilder in der Kleinen Galerie „Die Gucke“ in Bad Köstritz ausstellte. Organisiert wurde diese Ausstellung vom Kulturbund der DDR/Regionalverband Gera. Der Künstler erinnert sich so:

> „Hans-Peter Jakobson war damals als Sekretär des Kulturbundes Gera-Land für die Kleine Galerie in Bad Köstritz zuständig. Ich war einer der Ersten, die ausstellten. Jakobson hatte geplant, ein Kulturprogramm mit Musik und Lesung zu entwickeln. Er hatte gute Absichten, war aber dem Anschein nach hierzu unwissend und fragte mich, ob ich einen Vorschlag machen könne. Ich schlug vor: Jürgen Fuchs als Leser, Bettina Wegner und Gerulf Pannach als Sänger. Das wurde ein ziemlicher Skandal.“[90]

Gerd Sonntag hatte Gerulf Pannach im Jahr zuvor kennengelernt, als dieser ein Konzert im Kulturhaus Jena-Lobeda gab. Für diesen Auftritt hatte

---

88 Udo Scheer: Die Sonne hat vier Ecken. Günter Ullmann – eine Biografie, Halle 2012, S. 92 ff.

89 Andreas Zimmer: Der Kulturbund in der SBZ und in der DDR. Eine ostdeutsche Kulturvereinigung im Wandel der Zeit zwischen 1945 und 1990, Wiesbaden 2019, S. 453.

90 Interview mit Gerd Sonntag am 12. April 2018 in Berlin.

Sonntag ein Plakat angefertigt. Jürgen Fuchs hatte er bei einer Ausstellung kennengelernt, die er als Schüler der Volkskunstschule im Pavillon des Stadtmuseums Jena zeigte. Auch mit Bettina Wegner war Sonntag schon länger gut bekannt.

Pannach erinnerte sich später, dass er schon etwa Ende 1973 oder Anfang 1974 einen Brief von Jakobson erhielt, in dem dieser ihn um Mitwirkung in einem literarisch-musikalischen Programm während der Sonntag-Ausstellung bat. Pannach sagte zu und schickte Plakate zur Werbung. Eine Einmischung in sein Programm verbat er sich. Weil die für den 7. Februar 1975 geplante Veranstaltung innerhalb kurzer Zeit ausverkauft war, einigte man sich auf eine zweite am Folgetag. Pannach stimmte zu und erhielt vom Kulturbund zwei Verträge für die beiden Veranstaltungen. Da einige Renft-Musiker mit zur Veranstaltung fahren wollten, konnte sich Pannach von ihnen für den Auftritt eine Verstärkeranlage mit zwei Shure-Mikrofonen ausleihen. An dem besagten Freitag fuhr Pannach mit seiner Frau Amrei und den Renft-Musikern Christian „Kuno" Kunert, Thomas „Monster" Schoppe, Peter „Cäsar" Gläser, Jochen Hohl und dem Leipziger Freund Manfred Klauß mit den beiden Autos von Hohl und Gläser nach Bad Köstritz. Im nahe gelegenen Hotelrestaurant traf er dort unerwartet auf den Parteisekretär der Leipziger Bezirkskommission für Unterhaltungskunst, Helmuth Rothe:

> „Das empfand ich als Bespitzelung, wovon ich auch Jürgen Fuchs informierte. Als ich zu Beginn der Veranstaltung feststellte, daß sich auf den hinteren Sitzplätzen neben Herrn Rothe offenbar weitere Funktionäre befanden, die meiner Meinung nach ganz sicher nicht aus Sympathie zu den Interpreten erschienen waren, steigerte sich mein Zorn. Ich habe dann wohl auch zu Anfang des Programms meine Lieder heftiger gesungen als das für die Interpretation gut war. Nach meiner Erinnerung sang ich folgende Lieder:
>
> Für meine Frau Ami
> Leipziger Messe (mit Akkordeon)
> Von einem FDJ-Funktionär
> Vom Vertrauensmann, der kein Vertrauen hat

> Plauderei zum 1. Mai
> Ballade vom schlechten Schlaf (mndl. Vortrag)
> Comandante Che Guevara
> Ballade vom Kameramann
> Ach, die erste Liebe
> Kämpfer
> Sozialistischer Biedermeier
> Neue Gasse zu Jena“[91]

Um 20 Uhr eröffnete der ehrenamtliche Galerieleiter, der Architekt Günter Hahnebach, die Veranstaltung. Dann traten die Interpreten wechselweise auf. Bettina Wegner sang „Ach, wenn ich doch als Mann auf diese Welt gekommen wär“, „Meine Straße“ und jiddische Lieder. Jürgen Fuchs las aus seinen „Vorverhören“, wie der vorläufige Name der „Gedächtnisprotokolle“ lautete. Der Prosatext „Das Fußballspiel“ schildert den Suizid eines Soldaten, während andere ahnungslos in unmittelbarer Nähe Fußball spielen. „Das Interesse“ schildert einen Anwerbeversuch durch das MfS, „Die Vorladung“ eine kafkaeske Situation, in der der Vorgeladene nicht weiß, warum er bestellt wurde. Das Publikum applaudierte, aber als Fuchs es zur Diskussion aufforderte, meldete sich niemand zu Wort. Jakobson war inzwischen von den anwesenden Funktionären instruiert worden, keine Diskussion zuzulassen. Er wies darauf hin, dass es schon spät sei.
Gerd Sonntag erinnert sich so:

> „Wenige Wochen oder Monate vor Bad Köstritz fand eine Ausstellung im Jenaer Studentenkeller ‚Die Rose‘ [d. i. Studentenklub ‚Rosenkeller‘] statt. Robert Havemann war als Gast anwesend, wir hatten ihn eingeladen. Er kam zu uns in die Jenaer Käthe-Kollwitz-Straße, wo er zwei Tage bei dem Stasi-Spitzel Specht

91 BStU MfS AU 14674/77 Gerulf Pannach, Persönliche Niederschrift vom 1. Juni 1977 über Zustandekommen und Ablauf der Veranstaltung in der „Gucke“ Bad Köstritz am 07.02.1975, Bd. 3, Bl. 130 f.

unterkam. In unserer Wohnung war alles schon voll. Alle Karten für diese Ausstellung wurden von der FDJ-Kreisleitung verkauft. Das war die Vorgeschichte, und erst darauf folgte die Ausstellung in der „Gucke". Das war ein echt problematisches Ereignis. […] Es war voll, alle Plätze waren besetzt. Es war alles ganz unterhaltsam. Pannach war immer sehr stark im Auftreten. Bettina Wegner sang ihre eher melancholischen Lieder. Sie war schon ein gebranntes Kind, sie war 1968 wegen Protestes gegen den Einmarsch in die Tschechoslowakei verhaftet worden, und was sie mit der „Magdalena" meinte, begriff wahrscheinlich niemand, denn keiner im Saal wusste, was die Magdalenenstraße[92] war. Dann las Jürgen Fuchs, vielleicht zwanzig Minuten lang. Alles erstarrte, alles war darin wie Eis. Immer solche Sabotagelyrik! Nach der Lesung klärte er alle mit nur zwei Worten auf, dass neben seiner Prosa die gelesenen Gedichte von Bertolt Brecht waren. Das heißt, alle, sowohl die Geheimdiensttypen wie die Parteileute, setzten von vornherein voraus: Das ist dessen Werk. Der greift uns an, die Oberen, die Unteren, das müssen wir schweigend hinnehmen. Dann die Auflösung: Gedichte von Bertolt Brecht. Das hat ihn eigentlich als Psychologen ausgezeichnet, zumindest in diesem Fall, dass er vorhersehen konnte, wieweit die Selbstdisziplinierung die Atmosphäre im Raum ausmachen würde. Brecht-Gedichte kannte fast niemand, und alle waren in der Erwartung, dass nach Pannach und Wegner der Angriff auf den Staat kommt, was überhaupt nicht stattfand. Das war eigentlich der Hauptthammer. Man muss Folgendes sehen: Ich glaube nicht, dass diejenigen, die das dort beobachteten, Partei, FDJ und Stasi, sich eingestehen würden, dass sie unter seelischem Druck standen, weil sie Brecht nicht kannten und nicht bemerkten, dass die ganze Spannung nur darauf beruhte, dass sie sich selber einbildeten, dass sie gemeint seien. Damit würden sie sich vor sich selbst bloßstellen. Also blieb nur noch übrig, Fuchs wegen seiner Armee-Geschichten

92 In der Berliner Magdalenenstraße befand sich seit den 1950er Jahren eine Untersuchungshaftanstalt des MfS.

> anzugreifen. Aber ich erinnere mich kaum noch an sie, weil dieser Effekt nach Bertolt Brecht und der Frage, was haben wir mit uns selber angerichtet, enorm war. Das war eine echte psychologische Leistung."[93]

Jürgen Fuchs sagte später in einem Verhör in der MfS-Untersuchungshaftanstalt Berlin-Hohenschönhausen Folgendes über den Abend aus:

> „Der Verlauf der Veranstaltung lässt sich als ‚normal' bezeichnen. Das Publikum reagierte zustimmend auf unsere künstlerischen Arbeiten. Am Ende der Veranstaltung forderte ich mehrfach das Publikum zur Beurteilung und Diskussion auf. Ich tat dies besonders aus dem Grunde, weil ich in Bad Köstritz zum ersten Mal Prosaarbeiten öffentlich las.
> Mir war bekannt, daß sich im Raum auch Vertreter der Bezirksleitung der SED, der Bezirksparteizeitung und des Kulturbundes aufhielten. Ich hatte meine Prosaarbeiten bis zu diesem Zeitpunkt nur hin und wieder im kleinen Kreis von Freunden vorgestellt und war aus diesem Grunde sehr interessiert an der Meinung gerade der letztgenannten Vertreter des öffentlichen Lebens der DDR. Die Reaktion des Publikums bestand in Beifallsbekundungen. Als ich mehrfach zur Diskussion aufrief, meldete sich jedoch keiner.
> Die einzige ‚offizielle' Stimme war die des verantwortlichen Kreissekretärs Gera-Land, der mir im Hinblick auf die am nächsten Tag stattfinden sollende Wiederholung dieser Veranstaltung sagte, ob ich am nächsten Tag nicht doch lieber nur Lyrik lesen könnte."[94]

Als Bettina Wegner, Jürgen Fuchs und Gerulf Pannach am nächsten Tag nach Bad Köstritz kamen, erfuhren sie von Kulturbund-Sekretär Jakobson, dass ihr Auftritt vom Rat des Bezirkes Gera, Abteilung Kultur, wegen „technischer Gründe" untersagt worden war. Der Galerieleiter Günter Hahnebach hatte ein Schild angebracht: „Veranstaltung fällt aus".

---

93 Interview mit Gerd Sonntag (wie Anm. 90).

94 BStU MfS AU 11554/78 Jürgen Fuchs, Vernehmung vom 26.5.1977, Bd. 3, Bl. 36 f.

„Als ich den Veranstalter mehrfach bat, mir die ‚technischen Gründe' zu nennen", so Jürgen Fuchs, „erfuhr ich, dass ihm von, wie er es nannte, ‚verantwortlicher Stelle' eine Wiederholung dieser Veranstaltung untersagt worden wäre. Er betonte, dass diese Mitteilung nur privat erfolgen könne, ‚offiziell' hätte er die Auflage, mir mitzuteilen, dass ‚technische Gründe' vorlägen."[95]
Wie Jürgen Fuchs war auch Gerulf Pannach über diese Mitteilung empört, „da wir wußten, daß man das Publikum mit einer faulen Ausrede an der Nase herumführen wollte. Nachdem Jakobson dem Publikum gegenüber die Veranstaltung aus technischen Gründen abgesagt hatte, traten nacheinander Fuchs und ich vor dasselbe und entlarvten diese Ausrede als Lüge. Wir äußerten, daß wir das Verbot der Veranstaltung als Diskriminierung empfänden und daß eine solche Maßnahme, gerade am Jahrestag des MfS, besonders zu verurteilen sei. Dem Publikum, das aus Halle, Merseburg, Jena, Gera u. a. Orten gekommen war, empfahl ich, sich beim Rat des Bezirkes Gera, Abteilung Kultur per Eingabe über diese Willkürmaßnahme zu beschweren und Auskunft und Fahrgeld zu fordern bzw. zurückzufordern."[96]
Schon am Nachmittag hatten Funktionäre der SED-Kreisleitung, des Rates des Kreises, der Bezirksleitung des Kulturbundes und der Volkspolizei eine Arbeitsgruppe in Gera gebildet, Jakobson hinzuzitiert und ihm vorgeworfen, es sei am Vorabend um „Wehrkraftzersetzung, Angriff auf die Staatsmacht, Diskriminierung politischer und gesellschaftlicher Organisationen"[97] gegangen. Sie hatten beschlossen, dass die Veranstaltung nicht wiederholt würde.[98]
Die sechzig Jenaer, die an diesem zweiten Tag mit einem Bus angereist waren, den Lutz Rathenows Vater, Direktor der Städtischen Verkehrsbetriebe

95 Ebd., Bl. 36.

96 Vgl. Anm. 89. BStU MfS AU 14674/77 Gerulf Pannach, Niederschrift vom 1. Juni 1977, Bd. 3, Bl. 130 f.

97 BStU MfS AKK 3179/84 Operativ-Information zum Schwerpunkt „Missbrauch der Lyrik" vom 11.2.1974 der Bezirksverwaltung für Staatssicherheit Gera Abt. XX/7, Bd. 1, Bl. 40 ff.

98 Ebd.

Jena, organisiert hatte, durften wenigstens die Ausstellung von Gerd Sonntag ansehen. Dann setzten sie sich demonstrativ auf die Stühle und warteten. Aber die Auftritte von Pannach, Fuchs und Wegner fielen trotz ihres Protestes aus.

„Mein Vater hatte einen Bus organisiert", erinnert sich Lutz Rathenow an diesen Tag. „Er sah das sicher als Kulturveranstaltung, die letztlich positiv für mich als Student war. Damals hatte er noch keine Aussprachen zu mir führen müssen. Es war eine gute Geste von ihm, genauso wie er die beiden ersten Info-Blätter des Arbeitskreises Literatur bei sich im Betrieb per Ormig vervielfältigen ließ, eines 1973, eines 1974. Irgendwie bewunderte er wohl das Engagement, auch meine Gedichte, obwohl ihm das ganz fremd war. Die politische Haltung verstand er nicht so richtig, Beat Club, Black Panther Party und Lyrik waren etwas viel. Aus heutiger Sicht sehe ich stärker als damals, dass er mir doch ziemlich viel Vertrauen entgegenbrachte. Obwohl oder weil ich vieles an ihm ablehnte und es auch ständig sagte: deutsche Schlager, kleinbürgerliche Haltung, den Trabant. Mein erfolgreichstes Gedicht in der DDR, ‚trabantglücklich', war ein Gedicht gegen meinen Vater, 1972 oder 1973 in ‚Offene Fenster' gedruckt. Die Frage ist, hat er damals wegen des Busses schon Ärger bekommen? Ich glaube eher nicht."[99]

Das Publikum löste sich an dem Abend auf, die Jenaer kehrten nach Jena zurück. Pannach fuhr mit seiner Frau Amrei, Bettina Wegner, Christian Kunert und Jochen Hohl in dessen Auto zurück nach Leipzig.

Zuvor erfuhr er aber noch durch Zufall, dass entgegen anderslautender mündlicher Auskünfte der Leipziger Kulturfunktionäre schon im September 1974 (genau: am 10. September) im Zusammenhang mit dem Förderungsvertrag ein landesweites Auftrittsverbot gegen ihn verhängt worden war, das von den jeweiligen Bezirksfunktionären an die Kreisfunktionäre weitergegeben wurde.

99 Mail von Lutz Rathenow an die Autorin, 2018.

5
588637 rstj dd
33 gera rsp dd

9

BStU
000157

58283y rbez dd 126 - 136 10.09.74 03.15 wei=
-abt.kultur -

an alle
raete der kreise/staedte
abteilung kultur =

der song-interpret gerulf p a n n a c h, einstufumgsnummer
roem. &xx roem. 13 (rat des bezirkes leipzig) erhaelt bis auf
widerruf auftrittsverbot.
das spielverbot gegen die gruppe '' [geschwärzt] ' wurde
aufgehoben.
leiter: [geschwärzt] 12 frankfurt/o., [geschwärzt]
mitglieder : [geschwärzt] 789 finsterwalde [geschwärzt]
[geschwärzt], [geschwärzt] 122 eisenhuettenstadt, [geschwärzt]
[geschwärzt], [geschwärzt] 75 cottbus [geschwärzt]

dem amateurtanzmusiker [geschwärzt], 124 fuersten-
walde, [geschwärzt] wurde unbefristet die spielerlaubnis
entzogen.

mit sozialistisvhem gruss
gez.[geschwärzt]
mitglied des rates und
leiter der abteilung +

58283y rbez dd fs bt bestg +=3

Telegramm über das geheim erteilte Auftrittsverbot gegen Gerulf Pannach (BStU MfS AU 14674/77 Bd. 12, Bl. 157)

[Telegramm vom 10.9.74]
Rbez dd

Rbez dd 126 – 136 10-09-74 08.15 wie=
Abt. kultur

An alle
raete der kreise/ staedte
abteilung kultur =

der song-interpret gerulf p a n n a c h, einstufungsnummer roem. 13 (rat des bezirkes Leipzig) erhaelt bis auf widerruf auftrittsverbot.

[…]

mit sozialistischem gruss
gez. Kathe
mitglied des rates und
leiter der abteilung +

Reg.-Nr. XIII 1035 /76
Pannach, Gerulf[100]

Dieses Schreiben wurde Pannach am zweiten Tag in Bad Köstritz von einem „Hotte" gezeigt[101], einem Diplom-Mathematiker, Amateurmusiker und Mitarbeiter des Rates des Kreises Jena. Dieser „Hotte" hatte das Schreiben im Rahmen seiner beruflichen Tätigkeit erhalten. Unterzeichnet hatte es Hans Kathe, Leiter der Abteilung Kultur des Rates des Bezirkes Gera. Pannach

100 BStU MfS AU 14674/77 Gerulf Pannach, Telegramm an alle Räte der Kreise/Städte, Bd. 5, Bl. 159.
101 BStU MfS AU 14674/77 Gerulf Pannach, Bd. 2, Bl. 63 ff.

hatte damit einen schriftlichen Beweis in der Hand, dass staatliche Organe der DDR ihm (und auch anderen Musikern) die Ausübung ihrer Tätigkeit verboten.
Pannach nahm dieses Schreiben später zu Wolf Biermann nach Berlin mit, der es kopieren ließ und die Idee äußerte, es könne gut auf das Cover einer West-Schallplatte passen. Zwei Kopien dieses Schreibens wurden bei der Hausdurchsuchung in Pannachs Wohnung nach dessen Festnahme 1976 beschlagnahmt und er damit in den Verhören konfrontiert.[102]

Interview mit Bettina Wegner über die beiden Konzertabende in Bad Köstritz 1975

> „Ich hatte Jürgen Fuchs zuvor schon in der Wohnung von Sibylle Havemann in Jena kennengelernt. Ich gab ein Konzert in Gera, und jemand sagte, da kannst du schlafen. Jürgen Fuchs saß dort in der Wohnung, und irgendwie hat es sich dann so ergeben, dass wir bei Veranstaltungen zusammentrafen. Er war Student, und für mich war das immer ganz schön, wenn ich in Jena war, wusste ich, da gehe ich zu Jürgen. Nach Bad Köstritz passierte etwas ganz Fürchterliches, irgendwelche Kulturgremien traten zusammen, um unseren Auftritt auszuwerten und dann folgten Verbote.
> In Bad Köstritz war also dieses berühmte Konzert. Der Veranstalter holte mich von der Bahn ab und sagte: ‚Jürgen Fuchs und Gerulf Pannach sind auch da heute' und ich war mir unsicher, ob der Mann nicht weiß, was ihm jetzt blüht. Ich dachte, vielleicht weiß er nicht, was er heute tut. Fuchs, Pannach, Wegner, das war eigentlich ‚Rübe ab' für jemanden, der weiter arbeiten wollte. Ich habe ihn so ganz schüchtern gefragt: ‚Sie wissen aber auch, dass das Konsequenzen für Sie haben kann?' Ja, ja, er wusste Bescheid, er hat das Ding durchgezogen. Dann standen wir auf der Bühne, und die hatten den halben Saal voller Kontrollettis

102 Ebd.

gepackt. Offensichtlich war auch die Mutter der Leiterin des Tip-Theaters in Berlin, Ruth Oelschlegel, da, die Leiterin der Konzert- und Gastspieldirektion in Sachsen.

An dem Abend war das so: Pannach hat ganz laut Protestlieder gesungen, und Jürgen war ganz leise und hatte so eine Ernsthaftigkeit. Er hat Geschichten über die Armee gelesen. Das hat sie am meisten geärgert, dass über die Armee so schlecht gesprochen wurde. Vor Jürgen hatte man einfach Achtung. Er hat etwas ganz Ruhiges ausgestrahlt, daran erinnere ich mich. Das Publikum war total gespalten, die einen hätten am liebsten vor Freude auf den Tischen – da waren keine Tische – getanzt, dass da drei Leute das sagen, was sie auch denken, und der andere Teil hatte richtig ablehnende, bedrohliche Gesichter. Das waren nicht mal Spitzel, das waren, glaube ich, eher diese ‚Kulturschrauben'. Die wollten die Galerie mit ihren eigenen Leuten füllen. Ganz haben sie es nicht geschafft, die Hälfte war normales Publikum, und die andere Hälfte waren mehr reingesetzte, untergeordnete Kulturidioten. Es war kalt. Ich weiß noch, dass es kalt war.

Unser Auftritt ging dann durch den ganzen Kulturbund. Es gab eine Riesensitzung, wo entschieden wurde, dass wir alle drei für alle Häuser, die dem Kulturbund unterstehen, Auftrittsverbot bekommen. Das wurde uns natürlich nicht gesagt, aber da war ein netter Mensch im Kulturbund, der dem Jürgen die Abstimmungsergebnisse genannt hat. Es gab sogar ein paar Leute, die dagegen gestimmt hatten.

Ich bin dann zum Leiter des Kulturbundes gegangen, habe mich beschwert und wurde eingeladen. Schriftliche Vorgänge kamen nicht zurück. Ich habe zwar hingeschrieben, aber es kam keine Antwort zurück. Ich wurde also hinbestellt, er wollte ein Kognäkchen mit mir trinken und sagte: ‚Also, für Sie ist das alles wieder aufgehoben, Frau Wegner.' Das ist aber bei den Kulturhausleitern nie angekommen."[103]

103 Interview mit Bettina Wegner für das Feature der Autorin „Das Schlimme ist nicht, in einer Zelle zu sitzen. Zum ersten Todestag von Jürgen Fuchs", Deutschlandfunk, 5.5.2000, Tonbandabschrift.

Der Versuch, sozialistische Kunst und Kultur – im Sinne der Funktionäre – in die Provinz zu bringen, das eigentliche Anliegen der Galerie „Die Gucke", war mit diesem Abend gründlich fehlgeschlagen. Die Ausstellung und die beiden Veranstaltungen wuchsen sich zu einem DDR-weiten Politikum aus. Jürgen Fuchs schilderte die feindseligen Reaktionen in einem Brief an Bettina Wegner vom 26. Februar 1975. Von der IM-Tätigkeit Manfred „Ibrahim" Böhmes wusste er zu diesem Zeitpunkt nichts.

> „Liebe Bettina,
> gestern war ich in Greiz und sprach mit dem dortigen Kreissekretär des Kulturbundes Manfred Böhme[104] (er lud uns ein). Er erzählte mir von einer ‚erweiterten Bezirksleitungssitzung', die am 14.2. in Gera stattfand. An ihr nahmen Vertreter des Kulturbundes, des Rat des Bezirkes und der Partei teil. Pannach, Fuchs und Wegner (welche Reihenfolge soll ich wählen?) wurden zu Staatsfeinden erklärt, es war von ‚staatsfeindlichen und staatsgefährdenden Tendenzen' die Rede. Ich weiß nicht, ob Unterschiede gemacht wurden und hoffe nur, daß Du weniger oft von diesen Leuten genannt wurdest. Meine kleinen Prosastücke erregten gewisse Gemüter sehr. Das Häßlichste aber kommt noch: Eine Abstimmung wurde durchgeführt zu folgendem Antrag:
> ‚Für Pannach, Fuchs und Wegner zukünftig kein öffentliches Podium mehr im Bezirk Gera'. Von den 45 Anwesenden stimmten 33 dem Antrag zu, 8 Stimmenthaltungen und vier Gegenstimmen. Sowohl das formulierte Verbot, als auch die Stimmenthaltungen und Gegenstimmen wurden von gutwilligen Kennern der Szene als ‚neu' registriert, das Verbot erinnert natürlich nicht nur uns in fataler Weise an das 11. Plenum vor Jahren.
> Die anwesenden Instanzen schrieben Berichte an das ZK, das Kulturministerium und den Bundesvorstand.

---

104 Manfred „Ibrahim" Böhme (1944–1999), IM-Verpflichtung durch das MfS 1969 als „August Drempker", 1974 als „Paul Bonkarz", 1978 „Rohloff", 1986 „Maximilian" (vgl. Christiane Baumann: Manfred „Ibrahim" Böhme. Ein rekonstruierter Lebenslauf, Berlin 2009, S. 184 f.).

Manfred Böhme, der täglich zu ‚Aussprachen' geholt wird, vertritt nach wie vor (auch vor seinen Vorgesetzten) die Meinung, daß wir drei unbedingt in Greiz auftreten sollen.
Außerdem erklärte er sich gestern bereit, das von ihm Mitgeteilte zu bezeugen.
Abschließend ein Zitat von Koll. Herzog, Abt. Kultur beim Rat des Kreises Greiz, der von einer Anleitung kam und sagte: ‚Wer die rote Fahne der Arbeiterklasse, den 1. Mai, die Staatssicherheit und die NVA befingert, dem hauen wir auf die Pfoten'.

Liebe Bettina, ich grüße Dich sehr herzlich

j."[105]

Jürgen Fuchs beschwerte sich über die ausgefallene Veranstaltung in Bad Köstritz beim Ministerium für Kultur in 102 Berlin, Molkenmarkt 2. Er schrieb, dass weder dem Publikum noch den Interpreten die „technischen Gründe" für den Ausfall der zweiten Veranstaltung erklärt werden konnten. In seinem Brief heißt es:

„Inzwischen ist mir bekannt geworden, daß am 14.2.1975 auf einer erweiterten Bezirksleitungssitzung der Beschluß gefaßt wurde, den genannten Autoren ‚kein öffentliches Podium' mehr im Bezirk Gera zu geben. Offiziell weiß ich das natürlich noch nicht, denn bis heute hat mir keiner die technischen Gründe von Bad Köstritz näher erläutert.
Sollten sich solche üblen Verbote, deren praktische Folgen ich bereits zu spüren bekomme, wirklich auf die Kulturpolitik der DDR berufen können?
Ich möchte Sie bitten, mir möglichst bald zu antworten."[106]

---

105 Brief von Jürgen Fuchs, 26. Februar 1975, Privatarchiv Lilo Fuchs.

106 Brief von Jürgen Fuchs an das Ministerium für Kultur in Berlin vom 4. März 1974, Privatarchiv Lilo Fuchs.

Am 26. März 1975 wurde ihm in einem kurzen Antwortschreiben mitgeteilt, dass er sich an die Bezirksleitung des Kulturbundes in Gera, Gagarin-Straße 14, wenden solle.[107]

Reaktionen auf Bad Köstritz

Die Behörden ignorierten den Auftritt nicht stillschweigend, sie machten einen landesweiten Präzedenzfall daraus. Für Jürgen Fuchs bedeutete es den Ausschluss aus der SED, die Exmatrikulation von der Jenaer Universität und das Veröffentlichungsverbot für seine literarischen Arbeiten, für Gerulf Pannach und Bettina Wegner weitere Beschränkungen auf allen Kulturebenen und noch stärkere Überwachung durch die Staatssicherheit. Auch Hans-Peter Jakobson, Vater dreier Kinder, geriet in eine verzweifelte Lage. Er sollte schon zum 1. März 1975 seine Arbeit verlieren.[108] Gerd Sonntag konnte seine

107 BStU MfS AP 56305/92, Antwortschreiben des Ministeriums für Kultur vom 26.3.1975, Bl. 42.

108 BStU MfS AKK 3179/84 Gerulf Pannach, Operativ-Information zum Schwerpunktbereich „Mißbrauch der Lyrik", Bd. 1, Bl. 49, und Telefonat mit Hans-Peter Jakobson (1947–2020) vom 11. Februar 2019: Er kam der Kündigung zuvor, indem er selbst kündigte. Auf diese Weise ersparte er sich einen Eintrag in der Kaderakte, der ihn in der DDR zeitlebens stigmatisiert hätte. Ein Studium der Kulturwissenschaften in Berlin, zu dem er vom Kulturbund delegiert worden war, wurde hinfällig. Er fand später Arbeit beim Wohnungsbaukombinat Gera und konnte auch studieren. Vom MfS wurde er weiter operativ bearbeitet. Von 1989 bis 2007 war Hans-Peter Jakobson Direktor des Museums für Angewandte Kunst in Gera. Zu seinem Werdegang siehe auch: Matthias Braun: Dramaturgie der Repression – Der ZOV „Bühne", in: Bühne der Dissidenz und Dramaturgie der Repression. Ein Kulturkonflikt in der späten DDR, hg. von Lutz Niethammer und Roger Engelmann, Göttingen 2014, S. 121–235, sowie Andreas Zimmer: Die Kleine Galerie „Die Gucke" in Bad Köstritz, in: ders.: Der Kulturbund in der SBZ und in der DDR. Eine ostdeutsche Kulturvereinigung im Wandel der Zeit zwischen 1945 und 1990, Wiesbaden 2019, S. 443 ff.

Ausstellung bis zum Ende zeigen und wurde bald darauf zur Armee eingezogen. Seine Einberufung war Teil der Zersetzungsmaßnahmen des MfS gegen den „Arbeitskreis Literatur und Lyrik“ in Jena und betraf vier von dessen Mitgliedern.[109] Erst 1988 wurde Sonntag in den Verband Bildender Künstler aufgenommen.

Das MfS ermittelte nach den beiden Veranstaltungsabenden in alle Richtungen. Aufgeregte Stellungnahmen, Einschätzungen und Direktiven gingen zwischen den aufgescheuchten Genossen im Bezirk Gera und der Hauptstadt hin und her, obwohl ihnen nicht einmal die Namen der Interpreten richtig bekannt waren. Im vorauseilenden Gehorsam wollte kein Funktionär den Verdacht aufkommen lassen, es hätte ihm an „revolutionärer Wachsamkeit“ gefehlt. Und so wurden sogar der Staatsratsvorsitzende und SED-Generalsekretär Erich Honecker und SED-Politbüromitglied Kurt Hager, der als „Chefideologe“ galt, über den Abend in der Provinz informiert. Ursula Ragwitz, stellvertretende Abteilungsleiterin der Abt. Kultur beim Zentralkomitee der SED, die sich gerade in Gera aufhielt, berichtete Honecker von den „Vorkommnissen“ in Bad Köstritz. Außerdem teilte sie ihm mit, dass auch der 1. Sekretär des Kulturbundes, Karl-Heinz Schulmeister, benachrichtigt worden sei und dieser „entsprechende Maßnahmen zur Vorbereitung von Veranstaltungen des Kulturbundes einleiten“ würde.[110] Eine Kopie ihres Schreibens ging an Kurt Hager. Ursula Ragwitz hatte ihm folgende „Aktennotiz“ beigefügt:

> „Am 10.2.1975 informierte mich anläßlich eines Gesprächs in der Bezirksleitung Gera der Sekretär für Wissenschaft/ Volksbildung/ Kultur und Gesundheitspolitik, Gen. [August] Paczulla, über Vorkommnisse auf einer am 7.2. im Kreis Gera-Land (Bad Köstritz) stattgefundenen Veranstaltung des Kulturbundes.

---

109 Udo Scheer: Vision und Wirklichkeit. Die Opposition in Jena in den siebziger und achtziger Jahren, Berlin 1999, S. 86.

110 Schreiben von Ursula Ragwitz vom 12. Februar 1975, Bundesarchiv SAPMO DY/30/23 317, unpag.

Einen musikalisch-literarischen Abend mit vorwiegend ‚moderner Lyrik' gestalteten der Student Klaus [sic!] Fuchs aus Jena, Bettina Wegner (Berlin) und ein junger Mann namens Pannach (von dem nicht bekannt ist, woher er stammt). Sämtliche Beiträge des Abends drückten eine politisch unklare bzw. feindliche Haltung zur DDR aus. Ein großer Teil der Beiträge beschäftigte sich damit, Zustände der Erpressung und innerer Bedrängnis der Soldaten unserer NVA zu schildern. Andere Gedichte stellten die Arbeit unserer Staatsorgane als angsteinflößend und verbürokratisiert dar, und sie kennzeichneten unsere Volkspolizei als volks- und bürgerfeindlich.
Weitere Beiträge beschäftigten sich mit dem Gedanken der Freiheit in der DDR und machten unmißverständlich deutlich, daß Zwänge und innere Repressalien zum Alltag des Bürgers in der DDR gehören würden. Verse wurden vorgetragen wie z. B.: ‚Die Schiller-Universität in Jena hat nichts mehr mit dem Humanismus Schillers gemein' oder im ‚Lied vom 1. Mai': ‚Die Menschen werden zur Demonstration gepresst, die Ideen von Marx sind verraten'. Im Gedicht ‚Der Vertrauensmann' werden die Volksvertreter in der DDR als Menschen dargestellt, die nach unten treten und sich nach oben anbiedern.
Einen detaillierten Bericht über diese Veranstaltung übersendet Genosse Paczulla an die Abteilung Kultur des ZK.
Da den Genossen der BL Gera außer Klaus [sic!] Fuchs die beiden anderen nicht bekannt waren, habe ich sie über die Person Bettina Wegner informiert. B. Wegner ist im Zusammenhang mit der Veranstaltungsreihe ‚Eintopp' im Haus der Jungen Talente Berlin in letzter Zeit negativ hervorgetreten. Sie ist die Frau von Klaus Schlesinger und gehörte zu jener Gruppe von Jugendlichen, die anläßlich der 68er Ereignisse in der ČSSR aus der Filmhochschule verwiesen und strafrechtlich verfolgt worden war.
Teilnehmer der Veranstaltung in Bad Köstritz waren ca. 90 Jugendliche, vorwiegend Studenten, die aus Berlin und Jena kamen.
Die im Anschluß an die Veranstaltung angekündigte Diskussion fand auf Wunsch der 3 Interpreten nicht statt.
Der Kreissekretär des Kulturbundes, der der NDPD angehört, hatte es unterlassen, sich über den Inhalt der Veranstaltung zu informieren.

> Genosse Paczulla und ich besprachen Maßnahmen zur parteimäßigen Auswertung der Veranstaltung mit den leitenden Genossen des Kulturbundes und des Staatsapparates. […] Genosse Paczulla wurde von mir gebeten, zu veranlassen, daß eine gründliche Einschätzung der Arbeitsgemeinschaft Schreibender Studenten an der Universität Jena erfolgt, dessen geistiger Mittelpunkt Klaus [sic!] Fuchs sein soll.
> Nach Bekanntwerden weiterer Informationen erfolgt eine entsprechende Berichterstattung.
> U. Ragwitz"[111]

Der in dem Anschreiben erwähnte 1. Bundessekretär des Kulturbundes in Berlin, Karl-Heinz Schulmeister, rief seinerseits „streng vertraulich" alle 1. Bezirkssekretäre des Kulturbundes zu „politischer Wachsamkeit" auf, bat sie, die Kreissekretäre zu informieren und berichtete über den Abend in Bad Köstritz,

> „auf dem infolge politischer Leichtfertigkeit und unter Verletzung der ideologischen Wachsamkeit gegen die DDR gerichtete konterrevolutionäre Texte vorgetragen wurden. Es ist bedauerlich, daß die zuständige Leitung des Kulturbundes das Stattfinden dieser Veranstaltung nicht verhindern konnte, so daß erst durch die staatlichen Organe eingegriffen und ein entsprechendes Verbot ausgesprochen werden mußte. Es ist bedauerlich, daß reaktionären bzw. gegnerischen Kräften im Kulturbund eine Plattform gegeben wurde.
> Dieser ernste Vorfall muß für alle Bezirksleitungen und -sekretariate Anlaß zur erhöhten politischen Wachsamkeit sein.
> Wir bitten unter allen Umständen zu verhindern, daß die bereits genannten Personen im Kulturbund eine Auftrittsmöglichkeit erhalten. Wir bitten um Auskunft, wo evtl. ebenfalls solche literarischen oder künstlerischen Veranstaltungen unter Mitwirkung der Genannten vorgesehen und geplant waren und durch wen dieses Veranstaltungsprogramm empfohlen wurde. […]

---

111 Ebd.

Es kann nicht geduldet werden, daß Kulturbund-Veranstaltungen anberaumt, Künstler verpflichtet werden, ohne daß vorher Absprachen über die Programmgestaltung stattfinden bzw. diese Programme nicht bestätigt wurden."[112]

Hilfe von Erich Honecker?

Am 28. Februar 1975 schrieb Gerulf Pannach an Erich Honecker, schickte ihm ein Tonband mit seinen Liedern und protestierte im Begleitschreiben gegen seine Behandlung durch die Leipziger Kulturbehörden. Außerdem ging er auf den Auftritt in Bad Köstritz ein.

„Leipzig, d. 28.2.1975

An den
1. Sekretär des Zentralkomitees der SED
Erich Honecker
persönlich –

Sehr geehrter 1. Sekretär!

Das Tonband, das ich Ihnen hiermit zusende, habe ich dem VEB Deutsche Schallplatten für eine Langspielplatte mit meinen Liedern angeboten. Daß ich Ihnen dieses Band zur Information schicke, hat folgenden Grund: Vom Abteilungsleiter Kultur beim Rat des Bezirkes Leipzig, Werner Wolf, wurde über mich, wegen meiner Lieder, ein Auftrittsverbot verhängt, das einem Berufsverbot gleichkommt.

Im Mai 1972 erhielt ich vom Rat des Bezirkes Leipzig, Abteilung Kultur, meinen

112 Schreiben von Karl-Heinz Schulmeister an alle 1. Bezirkssekretäre des Kulturbundes vom 14. Februar 1975, BArch SAPMO DY 23 317, unpag.

Berufsausweis als Song-Interpret, den ich 1971 bei der Bezirkskommission für Unterhaltungskunst Leipzig abgelegt hatte. Vorher war ich in der Singebewegung tätig.
Vom Oktober 1972 bis Juni 1973 arbeitete ich als Song-Interpret bei der Renft-Combo Leipzig. Für diese populäre Beatgruppe bin ich auch als Textemacher tätig. Vielleicht sind Ihnen Texte wie ‚Zwischen Liebe und Zorn' und ‚Ketten werden knapper' (für letzteren Text erhielt ich den dritten Preis des Weltfestspielliedwettbewerbs) bekannt.
Meine Song-Interpreten-Arbeit bei der Renft-Combo sah so aus, daß ich bei den Konzerten der Combo einen Programmteil mit meinen Liedern bestritt.
Vom Juni 1973 bis Juni 1974 trat ich größtenteils mit einem eigenen Konzertprogramm auf. Nach fast jedem dieser Konzerte führte ich Diskussionen mit dem Publikum, das sich aus jungen Arbeitern, Schülern und Studenten zusammensetzte, durch. Die Diskussionen haben gezeigt, daß nach Liedern, wie den meinigen, ein großer Bedarf seitens des Publikums besteht.
Mitte Mai 1974 erschienen zu einem Konzert, das ich in der Ingenieurschule der Post in Leipzig gab, Vertreter der Bezirkskommission für Unterhaltungskunst. Sie hörten sich das Konzert an, fehlten dann aber zur Diskussion mit dem Publikum. Das Mitglied der Kommission, Dr. Reuschel (Fachmann für Operette/Oper) fertigte ein Gutachten über den Chansonsänger (nicht über den Song-Interpreten) Pannach an. Dieses ‚Gutachten' stellte mich als einen Bühnentarzan dar, bei dem es einen wundert, daß er kein Analphabet ist. Nun schaltete sich die Leipziger Konzert- u. Gastspieldirektion, die sich bis dato überhaupt nicht um meine Existenz kümmerte, ein, um mir mitzuteilen, daß meine Lieder in der Summe zu kritisch seien. So könne ich nicht weiter auftreten. Die Direktorin der KGD, Frau Oelschlegel, wollte mir zur Überarbeitung meines Programmes einen Mentor für die Texte und eine Patenbrigade besorgen. Ende August legten mir Frau Oelschlegel und Frau Dr. Holan (Abt. Kultur b. Rat d. Bezirkes) einen Förderungsvertrag vor, den ich nicht annehmen konnte, weil mir durch ihn jede Auftrittsarbeit untersagt wurde. Nachdem ich abgelehnt hatte, wurde mir von Frau Dr. Holan mein Berufsausweis eingezogen (2.9.74). Ich beschwerte mich daraufhin beim Abteilungsleiter Kultur, Herrn Werner Wolf, über Frau Dr. Holan und den Versuch mich künstlerisch „mundtot" zu machen.

Es folgte ein Gespräch mit Herrn Wolf (Mitte Oktober 74), dessen Ergebnis die Änderung des Vertrages und eine an den Förderungsvertrag gebundene, befristete Auftrittserlaubnis für den Song-Interpreten Pannach war. Der Vertrag und der Ausweis wurden auf den 1.9.1974 rückdatiert.
Nun war aber schon, nachdem ich am 2.9.74 meinen Berufsausweis abgeben mußte, von Herrn Wolf ein Mitteilungsschreiben an alle Bezirke der DDR abgeschickt, in welchem stand, daß der Song-Interpret Pannach, bis auf Widerruf, Auftrittsverbot habe. Dieser Widerruf ist bis heute nicht erfolgt – stattdessen teilte mir Herr Wolf in einem Schreiben vom 26.2.75 mit, daß meine befristete Erlaubnis abgelaufen sei.
Herr Wolf hat mir also einen Ausweis ausgestellt, obwohl er wußte, daß mich kein Veranstalter, aufgrund seines Verbotes, engagieren würde.
Während der Dauer des Förderungsvertrages (Mitte Oktober bis Ende Januar) habe ich, mit der Hilfe meines Mentors, Herrn Dr. Zoppeck (Parteisekretär des Instituts f. Literatur), ein neues Programm erarbeitet.
Mein Mentor bezeichnete es mir gegenüber als antiimperialistisch/prosozialistisch. Über dieses Programm sollte (laut Vertrag) Ende Dezember 1974 diskutiert werden. Ich bekam von der KGD (im Januar 1975!) drei Einladungen zur Aussprache, die nacheinander wieder abgesagt wurden. Nach der letzten Absage teilte mir Frau Oelschlegel mit, daß sie mein neues Programm nicht billige und mir den Förderungsvertrag bis Januar 75 verlängere, damit ich Texte schrieb, die die Wirklichkeit der DDR wirkungsvoller widerspiegeln. Da ich bisher keine neuere Einladung zu einem abschließenden Gespräch erhielt, lud ich am 9.2.1975 Frau Oelschlegel telegrafisch für den 17.2. zu einem Gespräch ein. Ich erhielt weder ihren Besuch, noch eine Absage.

Hier kurz zu meinem letzten Liederabend:

Am 7. und 8. Februar sollte ich, neben dem Lyriker Jürgen Fuchs und der Sängerin Bettina Wegner, in einer Lieder / Lyrikveranstaltung in der Kleinen Galerie von Bad Köstritz, der ‚Gucke' mitwirken. Veranstalter war der Kulturbund Gera. Obwohl die Veranstaltung am 7.2. ausgezeichnet verlief, wurde jene am 8.2. aus ‚technischen' Gründen abgesagt.

Diese Erklärung, die der (inzwischen abgesetzte) Sekretär des Kulturbundes dem Publikum (der Veranstaltungsraum war ausverkauft) gegenüber abgeben mußte, entsprach nicht der Wirklichkeit. Alle technischen Voraussetzungen waren vorhanden: Die Interpreten waren alle erschienen. Das Publikum, das teilweise aus Jena, Halle und Merseburg gekommen war, reagierte mit Spott und Protesten, weil die Lüge zu augenfällig war. Den Interpreten wurde vom Abteilungsleiter Kultur des Kreises Gera mitgeteilt, der Rat des Bezirkes Gera habe die Absetzung der Veranstaltung beschlossen. Begründungen gab er uns keine. Ich glaube, dies ist der Gipfel der Widrigkeiten, denen ich (in dem Fall noch zwei andere Interpreten) ausgesetzt war.
Sehr geehrter 1. Sekretär!
Ich versichere Ihnen, daß ich für hilfreiche Vorschläge und Argumente der Kulturfunktionäre immer offen und dankbar war. Ich war sehr enttäuscht über die Manipulationen des Abteilungsleiters Werner Wolf.
Mir geht es ja darum, ehrliche Lieder über unsere DDR-Wirklichkeit und das Leben in ihr zu schreiben und zu singen. Mir macht es keinen Spaß, daß ich mich laufend gegen Unverständnis, Drohungen und Willkür zur Wehr setzen muß.
Ich möchte nicht in die verzweifelte Lage von Wolf Biermann geraten und nicht erleben, daß meine Lieder über den nicht-öffentlichen Weg Verbreitung finden.

Ich bitte Sie, sehr geehrter Herr Honecker, beim Rat des Bezirkes Leipzig zu erwirken, daß mir von Herrn Wolf mein Berufsausweis ausgehändigt wird und daß er das gegen mich ausgesprochene Auftrittsverbot widerruft.
Für Ihr Verständnis und Ihre Bemühungen sage ich Ihnen im voraus herzlichen Dank!

Hochachtungsvoll!
Gerulf Pannach (Song-Interpret)“[113]

113 Privatarchiv Amrei Pannach sowie BStU MfS AU 14674/77 Gerulf Pannach, Bd. 5, Bl. 218 f.

Gerulf Pannach
703 Leipzig

Leipzig, d. 26. März 1975

BStU
000221

An den
Abteilungsleiter Kultur
Beim ZK der SED
Peter Heldt

Werter Herr Heldt!

Hiermit bedanke ich mich für Ihr Antwortschreiben vom 17.3.1975.
Das von Ihnen vermißte Tonband habe ich (gleichzeitig mit dem Brief an den Ersten Sekretär des ZK) am 3.[illegible] per Einschreiben, per Eilboten und mit 0,20 M für EIGENHÄNDIG abgeschickt.
Mir ist unverständlich, daß eine derartig frankierte Postsendung, an den Ersten Sekretär des ZK der SED, nicht angekommen ist?
Das Gleiche wurde mir auf dem Postamt gesagt, wo ich reklamieren wollte. Da es mir im Moment nicht möglich ist eine ansprechende Kopie des Tonbandes herzustellen, bitte ich Sie hiermit, doch noch einmal in der Poststelle des ZK der SED nach dem Verbleib des Tonbandes zu fragen. Auf diesem Band befinden sich die Lieder (zum besseren Text-Verstehen habe ich die Liedtexte schriftlich der Postsendung beigelegt), die im großen und ganzen meinen Programmanteil in Bad Köstritz ausmachten. Die drei fehlenden Liedtexte lege ich diesem Brief bei. Herr Heldt, ich bitte Sie, mir doch bald die Möglichkeit zu einer Aussprache zu geben, da ich, wie Sie sich denken können, im Moment existentiell ohne Erwerbsgrundlage bin (diese wurde mir ja vom Abteilungsleiter Kultur, d. Rates d. Bezirkes Leipzig entzogen).
In der Hoffnung, daß sich das Tonband mit meinen Liedern noch bei Ihnen einfindet und in Erwartung einer Antwort Ihrerseits verbleibe ich

mit sozialistischem Gruß

Gerulf Pannach
Sang-Interpret

Sogar auf dem Weg zum Ersten Sekretär verschwanden Tonbänder (BStU MfS AU 14674/77 Bd. 5, Bl. 221)

Das Tonband, das Pannach an Honecker schickte, kam nicht bei diesem an. Pannach äußerte in einem Schreiben an den Abteilungsleiter Kultur beim ZK der SED, Peter Heldt, sein Unverständnis darüber, dass die per Einschreiben und Eilboten abgeschickte Sendung nicht angekommen sei. In diesem Brief beklagte er sich auch darüber, dass er ohne Existenzgrundlage sei, da sie ihm vom Abteilungsleiter des Rates des Bezirkes Leipzig, Abt. Kultur, entzogen wurde.[114] Das Tonband fand sich schließlich ein – aber fraglich ist, ob Honecker es je gehört hat.

Heldt antwortete Pannach und lud den Liedermacher zur „weiteren Klärung Ihrer Eingabe“[115] für den 15. April 1975 nach Berlin ein. Die Adresse: Haus des Zentralkomitees am Marx-Engels-Platz, 102 Berlin.

Gegen Jürgen Fuchs wurde indes nach dem Auftritt in Bad Köstritz der Ausschluss aus der SED vorbereitet. Darüber berichtete er dem Freund in nachfolgendem Brief und äußerte darin bereits seine Sorge vor einer Verhaftung, eineinhalb Jahre, bevor sie tatsächlich erfolgen sollte.

> „15. IV.75
>
> liebe ami, lieber gerulf,
>
> mir geht es gut, wie geht es euch? am 23. werde ich aus der partei entfernt – gerulf, du fragtest mich einmal, warum ich drin bin – frag mich jetzt bitte nicht, warum ich bald wieder draußen bin. ein kommen und gehen, mal so mal so, alles entwickelt sich und so weiter. lilos bauch wächst, ein glück, daß der kleine fridolin kommt. wie wird das sein, wenn ich aus der partei raus bin, werden mich da ‚die organe‘ antasten? der biermann redet so viel von knast in unseren fällen, was denkst du darüber, lieber gerulf?

114 Schreiben von Gerulf Pannach an Peter Heldt vom 26. März 1975, Privatarchiv Amrei Pannach.

115 BStU MfS AU 14674/77 Gerulf Pannach, Brief von Prof. Dr. sc. Peter Heldt an Gerulf Pannach vom 7. April 1975, Bd. 5, Bl. 220.

das tonband habe ich erhalten, vielen dank. überspielungen gabs schon viele, ein kommen und gehen. ihr müßt bedenken, daß wir die diplomarbeit schreiben müssen, ich möchte hin und wieder, bitte recht sehr, auch noch etwas schreiben dürfen … aufsässigkeit macht etwas berühmt, ein glück, daß ihr so weit draußen wohnt.

herzliche grüße, schiedsrichter!
jürgen + lilo“[116]

Gerulf Pannachs „Gedächtnisprotokolle“

Es gibt zwei Gedächtnisprotokolle, in denen Gerulf Pannach seine Auseinandersetzungen mit den Kulturbehörden festgehalten hat. Das erste bezieht sich auf ein Gespräch mit dem Abteilungsleiter Kultur beim Rat des Bezirkes Leipzig Werner Wolf vom 6. März 1975. Zuvor hatte Wolf ihm mitgeteilt, dass die befristete Auftrittserlaubnis abgelaufen sei. Der Liedermacher hatte davon in seinem Brief an Erich Honecker berichtet. Pannach protestierte schriftlich gegen das durch Wolf gegen ihn verhängte Berufsverbot,[117] jenes heimlich verschickte Telegramm, das dem Liedermacher in Bad Köstritz gezeigt worden war. Weil Pannach den Auskünften der Behörden nicht mehr traute, nahm er zum Gespräch am 6. März 1975 die beiden Renft-Musiker Christian Kunert und Thomas Schoppe mit. Sie sollten mit anhören, was Wolf sagen würde. Der Abteilungsleiter ließ die beiden Zeugen aber nicht in sein Zimmer. Es entstand eine absurde Situation: Nur an der Tür fand ein Wortwechsel, aber kein Gespräch statt.

116 Privatarchiv Lilo Fuchs [handschriftlich].

117 Brief von Gerulf Pannach an Werner Wolf vom 14. März 1975, Privatarchiv Amrei Pannach sowie BStU MfS AKK 3179/84 Bd. 1, Bl. 120 f.

„Gedächtnisprotokoll

Am 6.3.1975 um 8.30 Uhr erschien ich beim Abteilungsleiter Kultur, Mitglied des Rates d. Bezirkes, Werner Wolf, zur Aussprache, zu der er mich schriftlich eingeladen hatte.

Ich brachte Herrn Christian Kunert und Herrn Thomas Schoppe von der Gruppe ‚Renft' als Zeugen mit. Nachdem ich der Sekretärin des Herrn Wolf den Grund meines Kommens genannt hatte, öffnete sie mir das Zimmer des Abteilungsleiters. Darin befanden sich neben Herrn Wolf mein Mentor Dr. Zoppeck, Frau Oelschlegel (Direktor der KGD) und ein weiterer Herr, den ich in der Kürze der Handlung nicht erkannte.

Ich: Guten Tag.

Wolf: (auf mich zugehend) Guten Morgen!
Ich: Ich habe noch zwei Leute mitgebracht.

Wolf (zu meinen Zeugen): Sie warten bitte draußen. (zu mir): Ich habe nur Sie eingeladen. (Zu den Zeugen): Es wird nicht lange dauern.

Ich: Herr Wolf, wenn das so ist, dann gehe ich wieder nach Hause. Ich habe zu Ihnen kein Vertrauen mehr und habe mir deshalb die Zeugen mitgebracht, damit alles, was hier gesagt wird, für mich beweisbar ist.
(will aus dem Zimmer gehen)

Wolf (indem er in der Tür steht, die Türklinke festhält und mir so den Weg versperrt, zu den Zeugen): Sie gehen jetzt nach draußen! (zu mir): Es wird nur kurz dauern! (läßt mich nicht aus dem Zimmer)

Ich: Herr Wolf, Sie haben kein Recht mich einzusperren!

Wolf: Vielleicht lasse ich mir von Ihnen vorschreiben, was ich in meinem Zimmer zu tun habe!

Ich: (bestimmter, versuche seinen Arm wegzuschieben) Sie haben aber kein Recht mich hier festzuhalten!

Wolf (indem er den Weg frei gibt): Das will keiner. Bleiben Sie doch. Es wird nur kurz dauern.

Ich: Nein. Unter diesen Umständen bleibe ich nicht hier.

Wolf: Dann geben Sie mir bitte Ihre befristete Auftrittserlaubnis.

Ich: Die habe ich nicht mit. Außerdem ist sie, wie Sie mir mitgeteilt haben, ohnehin ungültig.

Wolf: Ja. – Gut, beenden wir die Aussprache. Auf Wiedersehen.

Ich: Auf Wiedersehen. (vor dem Hinausgehen werfe ich noch einen Blick ins Zimmer. Dabei begegnet mir der erschrockene Blick der Frau Oelschlegel und der meines Mentors, der den Kopf schüttelt)

Ich: Herr Zoppeck, ich werde Sie anrufen und Ihnen das Ganze erklären.

Daraufhin verließ ich mit den Zeugen das Zimmer.

Leipzig, d. 6.3.75 gez. Gerulf Pannach

Für die Richtigkeit:
gez. Thomas Schoppe gez. Christian Kunert“[118]

---

118 Privatarchiv Amrei Pannach sowie BStU MfS AKK 3179/84 Gerulf Pannach, Bd. 1,

Abteilungsleiter Wolf schickte noch am gleichen Tag ein Telegramm an den DDR-Kulturminister Hans-Joachim Hoffmann, berichtete ihm von dem Vorfall und bat ihn, dem Komitee für Unterhaltungskunst und den Staatlichen Komitees für Rundfunk und Fernsehen mitzuteilen, dass Pannach keine gültige Spielerlaubnis mehr habe. Außerdem hatte Wolf sich mit dem Bezirksstaatsanwalt beraten, ob er Strafantrag gegen Pannach wegen § 220 des Strafgesetzbuches (Öffentliche Herabwürdigung) stellen könnte.[119]

Noch schwerwiegender war für den Liedermacher ein Gespräch beim ZK der SED – Abteilung Kultur, zu dem er nach seiner Eingabe an Honecker eingeladen worden war. Am 15. April 1975 fuhr Pannach nach Berlin. Anders als er gehofft hatte, wurde das Auftrittsverbot durch die Eingabe und das darauffolgende Gespräch nicht aufgehoben, sondern ausdrücklich gebilligt. Mit seiner selbstbewussten Eingabe zog er das Augenmerk der Behörden sogar noch stärker als zuvor auf sich.

An dem Gespräch nahmen die ZK-Mitarbeiter Bernd Powileit und Leo Sladczyk teil (in Pannachs Gedächtnisprotokoll steht falsch: Sletschek). Es kam zu einer heftigen Auseinandersetzung, die Pannach in seinem zweiten Gedächtnisprotokoll geschildert hat, vermutlich auf Anraten von Jürgen Fuchs, der mit einem ähnlichen literarischen Verfahren arbeitete. Die erste Frage des SED-Funktionärs Powileit lautete, welche politischen Zwecke der Liedermacher mit seinen Texten und Liedern verfolge:

> „Was meinen Sie mit Zwecken?", antwortete Pannach. „Meinen Sie, was ich mit meinen Liedern erreichen will? (POWILEIT NICKT) Ich bin ein Bürger und ein Kind der DDR und habe mein Wissen und meine Bildung in den Lehranstalten,

---

Bl. 122 f. Christian Kunert berichtet von dieser Begegnung auf der CD: Christian Kuno Kunert: Das muss Sie gar nicht interessieren. Aufzeichnung einer Veranstaltung zur Leipziger Museumsnacht am 21. April 2007 in der „Runden Ecke", der ehemaligen Stasibezirkszentrale und heutigen BStU-Außenstelle Leipzig, Marktkram 2007, Take 15: Singt das Lied der Republik.

119 BStU MfS BV Leipzig, Abt. XII Archiv, Allg. P. 1015/81, Bd. 2, Bl. 32.

in den Betrieben erfahren, die ich hier kennenlernte. Ich will am Aufbau des Sozialismus teilnehmen, indem ich ehrliche Lieder aus meinem Erlebnis- und Erkenntnisbereich schreibe und singe.
Ich will Ihnen mitteilen, daß es für mich keineswegs einfach war, dahin zu gelangen, ehrliche Lieder zu schreiben. Früher, in der Singebewegung, war das kaum möglich. Da zerredeten einem Funktionäre und Singeklubmitglieder die ehrlichen Lieder, weil diese nicht in die Schablone passten, die jene Leute im Kopfe trugen. Erst beim zweiten Poetenseminar der FDJ in Schwerin wurde mir von Günter Deicke bestätigt, daß meine Lieder positiv-aggressiv seien. Das hat mir Mut gemacht. Auch während der Dauer des Förderungsvertrages der KGD Leipzig ist mir von meinem Mentor Dr. Zoppeck …

Sletschek [richtig: Sladczyk]: Wir wollen nicht wissen, was Günter Deicke und Dr. Zoppeck gesagt haben, wir wollen wissen, welchen politischen Zweck Sie mit Ihren Liedern verfolgen. Ich will Ihnen auch noch sagen, daß wir hier nicht über irgendwelche juristischen Fragen reden wollen – dafür sind wir nicht zuständig – sondern über die politischen, die sich aus Ihrem Programm für uns ergeben.

Pannach: Ich sprach bewußt von Dr. Zoppeck. Er nannte meine Lieder antiimperialistisch-prosozialistisch. Das will ich mit meinen Liedern: Gegen den Imperialismus und für den Sozialismus auftreten. Ich kann Ihnen versichern, daß diese Haltung in jeder meiner Veranstaltungen zum Ausdruck gekommen ist. Das wurde mir vom Publikum in allen Diskussionen, die ich nach meinen Konzerten durchführte, bestätigt.

Sletschek: Wir haben die Unterlagen durchgesehen und andere Meinungen seitens Ihres Publikums erfahren. Ihre Haltung gegen den Imperialismus ist nicht eindeutig sichtbar. Ich muß Ihnen sagen – da bin ich noch sehr zurückhaltendend – daß Sie das Untypische als das Allgemeine hinstellen. Der BGL-er, der das Vertrauen verrät, der FDJ-Sekretär …! Welche Einstellung haben Sie denn zu den sozialistischen Massenorganisationen?

Pannach: Ich will Sie auf folgendes hinweisen: Es handelt sich hier um e i n e n BGL-er und um e i n e n FDJ-Sekretär. Das habe ich in der Veranstaltung betont, weil ich die Meinung Einzelner kannte, ich würde nur das Untypische darstellen. Ich will Ihnen sagen, am Untypischen ist das Typische erkennbar – an der Ausnahme erkenne ich die Regel.

Sletschek: Wenn Sie in öffentlichen Auftritten nur die Ausnahmen und Widrigkeiten als die DDR-Wirklichkeit darstellen, dann verzerren Sie diese Wirklichkeit. Weiterhin gibt es ja nebenbei noch die weltweite Auseinandersetzung zwischen Sozialismus und Imperialismus. Das müssen Sie beachten. Wir vermissen bei Ihnen eine klare Haltung gegen den Imperialismus.

Pannach: Daß ich gegen den Imperialismus bin, habe ich schon mit Texten bewiesen. Ich bekam, wie Ihnen vielleicht bekannt ist, vom Zentralrat der FDJ ein Diplom und eine weitere Auszeichnung für Lieder, die ich gegen den Imperialismus geschrieben habe. Ich will Ihnen sagen, daß ich um die Brisanz meiner Lieder weiß. Sie sind aggressiv und kritisch. Ich weiß, daß, wer sich in die Politik einmischt, zu vernünftigen Kompromissen bereit sein muß. Ich mische mich ein in die Politik. Ich habe, als meine Existenz als Liedermacher durch das Unverständnis einiger Funktionäre bedroht war, den Kompromiß gemacht, den Förderungsvertrag der KGD Leipzig anzunehmen und ein neues Programm zu erarbeiten. Sie können mir glauben: In diesem Programm fehlten die umstrittensten Lieder, obwohl ich hinter ihnen stand und stehe. Leider wurde auch dieses Programm von der Direktorin der KGD, Frau Oelschlegel, nicht akzeptiert."

Im Laufe des Gesprächs insistierten die beiden Funktionäre immer wieder, um Pannachs politische Ansichten zu erfahren. Er antwortete darauf:

„Meine Ideen und meine Ansichten stammen nicht von irgendwelchen Modephilosophen, z.B. Mao Tse Tung oder Marcuse. Sie stammen aus den Werken von Marx, Engels und Lenin, die ich während meiner Schulzeit und erst kürzlich wieder studierte. Ich stehe hinter den Beschlüssen des VIII. Parteitages (auch

> wenn das oft als Phrase von vielen gebraucht wird). Ich bin kein Staatsfeind, kein Anarchist, auch wenn das, wie ich erfahren habe, die Meinung einiger Funktionäre über mich ist.
> Ich bin auch nicht von Wolf Biermann vorgeschickt."

Die Vertreter der Macht gaben sich mit dieser Aussage nicht zufrieden. Sie warfen Pannach vor, er verleumde mit seinen Texten die „Schutzorgane", das MfS und die Polizei. Er widersprach, er habe in seinem „Rolle"-Lied nur e i n e n Mitarbeiter des MfS gemeint, er bezweifle die positive Funktion der Staatssicherheit nicht, zum Beispiel um Kriegsvorbereitungen von Revanchisten aufzudecken. Er schreibe Lieder über das, was ihn anrühre, nicht über bereits gelöste Probleme, das sei langweilig.

> „Und mich rührt nun mal alles an, was noch ungelöst ist", sagte Pannach. „Ich betrachte mich als eine Art Nerv an der Basis, der z. B. Probleme signalisiert. Und Übergriffe der Schutzorgane muß man signalisieren – als Gefahren für die Gesellschaft. Die Kämpfe gegen den Imperialismus finden auch innerhalb der DDR statt.
> Sie dürfen das DDR-Publikum auch nicht für dumm verkaufen! Die Leute kennen die Wirklichkeit. Wenn ich ein politisches Lied vor Publikum singe, prüfen die Leute dieses Lied natürlich auf seinen Wahrheitsgehalt. Ich will keine Stimmung gegen den Staat machen. Ich will das Publikum provozieren, um die Gleichgültigen zu wecken, um Meinungsstreit hervorzurufen. In vielen Fällen habe ich das erreicht. Lehrlinge und Schüler haben mir gesagt, daß sie mit ihrer wahren Meinung nun nicht mehr ‚hinter dem Berg halten' wollen. Und wie sollen denn die Lehrausbilder und Lehrer mit den Schülern arbeiten, wie ihnen helfen, wenn diese nicht wagen, ehrlich zu sein? Ich bin gegen solche Lieder, die die Wirklichkeit verlogen widerspiegeln. Ich kenne Lieder der protegierten Singegruppe ‚Jahrgang 49'. Sie sind verlogen, das unterstelle ich, und wirklichkeitsfremd. Kein junger Mensch will sowas hören! Und die Schlagerinterpreten! Die verkleben doch das Bewußtsein der Menschen.
> Sie dürfen das Publikum nicht unterschätzen."

Dem Gedächtnisprotokoll zufolge ging es in dem Gespräch auch im Ton hoch her. Mehrfach musste Pannach sich den Vorwurf der beiden Funktionäre gefallen lassen, seine Lieder seien nicht „prosozialistisch", sie verlangten von ihm, dass er den real existierenden Sozialismus „richtig" darstelle. Schließlich kam der Hauptvorwurf von Sladczyk: „Sie befinden sich mit diesen Liedern auf der Höhe der Vorgänge von 1968 in der ČSSR. Weil Sie mich so anschauen – auch wenn Sie das nicht wahrhaben wollen – das sind bei Ihnen dieselben geistigen Hintergründe. Was damals passiert ist, das wissen wir ja!"

Pannach erwiderte: „Ich kenne diese Unterstellung. Das hat man auch Jürgen Fuchs vorgeworfen in Jena. Was soll bei diesem Gespräch noch herauskommen?! Sie werden ja doch nichts gegen mein Auftrittsverbot unternehmen."

Sladczyk bestätigte, dass sie nichts dagegen unternehmen würden. Pannach versicherte den beiden zum Schluss, dass er in Zukunft sehr an sich arbeiten werde, um seine künstlerische Qualität zu verbessern und um „n o c h bessere Lieder, als die Ihnen bekannten, zu schreiben."[120] Der Graben war unüberbrückbar. Die Funktionäre wollten keine ehrliche Meinung hören, sie forderten Unterwerfung von Pannach.

Zwei Wochen später reagierte Jürgen Fuchs auf das Gedächtnisprotokoll von Gerulf Pannach und teilte ihm seinen SED-Ausschluss mit:

> „liebe ami, lieber gerulf,
> solche protokolle tragen wir im gedächtnis, die vergessen wir nicht, herr powileit, herr sletschek. gerulf, ich dachte, wie sich die reden gleichen: drohungen, laut und leise, verdrehungen und verweigerte fahrpreisermäßigungen, prag 68 und soweiterundsofort.

---

120 Gedächtnisprotokoll vom 16.4.1975, Privatarchiv Amrei Pannach sowie BStU MfS AU 14674/77, Bd. 5 Gerulf Pannach, Bl. 261–266. Auszugsweise abgedruckt in „Der Stern" Nr. 47 vom 10.11.1977. – Die Gruppe „Jahrgang 49" rekrutierte sich aus ehemaligen Mitgliedern des Oktoberklubs und existierte von 1973 bis 1980. „Der Versuch einer Zusammenarbeit mit der Rockgruppe Renft scheiterte 1975 an unüberbrückbaren inhaltlichen Differenzen." Vgl.: www.bear-family.de/jahrgang-49/ (02.06.2022).

> das wissen wir schon, da lachen wir und gehen weg. ihr ärsche.
> am 23. wurde ich aus der partei ausgeschlossen (2 gegenstimmen). die verleumdungen und beleidigungen erreichten dort ein außergewöhnliches (für mich) maß: staatsfeind, außerhalb der gesellschaft stehend, rias-belieferer, konterrevolutionär, revisionist, etc.
> und ihr wißt doch, daß es nur ein paar kleine prosatexte gibt, sonst noch nichts (aber ich schreibe schon wieder was, gerade.)
> lieber gerulf, liebe ami, ich grüße euch auch im namen von lilo
> in herzlicher solidarität
> jürgen“[121]

Der Abteilungsleiter Kultur beim ZK der SED in Berlin, Peter Heldt, gab zur gleichen Zeit gegenüber Kurt Hager eine Stellungnahme zu Fuchs, Pannach und Wegner ab, in der von strafrechtlicher Verfolgung und finanziellen Sanktionen gegen Pannach die Rede ist. Honecker habe die Genossen Konrad Naumann (1. Sekretär der SED-BL Berlin) und Herbert Ziegenhahn (1. Sekretär der SED-BL Gera) informiert, heißt es in dem Schreiben, notwendige staatliche Maßnahmen seien eingeleitet worden. Nach Pannachs Eingabe an Honecker seien weitere Texte und Unterlagen sowie der „gesamte Vorgang Pannach“ vom Rat des Bezirkes Leipzig angefordert worden. Auch vom Gespräch von Powileit und Sladczyk mit Pannach berichtet er.

> „Es ist erwiesen:
> G. Pannach steht in seiner politisch-ideologischen Haltung auf uns feindlichen Positionen, die mit denen von Robert Havemann und Wolf Biermann identisch sind.
> G. Pannach hat enge Beziehungen zu Wolf Biermann, von dem er auch drei Lieder in seinem Repertoire hat.

121 Brief von Jürgen Fuchs an Gerulf Pannach vom 30. April 1975, Privatarchiv Lilo Fuchs.

> Nach uns vorliegenden Informationen ist Pannach (ehemals bewährtes Mitglied der FDJ-Singebewegung und Preisträger der X. Weltfestspiele) von Biermann vorgeschickt.
> Die in seinen Texten propagierten Positionen würden eine strafrechtliche Verfolgung rechtfertigen, da er Grundpositionen unseres Arbeiter- und Bauern-Staates angreift, Volkspolizei und Sicherheitsorgane beschimpft und (ohne namentliche Nennung) Funktionäre diffamiert."

Sladczyk und Powileit hätten Pannachs Repertoire als „staatsverleumdend" eingeschätzt und erklärt, dass sich das ZK der SED nicht für die Wiedererlangung seines Berufsausweises verwenden werde.[122]
Weiter warf Heldt Pannach in seiner Stellungnahme vor, dass er bei seinen Auftritten Lieder interpretiert habe,

- „die trotzkistisch-anarchistische Positionen vertreten;
- die ein revisionistisches Sozialismusbild propagieren;
- die die Politik der Partei und die Zustände in der DDR böswillig verleumden;
- die Funktionäre, Sicherheitsorgane und die Volkspolizei diffamieren;
- die einen antagonistischen Widerspruch zwischen dem sozialistischen Volk in der DDR und der sozialistischen Staatsmacht unterstellen."[123]

Zwei Tage später, am 30. April 1975, konnte Heldt schon einen Erfolg an Hager melden: Jürgen Fuchs, den er ebenso wie Ursula Ragwitz „Klaus Fuchs" nannte, sei aus der SED ausgeschlossen worden. Außerdem schickte er Hager eine Abschrift von Pannachs Brief an Honecker.[124]

---

122 BStU MfS AKK 3179/84 Gerulf Pannach, Information über ein Gespräch mit dem Songinterpreten Gerulf Pannach am 15.4.1975, 16.4.1975, Bd. 1, Bl. 186/187.

123 Ebd., Bl. 167.

124 Schreiben Heldt an Hager vom 30. April 1975, BArch SAPMO DY /30/ 23 317, unpag.

Keine Pannach-Schallplatte „Dein Weg bleibt dein Weg"

Nachts fuhren Polizeiautos vor seinem Wohnhaus vor, die Türen wurden laut zugeknallt. Es waren Drohungen und Einschüchterungsversuche, die Pannach glauben lassen sollten, er werde verhaftet. Er erzählte dem Publikum später bei dem ersten West-Berliner Konzert des Duos Pannach & Kunert davon. Auch Christian Kunert, Thomas Schoppe und Jürgen Fuchs berichten über die Zunahme solch unverhohlener Drohungen in dieser Zeit.

1973 war Gerulf Pannach, der damals noch für Renft textete und Preisträger der Weltfestspiele war, angeboten worden, seine Lieder beim Musiklabel Amiga zu veröffentlichen. Amiga gehörte zum VEB Deutsche Schallplatten und unterstand dem Ministerium für Kultur. Kulturminister Hans-Joachim Hoffmann hatte 1973 den Song „Zwischen Liebe und Zorn" (Musik: Gläser/ Text: Pannach) mit einer Goldmedaille ausgezeichnet.[125]

Drei Wochen nach dem Auftritt in Bad Köstritz kam Pannach auf den Vorschlag zurück und versuchte, doch noch eine Platte in der DDR herauszubringen. Als Titel schlug er „Dein Weg bleibt dein Weg" nach seinem gleichnamigen Song vor.

> „Leipzig, 28.2.1975
>
> Sehr geehrter Herr Hoffmann!
>
> Hiermit mache ich Ihnen das Angebot, meine Lieder, die ich auf das beiliegende Tonband gespielt habe, auf einer Langspielplatte herauszubringen. Ich komme damit auf Ihr Angebot zurück, das Sie mir 1973, im Beisein von Musikern der Gruppe ‚Renft', unterbreiteten.
> Da es sich um ein Informationsband handelt, habe ich die Lieder mit der Geschwindigkeit 9,5 Mono auf das Band gespielt. Die Dauer jeder Bandseite liegt zwischen 18 und 20 Minuten, wie es für eine LP angebracht ist.

125 Vgl. Anm. 10.

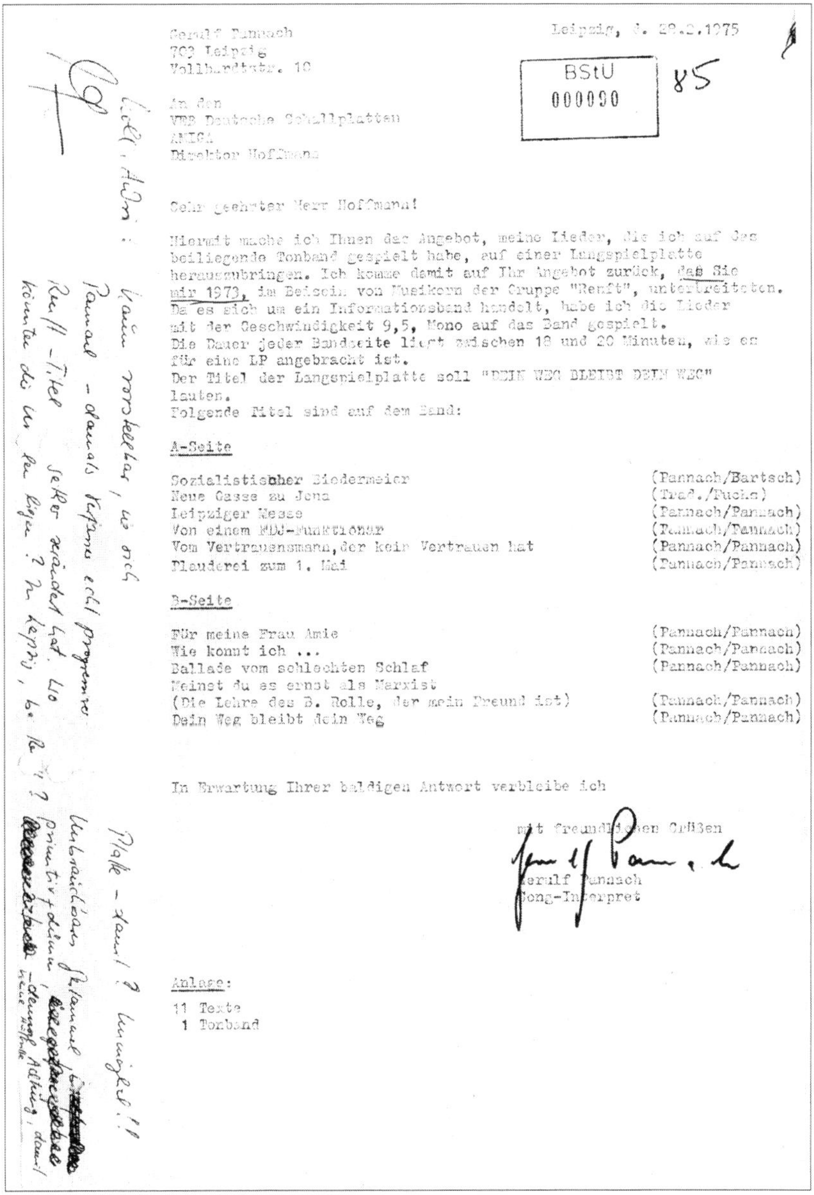

Gerulf Pannach
703 Leipzig
Vollhardtstr. 10

Leipzig, d. 28.2.1975

BStU
000090

85

An den
VEB Deutsche Schallplatten
AMIGA
Direktor Hoffmann

Sehr geehrter Herr Hoffmann!

Hiermit mache ich Ihnen das Angebot, meine Lieder, die ich auf das beiliegende Tonband gespielt habe, auf einer Langspielplatte herauszubringen. Ich komme damit auf Ihr Angebot zurück, daß Sie mir 1973, im Beisein von Musikern der Gruppe "Renft", unterbreiteten.
Da es sich um ein Informationsband handelt, habe ich die Lieder mit der Geschwindigkeit 9,5, Mono auf das Band gespielt.
Die Dauer jeder Bandseite liegt zwischen 18 und 20 Minuten, wie es für eine LP angebracht ist.
Der Titel der Langspielplatte soll "DEIN WEG BLEIBT DEIN WEG" lauten.
Folgende Titel sind auf dem Band:

A-Seite

Sozialistischer Biedermeier	(Pannach/Bartsch)
Neue Gasse zu Jena	(Trad./Fuchs)
Leipziger Messe	(Pannach/Pannach)
Von einem FDJ-Funktionär	(Pannach/Pannach)
Vom Vertrauensmann, der kein Vertrauen hat	(Pannach/Pannach)
Plauderei zum 1. Mai	(Pannach/Pannach)

B-Seite

Für meine Frau Amie	(Pannach/Pannach)
Wie konnt ich ...	(Pannach/Pannach)
Ballade vom schlechten Schlaf	(Pannach/Pannach)
Meinst du es ernst als Marxist (Die Lehre des B. Rolle, der mein Freund ist)	(Pannach/Pannach)
Dein Weg bleibt dein Weg	(Pannach/Pannach)

In Erwartung Ihrer baldigen Antwort verbleibe ich

mit freundlichen Grüßen

Gerulf Pannach
Song-Interpret

Anlage:
11 Texte
1 Tonband

Brief von Gerulf Pannach an Amiga (BStU MfS AKK 3179/84, Bd. 1, Bl. 90)

Der Titel der Langspielplatte soll ‚DEIN WEG BLEIBT DEIN WEG' lauten.
Folgende Titel sind auf dem Band:
<u>A-Seite</u>

Sozialistischer Biedermeier	(Pannach/Bartsch)
Neue Gasse zu Jena	(Trad./Fuchs)
Leipziger Messe	(Pannach/Pannach)
Von einem FDJ-Funktionär	(Pannach/Pannach)
Vom Vertrauensmann, der kein Vertrauen hat	(Pannach/Pannach)
Plauderei zum 1. Mai	(Pannach/Pannach)

<u>B-Seite</u>

Für meine Frau Ami	(Pannach/Pannach)
Wie konnt ich …	(Pannach/Pannach)
Ballade vom schlechten Schlaf	(Pannach/Pannach)
Meinst du es ernst als Marxist	
(Die Lehre des B. Rolle, der mein Freund ist)	(Pannach/Pannach)
Dein Weg bleibt dein Weg	(Pannach/Pannach)

In Erwartung Ihrer baldigen Antwort verbleibe ich

mit freundlichen Grüßen

Gerulf Pannach
Song-Interpret

<u>Anlage:</u>
11 Texte
1 Tonband"[126]

126 Privatarchiv Amrei Pannach.

Handschriftlich steht am Rand des Blattes:

„Koll. [Andrä] : kaum vorstellbar, wie sich Pannach – damals Verfasser echt progressiver Renft-Titel seither verändert hat. Wo könnten die Ursachen liegen? In Leipzig, bei Renft?

Platte – damit? Unmöglich!!

Unbrauchbares Gestammel, [folgt durchgestrichener Text] primitiv + dünn [folgt durchgestrichener Text] – dennoch Achtung, damit keine Auftritte“[127]

Pannach erhielt keine Antwort von Amiga. Schon drei Wochen später, am 21. März 1975, bestätigte Minister Hoffmann das Auftrittsverbot gegen Pannach und erteilte allen Kultur-Abteilungsleitern die Anweisung, Auftritte von Pannach „mit oder ohne Renft-Combo“[128] nicht zuzulassen. Das MfS sollte außerdem prüfen, ob Pannachs Lieder staatsfeindlich seien und er strafrechtlich zur Verantwortung gezogen werden könne.[129]

Solidarität mit Gerulf Pannach

In dieser Zeit, als staatliche Stellen Pannachs Auftritte verhinderten, erfuhr der Liedermacher Solidarität von Freunden und Gleichgesinnten. Wolf Biermann schrieb an Christian Kunert:

---

127 Ebd. sowie BStU MfS AKK 3179/84 Gerulf Pannach, Bd. 1, Bl. 90. Streichung im Original. – Volkmar Andrä, Redakteur bei Amiga.

128 Ebd. Bl. 145.

129 Ebd., Bl. 143. Vermerk vom 20. März 1975.

132

Hauptabteilung XX
Leiter

Berlin, den 20. 03. 1975
Kie/Li

BStU
000143

V e r m e r k

Der Minister für Kultur, Genosse HOFFMANN, bittet das MfS zu überprüfen, ob die von

P a n n a c h , Gerulf
wh.: Leipzig

dem VEB Deutsche Schallplatte vorgelegten Entwürfe für die Herstellung einer Langspielplatte staatsfeindlichen Charakter tragen bzw. ob er wegen seiner Äußerungen im Metropol-Theater Berlin und der Technischen Hochschule Karl-Marx-Stadt strafrechtlich zur Verantwortung gezogen werden kann.

Kienberg
Generalmajor

Kurzer Weg von Amiga zum MfS (BStU MfS AKK 3179/84, Bd. 1, Bl. 143)

„Lieber Kuno, der Gerulf fährt wieder nach Leipzig und ist mir ein bequemer Postbote für einen kurzen Gruß an Dich.

Ich will Dir nur deutlich sagen, wie sehr ich es bewundere und für wie selbstverständlich ich es halte, daß Du mitsamt Deiner Renftband Solidarität mit Gerulf übst.
Daß man Leute für Selbstverständlichkeiten so loben muß, kommt daher, daß sie so selten sind.

Herzliche Grüße, Wolf

Febr. 75“[130]

Christian Kunert hatte nach dem Verbot, das auf Bad Köstritz folgte, die Renft-Musiker sehr darum gebeten, Pannach einige Auftritte zu ermöglichen. „Es war zunächst so, dass Gerulf für Verlockungen nicht empfänglich war, nicht korrumpierbar und kompromisslos in dem, was er wollte“, beschreibt Christian Kunert den Freund:

„Das hat er auch immer gesagt und seine Auftritte durchgezogen.
Die Geschichte, dass er angeblich seinen Berufsausweis wiederbekommen sollte, aber hintenrum erfuhr, dass die Behörden bei den Veranstaltern angezeigt hatten, dass er nicht mehr auftreten darf, hat er mir erzählt. Gerulf hat dieses Hintenrum der Behörden sehr gekränkt.
Ich bin dann zu meinen Kumpels zu einer Probe, das weiß ich noch sehr genau und sagte: ‚Jetzt ist es so, dass Gerulf nicht mehr auftreten darf. Das kann uns morgen genauso passieren. Das ist ein Akt der Willkür, wir müssen etwas dagegen tun.‘ – ‚Ja, was willste dagegen tun?‘ – ‚Wir nehmen Gerulf wieder mit auf Tournee.‘ Da gab es natürlich dann eine Diskussion, die dauerte den ganzen Tag und war hart und kontrovers. Abends aber, erinnere ich mich, war geklärt, okay,

130 BStU MfS AU 14974/77 Bd. 6 Christian Kunert, Bl. 32.

> wir machen das, wir nehmen Gerulf mit. Das ließ sich natürlich offiziell nicht machen, weil er als verboten galt. Also haben wir ihn als junges Talent mitgenommen, sein Name war nicht so bekannt, und er hat dann in unseren Spielpausen im Konzert seine Viertelstunde gehabt, wo er auftreten konnte. Wir hatten ein paar sehr lustige Gigs, das war eine feine Sache. Das ging natürlich nicht ewig, das sprach sich rum, und die Stasi war ja dann auch in den Konzerten.
> Dann wurden wir nach Berlin zitiert, und uns wurde gesagt, wenn wir das nicht lassen, ist mit der Renft-Band auch Schluss. Wir haben noch eine Weile weitergespielt, dann sollten wir Texte für die neue Platte abliefern. Da waren auch die Pannach-Songs ‚Glaubensfragen' und die ‚Rockballade vom kleinen Otto' dabei. Und weil wir das nicht zurückziehen wollten, wurde die Band verboten, ganz schnell."[131]

Ein halbes Jahr sollte noch bis zum Verbot bleiben. Im März 1975 trat Pannach in den Konzertpausen von Renft im Ost-Berliner Metropoltheater auf. „Das war wie 'ne Marslandung", erinnert sich Christian Kunert, „völlig exorbitant, zumindest jenseits alles Irdischen. Es konnte sich unmöglich um die Hauptstadt der DDR handeln, wo so was stattfand: Freie Meinungsäußerung, Missachtung von Verboten. Entsockelung von Parteiheiligen, Hohngelächter, Anarchie."[132]

Barnach, Barlach oder Barmann? Gerulf Pannach tritt im Metropol-Theater Berlin auf, März 1975

Ein Prager Frühlingstag in Berlin
Am 3. März zur Winterszeit
Zerrissen Frühlingsschauer

---

131 Interview mit Christian Kunert, Juni 2019.

132 Pannach: Als ich wie ein Vogel war (wie Anm. 8), S. 115.

Das Winterkleid von Ost-Berlin
Da sang ich nah der Mauer

Im ausverkauften Metropol-
Theater Frühlingslieder
Die RENFT-BAND spielte Rock'n'Roll
Den Blues sang HANSI BIEBL

Kaum ging der Vorhang auf im Saal
Da pfiffen von den Sitzen
die Leute, die sich wieder mal
umstellt von Polizisten

Betrogen fühlten um das Glück
Nicht kontrolliert zu werden
Sie pfiffen auf die Rock-Musik
Und meinten die Behörden

Die Worte, die ich abbekam
War'n auch nicht grad von Pappe:
Hau ab, du Singeklubtarzan
Du Charlie-Marx-Attrappe!

Wir brauchen keinen Frühlingsschmus
Uns ist schon jetzt speiübel
Von den Polypen, wir wolln Blues
Her mit Hansi Biebl

Ich sang das Lied vom Ersten Mai
Da mußten alle lachen
Eh, bring uns solche Lieder bei!
Nicht aufhörn, weitermachen! –

Rief mir ein strammes Mädchen zu –
Mensch, du hast unser Feeling!
Du machst nicht auf die schicke Tour
Ja, sing den Prager Frühling! –

Nie sah ich Menschen so erfreut
Aufjauchzen, jubeln, johlen
Schon wollte die Staatssicherheit
Mich von der Bühne holen

Für die Genossen von Guillaume
war das ne harte Probe
Ich schloß mich ein und kam davon
In meiner Garderobe

Ich lebe in der DDR
Noch gibt es hier Despoten
Drum hat man mir nach dem Konzert
Das Singen streng verboten

Mit Leuten aus dem Publikum
Die nicht rechtzeitig flitzten
Ging man nicht halb so freundlich um
Das heißt, sie müssen ‚sitzen'"[133]

---

133 Die hier von Pannach rezitierte Version – beim ersten Konzert des Duos Pannach & Kunert in West-Berlin 1977 – weicht geringfügig ab von der im Buch Pannach: Als ich wie ein Vogel war (wie Anm. 8), S. 116 f., veröffentlichten. – Johannes „Hansi" Biebl (Jg. 1945) gründete 1974 die „Johannes Biebl Blues Band", die ein Jahr später Auftrittsverbot erhielt, nach diversen Bandmitgliedschaften trat er ab 1978 mit der „Hansi Biebl Band" auf. 1984 übersiedelte er nach West-Berlin, wo er unter anderem mit Gerulf Pannach und Christian Kunert zusammenarbeitete.

In seinem Liedtext „Prager Frühling in Berlin“ (Pannach/Pannach, 1975) schildert der Liedermacher den legendären Auftritt im Ost-Berliner Metropol-Theater, von dem Christian Kunert auf der Vorseite berichtet. Den Versen ist zu entnehmen, dass das Publikum ihn zuerst als vermeintlichen Singeklub-Vertreter beschimpfte und von der Bühne jagen wollte. Pannach irrte sich möglicherweise im Datum: die Akten nennen mehrfach den 4. März 1975.[134] An diesem Tag fanden zwei Konzerte von Renft statt, eins am Nachmittag, eins am Abend, jeweils zusammen mit der Hansi-Biebl-Blues-Band. Auch Bettina Wegner trat auf. Für die Abendveranstaltung gab es 1.400 Karten, die Hälfte davon hatten Institutionen aufgekauft: das Wachregiment des MfS, der Palast der Republik, die Betriebsberufsschule Kühlanlagenbau u. a., die andere Hälfte ging in den freien Verkauf.[135]

Der Veranstalter erfuhr erst kurz vor dem ersten Konzert von einem beabsichtigten Pannach-Auftritt, und da er den Liedermacher als Textautor von Renft kannte, war er einverstanden. Das erste Konzert verlief ohne Probleme, beim Abendkonzert sang Pannach die drei Lieder „Plauderei zum ersten Mai“, „Überholen ohne einzuholen“ und Biermanns Lied „Comandante Che Guevara“. In „Plauderei zum ersten Mai“ schildert Pannach den Besuch mit einem Mädchen in einer Mokka-Bar am Vorabend des ersten Mai und kritisiert darin das verlogenene Revolutionspathos, das diesen Feiertag, den „Internationalen Kampftag der Arbeiterklasse“, begleitete: „Aus Rundfunkgeräten klingt Kampfgeschrei / Denn morgen feiern wir den ersten Mai / Mit Blasmusik, Alkohol und Hipp Hurra / Die Revolution ist wieder da“. Aus

134 Außer in Bad Köstritz und im Metropol-Theater Berlin konnte das MfS Pannach nicht legale Auftritte am 27. Februar 1975 im Kulturhaus Rathenow nachweisen, am 5. März 1975 in der Mensa der Technischen Hochschule Karl-Marx-Stadt und am 6. März 1975 im Studentenklub Kasseturm Weimar. BStU MfS Leipzig Abt. XII Archiv Allg. P. 1015/81, Information über die ideologische Position des Chanson-Texters PANNACH, Bd. 2, Bl. 110.

135 BStU MfS Leipzig Abt. XII Archiv Allg. P. 1015/81, Bericht von [geschwärzt] über die Veranstaltung „Beat im Metropol am 4.3.75 um 17.00 und 20.00 Uhr im Metropol-Theater, Bd. 2, Bl. 18–21, hier Bl. 18.

dem Saal gab es einige Proteste: „Einzelne Zuhörer, die sich gegen die inhaltlichen Aussagen Pannachs mit Zwischenrufen wandten, wurden von ihm beschimpft. Er reagierte darauf mit solchen Bemerkungen wie ‚das sind die Bestellten von der FDJ'. Ein großer Teil der Anwesenden bejubelten Pannach und forderten von ihm eine Zugabe. Ein anderer Teil war offensichtlich schockiert und verhielt sich zurückhaltend."[136]
So berichtete es der Veranstalter (Name geschwärzt), der den Bandleader Klaus Jentzsch aufforderte, Pannachs Vortrag sofort abzubrechen. Der bestand darauf, dass Pannach seinen Auftritt zu Ende absolvierte. Christian Kunert war während dessen Vortrag auf der Bühne geblieben und wurde von Klaus Jentzsch zurückgerufen:

> „In den Kulissen standen ca. 10 mir unbekannte Leute, die den sofortigen Abbruch des Pannachschen Vortrages forderten. Wir ließen ihn jedoch erst fertig spielen, bevor wir wieder die Bühne betraten, denn erstens gefiel uns die Pannachsche Darbietung sehr gut und zweitens hätte es wahrscheinlich starke Proteste des Publikums gegeben. Diese geschilderte Begebenheit spielte sich kurze Zeit vor einer neuerlichen Vorladung Pannachs vor den Rat des Bezirkes Leipzig ab. [...]"[137]

Pannach schloss sich bis zum Ende des Konzertes in der Garderobe ein, wie er in seinem Songtext schildert, um einer Verhaftung zu entgehen, aber Leute aus dem Publikum wurden von MfS-Angehörigen mitgenommen.
Die Renft-Band hatte viele echte Fans auch unter den Stasileuten. So beschreibt es Klaus Jentzsch in seiner Autobiografie. Wahrscheinlich war es kein Zufall, dass 28 MfS-Mitarbeiter, die sich zu einem Lehrgang in Berlin aufhielten, just an diesem Tag zum Renft-Konzert ins Metropol-Theater gingen. Vielleicht waren sie es, die Pannach und Renft auspfiffen. Denn was sie von

136 Ebd., Bl. 19f.
137 BStU MfS AU 14974/77 Christian Kunert. Niederschrift vom 10.3.1977, Bd. 4, Bl. 228.

Pannach zu hören bekamen, empörte die Stasimannen derart, dass sie unverzüglich Berichte darüber schrieben. Ein Oberleutnant Tennemann, ein Geheimdienstmann, der nicht einmal in der Lage war, den richtigen Namen des Pausen-Sängers herauszufinden, meldete handschriftlich, nicht ganz sicher in Orthografie und Grammatik, dass „ohne Vorankündigung im Programm oder durch einen Ansager ein Sänger mit 3 Liedern staatsverleumderischen Inhalts auf[trat]. Nach dem Einrichten der Mikrofone stellte er sich nicht namentlich vor brachte aber sinngemäß zum Ausdruck, dass er normalerweise hier nicht auftreten dürfe, aber da sich die Renfts mit ihm identifizieren ihm der Auftritt ermöglicht wird. […]."
Der Oberleutnant beschrieb den Inhalt der Lieder „1. Mai" und „Überholen ohne einzuholen" und kam zu dem Schluss:

> „Die Singebewegung diffamierte er als feige, die Liedermacher in der DDR würden nur das besingen was gut wäre u. über Marx u. Lenin singen u. dafür einen ‚Judaslohn' einstecken. Er identifizierte sich mit Wolf Biermann, ‚… und die Bonzen denken schon, wir tanzen auf der Asche von Mutter Biermanns Sohn.' […] Während des Auftrittes brachte ein Mitglied der K. Renft Formation durch Beifall, Zurufe u. Schulterklopfen auf der Bühne offen seine Sympathie zum Ausdruck [am Rand handschriftlich rot: (Kuno, Organist der Gruppe)]
> Bevor die Gruppe weiterspielte sagte die gleiche Person zum Auftritt des Sängers sinngemäß, daß es heute schwer wäre, den Gerolf Barnach (oder Barlach oder Barmann) auftreten zu lassen, dies wäre nicht ihre Schuld und das Puplikum [sic!] möge dafür Verständnis haben, daß sie jetzt weiterspielen.
> Während des Auftrittes des Sängers kam es zu offenen Sympathiekundgebungen bei Teilen des Puplikums. Es wurde mitgesungen u. mitgeklatscht. Der Sänger wurde aufgefordert weiterzusingen u. es fielen solche Bemerkungen wie ‚Recht hast Du', u.ä."[138]

138 BStU MfS AKK 3179/84 Gerulf Pannach, Bericht von Oberleutnant Tennemann vom 5. 3.1975, Bd. 1, Bl. 103 ff. Die Schreibfehler in diesem Bericht wurden beibehalten.

Auch zwei Angehörige eines Berliner Wachregiments berichteten, dass Renft einem Liedermacher „Gerolf Branach" die Möglichkeit zum Auftritt gegeben hatte:

> „Dieser Gerolf bedankte sich vor seinem Auftritt bei der Gruppe ‚Renft' dafür, daß er während des Konzertes einige seiner Lieder singen darf, da ihm sonst keine Möglichkeiten zum Auftreten mehr gegeben sind. Er sagte wörtlich: ‚Renft habe sich mit ihm solidarisiert.' Das wurde dann auch von einem Mitglied der Gruppe Renft nach dem Auftritt Gerolf Branachs bestätigt. [...] Die Reaktion eines großen Teils des Publikums zu diesen Liedern war zustimmend. Branach wurde mit viel Beifall und Begeisterung von dem überwiegend sehr jungen Publikum (16–20 Jahre) bedacht."[139]

Auch bei der Zeitung „Junge Welt" ging ein Leserbrief ein, in dem sich der Absender oder die Absenderin über Pannachs Auftritt beschwerte. Mehrere Jugendliche hätten aus Protest den Saal verlassen, stand in dem Brief.[140] Die Betriebsparteileitung des Metropol-Theaters empfahl, künftig den Freiverkauf von Karten zu beschränken, den Verkauf der Karten an Institutionen zu erhöhen und alle Unbefugten von der Bühne während der Veranstaltungen fernzuhalten.[141]

Als Folge dieses und eines weiteren Konzertes am Tag darauf in der Mensa der Technischen Hochschule Karl-Marx-Stadt wurde die Renft-Combo am 1. April 1975 zu einem Gespräch beim Komitee für Unterhaltungskunst[142] in

---

139 Ebd., Bl. 106.

140 BStU MfS Leipzig Abt. XII Archiv Allg. P. 1015/81, Fragen und Hinweise an die Redaktion 10/75, Bd. 2, Bl. 63.

141 BStU MfS Leipzig Abt. XII Archiv Allg. P. 1015/81, Stellungnahme der Betriebsparteileitung zum Beat-Konzert am 4.3.1975, 20 Uhr im Metropol-Theater und zum Protokoll des Gesprächs in der BL am 6.3.1975, ebd., Bl. 22; vgl. auch Anm. 135.

142 Das Komitee für Unterhaltungskunst war 1973 gegründet worden und unterstand dem Ministerrat der DDR. Es kümmerte sich um die Angelegenheiten der Bands, kontrollierte sie aber gleichzeitig hinsichtlich politisch-ideologischer Zuverlässigkeit.

Berlin geladen. Begleitet wurde die Band von ihrem Rechtsberater Volker Selig. Den Bandmitgliedern wurde von Generaldirektor Peter Czerny und zwei weiteren Mitarbeitern die Zusammenarbeit mit Pannach, seinen Texten Verleumdung der staatlichen Organe und der Regierung vorgeworfen und der Band ein Verbot angedroht, berichtet Klaus Jentzsch in seiner Autobiografie: „Die Texte des Pannach sind diffamierend. Warum distanzieren Sie sich nicht von Pannach, der keine gültige Spielerlaubnis hat? Wenn Sie weitermachen mit solchen Provokationen, ja, dann arbeiten wir nicht mehr mit ihnen zusammen. Das heißt, etwas deutlicher gesagt: Dann arbeiten Sie überhaupt nicht mehr. [...]"[143]

Christian Kunert verfasste am Folgetag ein Gedächtnisprotokoll über das Gespräch. Darin heißt es: „Im letzten halben Jahr spürten wir die Kontrolle über jeden unserer Schritte. Einer unserer engsten Mitarbeiter bekommt ein Berufsverbot, und uns wird unter Strafandrohung verboten, mit ihm aufzutreten. Über jedes unserer Konzerte liegen detaillierte Berichte von kontrollierenden ‚Informanten' vor, beim Konzert in Sonneberg standen zwei Polizisten hinter der Bühne – haben Sie schon mal Musik machen müssen unter der Aufsicht der Polizei? [...][144]

In dem Gespräch in Berlin wurden auch Vorwürfe gegen den Renft-Sänger Thomas Schoppe geäußert, weil er bei einem Konzert im Kongress-Palast in Karl-Marx-Stadt auf der Bühne drei Äußerungen gegen die DDR fallen gelassen hätte. Er hätte gesagt, die DDR bestehe nur aus Barbaren und Denkern. Schoppe korrigierte: Er habe gesagt, „das deutsche Volk besteht seit jeher aus Denkern und Barbaren"[145]. Außerdem wurde ihm vorgeworfen, er habe gesagt, die Band dürfe nicht ins Ausland fahren und Pannach nicht mit Renft auftreten.

143 Renft: Liebe und Zorn (wie Anm. 33), S. 102.

144 Gedächtnisprotokoll über das Gespräch des Komitees f. Unterhaltungskunst mit der Renft-Combo am 1.4.1975, Christian Kunert, Leipzig, 2. April 1975, in: BStU MfS AU 14674/77 Gerulf Pannach, Bd. 5, Bl. 257–260.

145 Ebd. Das besagte Konzert fand am 23. März 1975 statt.

Zum Schluss wurden die neuen Titel von Renft angehört. Danach folgte eine Diskussion der Komiteemitglieder mit den Musikern über die beiden Pannach-Texte „Sonne wie ein Clown“ (Musik: Kunert) und „Glaubensfragen“ (Musik: Kunert), ein Song über Bausoldaten, sowie den Neil-Young-Hit „Hilflos“, den Christian Kunert nachgedichtet hatte. Dieser Song stammte aus dem amerikanischen Film „Blutige Erdbeeren“ von Stuart Hagmann, in dem es um die Studentenproteste von 1968 an der Columbia University New York geht. „So viele Tore sind uns hier versperrt“, heißt es im deutschen Text, was sowohl Fans als auch Funktionäre als Anspielung auf die Mauer und die Grenze interpretierten. Das Resultat war, „dass ein Exklusivvertrag, auf der Grundlage des derzeitigen Programms der Renft-Combo nicht abgeschlossen werden kann. Die Generaldirektion machte zur Bedingung, dass die Renft-Combo in 6 Wochen ein anderes Programm zu Abnahme vorstellt.“[146]

Klaus Jentzsch wurde von Czerny angeboten, sich von zweien seiner Musiker – Schoppe und Kunert – zu trennen, dann würde er jede staatliche Unterstützung und auch Westreisen bekommen. Jentzsch ging darauf nicht ein. Die Folge war: keine Verlängerung des seit 1973 bestehenden lukrativen Exklusivvertrages beim Komitee für Unterhaltungskunst. Kulturminister Hoffmann verfügte eine Rückstufung, was künftig eine Betreuung der Band durch die Leipziger Kulturbehörden bedeutete.[147]

Schließlich sah sich auch der 1. Sekretär des Zentralrates der FDJ Egon Krenz bemüßigt, sich beim DDR-Kulturminister über Renft und Pannach zu beschweren. Kulturminister Hoffmann hatte schon eine Woche zuvor der Staatsanwaltschaft Unterlagen zur Prüfung übergeben, um das „Problem des Sängers Gerulf Pannach aus Leipzig“ zu klären.[148] Krenz schrieb:

---

146 Ebd. Bl. 260.

147 Renft: Liebe und Zorn (wie Anm. 33), S. 103, sowie BStU MfS BV Leipzig, Abt. XII Archiv Allg. P. 1015/81, Schreiben des Kulturministers Hans-Joachim Hoffmann an Rat des Bezirkes Leipzig, Leiter der Abt. Kultur Werner Wolf, Bd. 2, Bl. 134.

148 BStU MfS AKK 3179/84 Bd. 1 Gerulf Pannach, Aktenvermerk XX/7 zum OV „Chanson“ vom 15.4.1975, Bl. 185.

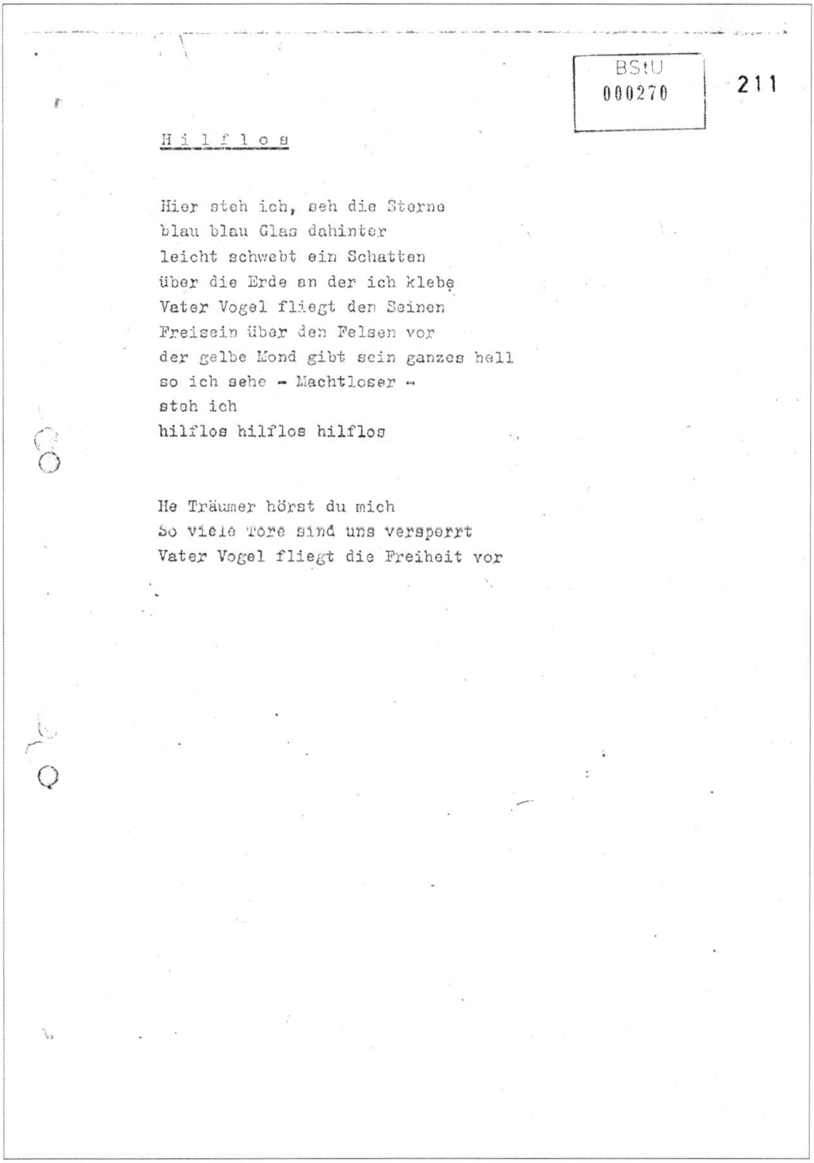

BStU
000270

211

Hilflos

Hier steh ich, seh die Sterne
blau blau Glas dahinter
leicht schwebt ein Schatten
über die Erde an der ich klebe
Vater Vogel fliegt den Seinen
Freisein über den Felsen vor
der gelbe Mond gibt sein ganzes hell
so ich sehe – Machtloser –
steh ich
hilflos hilflos hilflos

He Träumer hörst du mich
So viele Tore sind uns versperrt
Vater Vogel fliegt die Freiheit vor

Bei Christian Kunert beschlagnahmter Songtext von „Hilflos" (BStU MfS AU 14974/77 Bd. 2, Bl. 270)

„Lieber Genosse Hans-Joachim Hoffmann!

Im Interesse eines einheitlichen Vorgehens bei der weiteren Qualifizierung unserer Tanzmusikformationen wende ich mich mit folgendem Problem an Dich: Sicher ist Dir gut bekannt, dass am 4. März 1975 im ‚Metropol' eine Veranstaltung der Renft-Combo stattfand, auf der Gerulf Pannach in verleumderischer Weise gegen unsere DDR auftrat. In ähnlicher Weise trat die Renft-Combo auch auf einer Jugendveranstaltung in Karl-Marx-Stadt auf.
Nachdem bereits die ‚Junge Welt' Leserzuschriften über das Auftreten der Renft-Combo in Berlin erhielt, mehren sich jetzt auch die Zeichen aus dem Bezirk Karl-Marx-Stadt, die zum Ausdruck bringen, daß eine weitere Duldung des verleumderischen Auftretens der Renft-Combo auf berechtigte Empörung vieler junger Menschen stößt.
Als Freie Deutsche Jugend sind wir natürlich in erster Linie dafür, daß wir gemeinsam mit den staatlichen Organen erzieherischen Einfluss auf unsere Tanzmusikformationen nehmen. Wo jedoch, wie im Falle der Renft-Combo, offen gegen unsere Republik, die Partei und den Jugendverband provoziert wird, halten wir es auch für angebracht, gemeinsam Schritte einzuleiten, die der Renft-Combo die Grenzen ihrer Möglichkeiten zeigen.
Wir wären Dir deshalb sehr dankbar, wenn es in dieser Frage ein einheitliches Vorgehen aller Organe, die für den Einsatz der Renft-Combo mit verantwortlich sind, geben würde. Genossin Christel Zillmann ist gern bereit, mit dem Komitee für Unterhaltungskunst unser Vorgehen abzustimmen.

Vielen Dank für Deine Bemühungen.

F R E U N D S C H A F T
Egon K r e n z

Berlin, 22.4.1975 1. Sekretär"[149]

149 BArch SAPMO DY/24/23 200, Bestand DY 24 Zentralrat der Freien Deutschen

Inzwischen verschärften sich die Maßnahmen gegen Pannach.

> „Leipzig, den 15.4.75
>
> Am heutigen Tage informierte der IMV ‚Peter Blum' telefonisch, daß bei der Arbeitsbesprechung im Zentralhaus für Kulturarbeit der DDR – Sitz Leipzig am 15.4. durch Gen. Dr. Morgenstern alle Abteilungsleiter offiziell davon informiert wurden, daß durch Gen. Hoffmann – Minister für Kultur der DDR – das Problem des Sängers Gerulf P a n n a c h aus Leipzig durch die Staatsanwaltschaft geklärt wird. Alle Unterlagen dazu seien durch ihn zur Prüfung übergeben worden. Der Gen. Dr. M. informierte weiter, daß mit den Mitgliedern der ‚Klaus-Renft-Combo' betreffs der Unterstützung des P. zur Zeit noch Aussprachen durchgeführt werden. Er informierte davon, daß auf Weisung des Gen. Minister dieser Sachverhalt allen Mitarbeitern des ZfKA mitzuteilen ist.
>
> Keller
> Ltn."[150]

Jugend, unpag. – Christel Zillmann, 1971–1979 Sekretär für Kultur des Zentralrates der FDJ, 1976–1981 Volkskammerabgeordnete.

150 BStU MfS AKK 3179/84 Gerulf Pannach, Bd. 1, Bl. 185. Das ZfKA war das Zentralhaus für Kulturarbeit der DDR in Leipzig, zunächst seit 1949 Zentralstelle für Volkskunst, dann ab 1952 das Zentralhaus für Laienkunst in Leipzig, 1954 Umbenennung in Zentralhaus für Volkskunst und 1962 schließlich in Zentralhaus für Kulturarbeit der DDR. Zweck war die kulturelle Breiten- und Jugendarbeit in Zusammenarbeit mit untergeordneten Kreis- und Bezirkskabinetten, dem Ministerium für Kultur unterstellt.

Die Exmatrikulation von Jürgen Fuchs

Es ist heute schwer zu vermitteln, dass junge Leute, die vom Sozialismus überzeugt waren, die sich selbst als sozialistisch und links verstanden, die ernsthaft die „Klassiker" Marx, Engels und Lenin studierten, sogar in die SED eintraten wie im Falle von Jürgen Fuchs, als „Staatsfeinde" angesehen wurden. Dabei wollten sie nicht die DDR abschaffen, sondern setzten sich nur für ein menschenfreundlicheres Land ein. Die Funktionäre verstanden es als Angriff auf das System. Die harten und überzogenen Reaktionen gegen die jungen Künstler waren ein Zeichen dafür, wie wenig stabil dieses auch nach drei Jahrzehnten war.

> „liebe ami, lieber gerulf,
>
> natürlich, alles, was heute mit uns geschieht – ist ein kleiner auftakt. Zuerst verunsichern, dann verhandeln, möglichst freundlich, das sind alte verhandlungsstrategien. peitsche und zuckerbrot. letztes wochenende war ich in berlin. wolf war besorgt, als wir von dir sprachen. ein musiker aus leipzig (du wirst wissen, wer) hat höchste alarmstufe auslösen wollen, was deine haltung zur KGD (KGB) anlangte. er gab sehr gefärbt deine erste meinungsäußerung nach dem ersten gespräch wieder, sehr eigenartig, dieser mann. am montag war ich noch einmal bei wolf (vorher grünheide), da kam unser freund gerade, ein wirklich ‚tief besorgter freund'. […] meine lesung fand statt – robert kam auch mit! Ich las den 2. mustermai, einige gedichte und reimann-erwiderung an ‚sinn und form'. beim muster-mai zuerst lachen – am ende betroffenes schweigen. es lag ‚etwas in der luft' (gerulf, du weißt das besser). in der zwischenzeit regten sich einige leute, aber doch unerwartet zaghaft. die kreisleitung wollte mein stück ‚gerne einmal lesen' (oder gar aufführen?), wie schön, genossen, welch ein interesse!
>
> … das einzige leiden ist die deutsche misere, zu deren theoretischen formen auch der pomphaft-weinerliche sozialismus … gehört. ehe nicht in deutschland die gesellschaftlichen gegensätze eine schärfere form erhalten haben … ist für einen deutschen poeten in deutschland wenig zu hoffen. einerseits ist es ihm

in der deutschen gesellschaft unmöglich, revolutionär aufzutreten, weil die revolutionären elemente selbst noch zu unterentwickelt sind, andererseits wirkt die ihm von allen seiten umgebende chronische misere zu erschlaffend, als daß er sich darüber erheben, sich frei zu ihr verhalten und sie verspotten könnte, ohne selbst wieder in sie zurückzufallen. (‚Einstweilen kann man allen deutschen Poeten, die noch einiges Talent haben nichts raten, als auszuwandern in zivilisiertere Länder.')
(Engels/ Deutscher Sozialismus in Versen und Prosa / 4/ 222)

herzliche grüße

j."[151]

Jürgen Fuchs glaubte damals noch an eine Art Rechtsstaatlichkeit in der DDR, an die in der Verfassung garantierte Meinungsfreiheit, an die Möglichkeit, durch Briefe und Eingaben Einfluss auf das Geschehen nehmen zu können. Am 23. April 1975 war er aus der SED ausgeschlossen worden. Sein nachfolgendes Schreiben an Erich Honecker, in dem er davon berichtet, wurde später ohne Nennung von dessen Namen in dem rororo-Buch „Gedächtnisprotokolle" in einer leicht geänderten Form unter dem Titel „Der Brief" veröffentlicht. Das Buch erschien während Fuchs' Haftzeit Anfang 1977 in der Bundesrepublik.
„Hilfesuchend", so schrieb er, wende er sich an den SED-Generalsekretär, da dieser ein offenes Ohr für die Probleme der jungen Generation habe. Fuchs schilderte seinen Werdegang als Schriftsteller und schrieb:

„Einige neue Prosatexte zum Beispiel sind fast biografische Mitschriften aus meiner Armee- und Studienzeit. Dabei versteht es sich von selbst, daß ich Widersprüche und Konflikte, die in unserer Gesellschaft existieren, nicht aussparen

151 Privatarchiv Lilo Fuchs sowie BStU MfS AU 11554/78 Jürgen Fuchs, Bd. 12, Bl. 2–3, ohne Datum. Die Schreibweise wurde beibehalten.

kann, wenn doch schon Hegel erkannte, daß etwas nur dann lebendig ist, wenn es den Widerspruch in sich enthält. Vor allem die Beschäftigung mit dem Marxismus, zu dem ich mich bekenne, machte mir klar, daß es nicht genügt, einiges ‚durch die Blume' anzutippen, es muss schon deutlich werden, was und wen ich meine. Du hast vor einiger Zeit darauf hingewiesen, daß es für den, der auf dem festen Boden des Marxismus steht, keine Tabus geben kann. Das meine ich auch. Geradezu grotesk erscheinen mir deshalb einige Vorstellungen, die ich in letzter Zeit immer wieder zu hören bekam, daß Widersprüche etwas ‚Negatives' für die Entwicklung wären und daß es sie im Sozialismus nicht geben dürfe, weil ich möchte, daß sich unsere Gesellschaft entwickelt, interessiere ich mich für ihre Gegensätze, denn Entwicklung ist ja Kampf der Gegensätze. Auch bin ich sehr dafür, daß wir uns alle kräftig einmischen in unsere eigenen Angelegenheiten – aus diesem Grunde wurde ich vor zwei Jahren Kandidat der Partei. Ich wollte noch besser als bisher Denken und Handeln verbinden; außerdem ist es für einen Marxisten naheliegend, sich der kommunistischen Partei seines Landes anzuschließen."

Fuchs schildert in dem Originalbrief die Meinungsverschiedenheiten mit anderen Parteimitgliedern, die in den Sitzungen nur ihre Zeit absäßen, die Mitläufer seien und die offizielle Meinung verbreiteten, unter vier Augen aber anderes sagen würden. Sie würden ihm Vorwürfe machen wie: „Wenn du aus der Reihe tanzt, wirst du nur fertiggemacht / Denk doch an deine Familie und sei lieber still / Beschreib doch das Schöne, nicht immer das, was noch nicht so gut ist usw."

Eine Haltung, die Fuchs nicht bereit war zu akzeptieren. „Da ich die Klassiker recht gründlich gelesen hatte, wußte ich, wie radikal (von den Wurzeln her) gerade sie jeglichen staats- und parteiformalistischen Tendenzen entgegengetreten sind. Dieses Wissen ermutigte mich immer wieder. Da ich Literatur mache, versuche ich, diese Probleme auch künstlerisch zu gestalten."

Er schildere nicht nur negative Seiten des Lebens, sondern sei bemüht „nichts als unveränderlich und schicksalhaft gegeben darzustellen, sondern als veränderbar, antastbar, dem Zugriff des Menschen ausgeliefert, der sich nicht zufriedengibt, der nicht still wird, sondern sich gegen Widriges auflehnt."

Welche Reaktionen auf seine Haltung folgten, hätte er nicht für möglich gehalten. Von einigen Jenaer Parteimitgliedern sei er wegen seines Auftrittes in Bad Köstritz als Staatsfeind und Hetzer bezeichnet worden, es werde ihm vorgeworfen, ein eingeschleuster Provokateur sein. Nach einem Parteiverfahren sei er aus der SED ausgeschlossen worden. Manche SED-Mitglieder hätten sich später bei ihm entschuldigt, dass sie für seinen Ausschluss gestimmt hatten:

> „Sie hatten Angst. Kritisiert wurden vor allem die literarischen Arbeiten, in denen ich Partei ergriffen hatte gegen eine Art, mit Menschen zu sprechen: gegen das Drohen, Einschüchtern und übermäßige Kontrollieren, das jedem Meinungsstreit schnell ein Ende bereitet, indem es Verdächtigungen an die Stelle von Argumenten setzt. Nichts, was ich beschrieb, sog ich mir aus den Fingern, freilich, ‚objektive Berichte' konnte ich nicht liefern – ich machte deutlich, daß ich dieses und jenes erlebt und verarbeitet hatte – alles aber beruhte auf einer sehr wirklichen und lebendigen Grundlage, auf meiner Biografie. Ich sehe meine Aufgabe als Schriftsteller in der Aufdeckung der Wirklichkeit und der Kritik ihrer schlechten Seiten. Eine solche Kritik, die auch nach den Ursachen von erlebten Folgen fragt, kann doch nicht bestraft werden, schon gar nicht in einem sozialistischen Land, in der DDR."

Den Brief schloss er mit der Bitte, Honeckers Meinung zu dem allen zu erfahren.[152]

Im Buch „Gedächtnisprotokolle" ist unter dem Text vermerkt: „abgeschickt 26.5.1975 – keine Antwort erhalten –".[153]

Eine Woche später schrieb Jürgen Fuchs erneut an Honecker, diesmal ging es um ein Disziplinarverfahren an der Jenaer Universität und seine sofortige Beurlaubung vom Studium.

---

152 Brief von Jürgen Fuchs an Erich Honecker vom 26.5.1975. Privatarchiv Lilo Fuchs sowie BStU MfS AP 56305/92 Jürgen Fuchs, Bl. 46 f.

153 Fuchs: Gedächtnisprotokolle (wie Anm. 19), S. 38.

„An den
Sekr. des ZK der SED
Gen. Erich Honecker
102 Berlin
Am Karl-Marx-Platz

Jena, den 2.6.1975

Jürgen Fuchs
69 Jena
Lutherstr. 25

betr.: Ergänzung zu meinem Schreiben vom 26.5.75

Werter Gen. Honecker,

die von mir beschriebene Auseinandersetzung um meine neuen literarischen Arbeiten hat sich erneut verschärft:

Heute teilte mir der Rektor der Friedrich-Schiller-Universität Jena, Prof. Bolck, in einem kurzen Brief mit, daß ein Disziplinarverfahren gegen mich eröffnet wurde, da ich angeblich ‚das Ansehen der Universität in der Öffentlichkeit geschädigt' habe. Diese Behauptung wurde nicht begründet. Außerdem konnte ich lesen, daß ich mit sofortiger Wirkung vom Studium ‚beurlaubt' bin. Ich betrachte nunmehr diesen Vorgang als den Versuch, meine Existenz zu zerstören. Man muß sich in meine Lage versetzen: Ich erhalte am Ende meines Studiums (und nach der Verteidigung meiner Diplomarbeit mit ‚sehr gut') einen achtzeiligen Brief, in dem mir mitgeteilt wird, daß ich ‚beurlaubt' wurde. Falls ich exmatrikuliert werde, was ich dringlich befürchten muß, dann zielt diese Maßnahme nicht auf mein Studium – das ist ohnehin zu Ende – sondern auf meine zukünftige Tätigkeit als Psychologe, die ich nicht ausüben kann, wenn ich kein ‚Diplom' erhalte.
Ich empörte mich immer sehr, wenn ich im ‚Neuen Deutschland' von neuen Machenschaften westlicher Behörden las, progressiv eingestellte Menschen im Berufsleben zu diskriminieren. Und mein Fall – erinnert er nicht in alarmierender Weise an das Thema ‚Berufsverbot'?
In letzter Zeit fragte ich mich häufig, ob das, was ich literarisch zur Diskussion stellen wollte, die Prügel wert ist, die ich dafür bekomme. Sind diese Bürokraten und ihre Verhaltensweisen wirklich so bedrohlich für die Verwirklichung des

Sozialismus? All das, was ich in diesen vergangenen Monaten an Rat-Schlägen, Drohungen und ‚Maßnahmen' erleben durfte, war nur eine peinliche Bestätigung meiner kleinen Prosatexte. Es ist wirklich eine Art und Weise, wie ich sie literarisch beschrieben habe. In Jena werden junge Leute, die mit mir befreundet oder auch nur bekannt sind, vorgeladen und gefragt, wie sie zu mir ‚stehen'. Äußern sie sich nicht abfällig über mich, so gibt man ihnen zu verstehen, daß das noch ‚Konsequenzen haben wird'. Diese und ähnliche Vorkommnisse kann ich exakt belegen. Ich verurteile diese Art von ‚Meinungsbildung', da sie Angst und Ablehnung erzeugt, keinesfalls aber dokumentiert, daß wir in einer sozialistischen Demokratie leben, in der es sich von selbst versteht, daß jeder seine Meinung frei äußern darf, ohne befürchten zu müssen, daß damit sein Dienst- oder Arbeitsverhältnis gefährdet wird.

Werter Genosse Honecker, ich wäre Dir dankbar, wenn Du auf das Mitgeteilte recht bald reagieren würdest. Ich bin einfach nicht bereit zu glauben, daß all das, was ich erlebe, mit Deinem Wissen und mit Deiner Billigung geschehen kann.

Mit sozialistischem Gruß

Jürgen Fuchs"[154]

Jürgen Fuchs erhielt auch auf den zweiten Brief an Honecker keine Antwort. Stattdessen bekam er das Angebot zu einem Gespräch mit Genossen der SED-Bezirksleitung: „Ergebnislos. Ich sollte meine Fehler einsehen."[155] Einen Monat später richtete er einen offenen Brief an die Kulturkonferenz der FDJ in Weimar. Auch dieser Brief ist in leicht geänderter Form im Buch „Gedächtnisprotokolle" erschienen, dort hat er den Titel „Die Anfrage". Fuchs

154 Brief von Jürgen Fuchs an Erich Honecker vom 2. Juni 1975, Privatarchiv Lilo Fuchs sowie BStU MfS AP 56305/92 Jürgen Fuchs, Bl. 49 f.

155 Udo Scheer: Jürgen Fuchs. Ein literarischer Weg in die Opposition, Berlin 2007, S. 100.

formulierte in dem Brief fünf Fragen und schlug vor, dass sich die Konferenz auch mit ihnen beschäftigen sollte. Sie betrafen vor allem das Auftritts- und Leseverbot für Gerulf Pannach, Bettina Wegner und ihn selbst.[156]. Die Teilnehmer der Kulturkonferenz gingen auf den Brief und die darin geäußerten Fragen nicht ein.

Die Reaktion auf diesen Brief hat der Schriftsteller in „Gedächtnisprotokolle" geschildert: Er wurde als „Provokation" verstanden. Er beschrieb dort auch, wie er am 15. August 1975 zu einer Aussprache beim FDJ-Zentralrat in Ost-Berlin geladen wurde. Dort wurde ihm u.a. von einem „M." – wahrheitswidrig, was Pannach betraf – mitgeteilt: „Gerulf Pannach hatte einen Förderungsvertrag, an dessen Inhalt er sich nicht gehalten hat – da ist ihm eben der Berufsausweis entzogen worden, das ist doch ganz normal. Und nun zu Ihnen, was soll ich sagen: Sie hatten nie eine Auftrittserlaubnis, also mußte nie jemand ins Auge fassen, sie Ihnen zu entziehen, da könnte jeder kommen und Veranstaltungen machen und Geld kassieren, das geht doch nicht."[157]

Im Juni 1975 wurde Jürgen Fuchs von der Friedrich-Schiller-Universität Jena exmatrikuliert. Das bedeutete für ihn: Berufsverbot als Psychologe. Er beschwerte sich darüber beim Ministerium für Hoch- und Fachschulwesen der DDR – erfolglos.

---

156 BStU MfS AP 56305/92 Jürgen Fuchs, Bl. 058. Der Text „Die Anfrage" erschien in dem Buch Fuchs: Gedächtnisprotokolle (wie Anm. 19), S. 70 f.

157 Jürgen Fuchs: Die Antwort, in: ders.: Gedächtnisprotokolle (wie Anm. 19), S. 75. Eine Aktennotiz, unterzeichnet von Mike Sturmhöfel, stellv. Leiter der Abteilung Kultur, befindet sich in BStU MfS AU 11554/78 Jürgen Fuchs, Bd. 5, Bl. 221 f. Sturmhöfel schreibt darin Folgendes: „Fuchs begreift nach seinen eigenen Aussagen nicht, wieso seine Haltung mit einer Mitgliedschaft in der SED oder der FDJ unvereinbar sei. Er bezeichnete sich in dem Gespräch selbst als ‚Linker'. Das Gespräch dauerte etwa eine halbe Stunde und wurde abgebrochen, als Fuchs feststellte, daß eine weitere Diskussion nicht nötig sei, da unser Standpunkt für ihn unannehmbar sei."

„Ministerium für
Hoch- und Fachschulwesen
Berlin
Marx-Engels-Platz 2

Jürgen Fuchs
69 Jena
Lutherstraße 25

Betr.: Meine Exmatrikulation vom 17. Juni 1975

Am 2.6. teilte mir der Rektor der Friedrich-Schiller-Universität Jena, Prof. Bolck, mit, daß gegen mich ein Disziplinarverfahren wegen Schädigung des Ansehens der Universität in der Öffentlichkeit eröffnet wurde. Die Verhandlung fand am 17. Juni 1975, 10.15 Uhr, statt. Nach einer halben Stunde wurde mir gesagt, dass ich nicht würdig sei, Absolvent einer sozialistischen Universität zu sein; es sei nicht zu verantworten, mich als Psychologe arbeiten zu lassen. Der Ablauf dieser Verhandlung diskriminierte mich in jeder Hinsicht: Ich wurde aufgefordert, auf einem alleinstehenden Stuhl, der sich in der Mitte des Raumes befand, Platz zu nehmen. Meine literarischen Arbeiten wurden als ‚üble Machwerke' bezeichnet (sie werden ungeachtet dessen ihren Platz in der DDR-Literatur finden!), und man gab mir zu verstehen, daß ich dankbar sein könne, noch frei herumlaufen zu dürfen. Ich hatte nicht die Möglichkeit, meine Absichten und Motive auch nur zu nennen – das ‚gehört nicht zur Sache', wurde ich unterbrochen. Sowohl das Urteil als auch der Ablauf dieses Verfahrens dokumentiert eindeutig, welche Absichten dieses Tun diktieren: Ich soll Berufsverbot erhalten (obwohl ich mein Studium bis auf eine noch ausstehende Prüfung im Fach Sozialpsychologie erfolgreich bewältigte), weil ich 1. von meinem in der Verfassung der DDR garantierten Recht Gebrauch gemacht habe, meine Meinung zu einigen wichtigen Problemen unserer sozialistischen Entwicklung frei zu äußern und weil 2. ich in meinen literarischen Arbeiten einige bürokratische Mißstände unserer Gesellschaft kritisiert habe, die tatsächlich existieren.

> Ich erhebe hiermit Einspruch gegen die Entscheidung des Disziplinarausschusses der FSU Jena vom 17. Juni 1975 und erwarte, daß diese Exmatrikulation (sprich Berufsverbot) auch im Interesse des Ansehens der Universität in der Öffentlichkeit rückgängig gemacht wird.
> Beilage: Brief vom 26.5. und 2.6. an Gen. Erich Honecker“[158]

Heute ist der Schriftsteller an der Jenaer Friedrich-Schiller-Universität angesehen. Nach dem Mauerfall wurde er 1990 rehabilitiert, 1994 erhielt er nachträglich sein Diplom, und es fanden Seminare und Symposien zu seiner Person und seinem literarischen Werk statt. Damals wurde dem Einspruch nicht stattgegeben. Jürgen Fuchs geriet durch die Exmatrikulation in eine verzweifelte Lage, er stand vor den Scherben seiner Existenz. Sein nachfolgender Brief an das Ehepaar Pannach ist von geradezu prophetischer Bitterkeit gezeichnet:

> „liebe amrei, lieber gerulf,
> ich habe gesehen, was sie tun, jetzt wollen sie mich umbringen. der rektor schickte mir einen lapidaren brief: ‚beurlaubt wegen schädigung des ansehens der universität in der öffentlichkeit, ein disziplinarverfahren wird eingeleitet‘. dabei bilde ich mir ein, etwas getan zu haben für das ansehen dieser universität in der öffentlichkeit. aber wenn wir beide erst in den lehrplänen dieser lehranstalt stehen, wird es ein bißchen spät sein.
> ich werde berufsverbot erhalten, möglicherweise wird mir mein gesamtes studium aberkannt. aber was ich weiß, das weiß ich, meine herren, und vergesse es nicht.

158 Brief von Jürgen Fuchs an das Ministerium für Hoch- und Fachschulwesen Berlin, Marx-Engels-Platz 2, ohne Datum. Privatarchiv Lilo Fuchs sowie BStU MfS AP 56305/92 Jürgen Fuchs, Bl. 53.

> wollt ihr nicht einmal schnell nach jena kommen? lili und lilo und ich wohnen z. z. bei den großeltern unserer tochter, ihr könntet sehr gut wohnen und schlafen in meiner kleinen bude, lutherstr. 25 …
>
> bis bald und sehr herzlich
>
> jürgen
>
> (an honecker habe ich geschrieben. wenn sie mich nach berlin bestellen, werde ich deine angelegenheit nicht vergessen, gerulf!)“[159]

Jürgen Fuchs fand durch Vermittlung von Robert Havemann Arbeit im Kinderheim „Waldsee“ in Grünheide und Unterkunft im Gartenhaus des Regimekritikers: Grünheide, am Möllensee, Burgwallstraße 4, östlich von Berlin. Wolf Biermann holte Jürgen, Lilo und Lili Fuchs Anfang September 1975 aus Jena ab.

> „Daran kann ich mich gut erinnern. Das war schön katastrophal. Ich fuhr mit meinem Shiguli, so nannte man in der DDR den Lada, der ein russischer Fiat ist, und einem Anhänger, den ich mir von meinem Freund Mölke besorgt hatte, nach Jena und packte das wenige ein, was Jürgen und Lilo überhaupt besaßen. Was das war? Ein paar Bücher, und eine Kommode, ein Bett, nochmal Bücher, ein kleines Tischchen und nochmal Bücher. Das packten wir in den Anhänger.
> Dann machten wir eine Berg- und Talfahrt, denn Jena ist sehr hügelig. Die Fahrt werde ich nie vergessen. Die Stadt liegt auf Anhöhen, und die Straßen gehen alle rauf und runter wie eine Achterbahn. Es wimmelte von Stasileuten. Viel mehr Stasileute als in Ost-Berlin. Weil diese Provinzidioten natürlich den sport-

159 Brief von Jürgen Fuchs an Amrei und Gerulf Pannach vom 9. Juni 1975, Privatarchiv Lilo Fuchs.

lichen Ehrgeiz hatten, den Genossen in der Hauptstadt zu zeigen, dass sie es noch toller können als in der Hauptstadt. Die Genossen von der Staatssicherheit waren auf 180. An jeder zweiten Ecke flitzte irgendeine Wanze. So nannten wir diese Stasis, Kakerlaken, das war jeweils ein Stasiauto mit zwei bis drei dieser arbeitsscheuen Elemente drin. Diese vertrauenserweckenden Lichtgestalten, die die Schmutzarbeit machten und uns einschüchtern sollten. Rauskriegen sollten die gar nichts, da war ja gar nichts rauszukriegen. Sie sollten uns einschüchtern. Und sie wollten auch, dass sie gesehen werden von anderen Leuten. Also Spitzel, die sich Mühe geben, als Spitzel erkannt zu werden, damit Menschen eingeschüchtert werden. Unsere Überwachungen hatten sich überlappt. Sie hatten Jürgen als Lokalmatador auf dem Kieker, er gehörte zu ihnen, ihn haben sie bearbeitet. Und ich kam aus der Hauptstadt dazu und mit den mir zugeordneten Überwachungsleuten. Wenn ich in der DDR – in dieser Zeit des Verbots von 1965 bis 76 – mit meinem Auto irgendwo hinfuhr, fuhren immer zwei, drei Autos hinter mir her. Tag und Nacht. Auch wenn ich nachts um drei auf die blöde Idee kam, eine Freundin zu besuchen, fuhr hinter mir die Stasi. Wenn ich heute daran denke, wird mir ganz schwarz vor Augen, weil ich ermessen kann, was das kostet, an Material, an Menschen. Die kriegen alle Lohn, die wohnen in Wohnungen, die haben Familie, die vermehren sich, die haben Kinder, die sind auch manchmal krank. Das ist ein Riesenapparat, wer soll das bezahlen? Das Volk hat es bezahlt. Wie immer.“[160]

Die Nummern der Verfolgerautos notierte Wolf Biermann damals. Er sang sie später als Refrain seines Liedes „Jenaer Memfis Fan Club Blues“. Einen Zettel mit den Autonummern klebte er mit Tesafilm in den Bauch seiner einen Weißgerber-Gitarre, als er im Herbst 1976 zur Konzertreise in die Bundesrepublik aufbrach. In den Stasiakten konnte er später nachlesen, dass viele der Autonummern stimmten.

160 Interview mit Wolf Biermann für das Radio-Feature der Autorin „Jenaer Memfis Blues. Die Biermann-Ausbürgerung und die Folgen“, SWF/SFB 16.11.1996.

Das Verbot von Renft

Der Band war bei einer Aussprache mit der Konzert- und Gastspieldirektion Leipzig am 15. Juli 1975 nahegelegt worden, sich „mit Textautoren des sozialistischen Literaturschaffens in Verbindung zu setzen",[161] sie wurde zu Konsultationen verpflichtet und umfassend kontrolliert. Für den 18. September 1975 war die Einstufung ihres neuen Konzertprogramms durch Kulturfunktionäre des Rates des Bezirkes Leipzig im Kulturhaus „Alfred Frank" anberaumt worden. Der Termin musste auf den 22. September 1975 verschoben werden, weil die Band die Texte nicht eingereicht hatte. Zu diesen Texten gehörten die „Rockballade vom kleinen Otto" und „Glaubensfragen" aus Pannachs Feder. Auch vier Texte von Christian Kunert waren dabei: „Ach Maus, gib mir ne Karo", in dem er die Zustände in der Armee kritisiert, „Für unsere Freunde", „Sieben Worte des Gerechten Myros am Kreuz" und „Hilflos", seine Nachdichtung von Neil Youngs Song „Helpless".

Die Öffentlichkeit war bei der Einstufung ausgeschlossen, auch Gerulf Pannach musste draußen warten. Die Musiker durften nicht spielen, wie sie es vorhatten.

Ruth Oelschlegel, die Direktorin der Bezirkskommission für Unterhaltungskunst und der KGD Leipzig, teilte ihnen bei diesem Termin mit, dass die Gruppe Renft nicht mehr „existent" sei.[162] Heimlich hatte Klaus Jentzsch ein Aufnahmegerät laufen lassen und Oelschlegels schicksalsschwere Worte aufgezeichnet: „Ich möchte Ihnen im Namen der Kommission mitteilen, daß wir nicht der Auffassung sind, dass dieses Vorspiel heute stattfindet, und zwar aus folgenden Gründen: Die Texte, die Sie mir übergeben haben, haben mit der sozialistischen Wirklichkeit keine Übereinstimmung. […] Ich habe Ihnen gesagt, daß wir uns das Vorspiel heute nicht anhören, und zwar

---

161 KGD Leipzig: Protokoll über die stattgefundene Aussprache mit der Gruppe „Renft" am 15.7.1975, StAL, BT/RdB Leipzig 22296.

162 Der genaue Ablauf ist geschildert im Brief von RENFT an Erich Honecker vom 8.12.1975, abgedruckt in: Renft: Liebe und Zorn (wie Anm. 33), S. 112 ff. Siehe auch: Kriese: Schlacht (wie Anm. 30), S. 71 ff.

aus folgendem Grund: Weil die Texte mit unserer sozialistischen Wirklichkeit nicht das Geringste zu tun haben. Weil in den Texten darüber hinaus die Arbeiterklasse verletzt wird und die Staats- und Schutzorgane diffamiert werden. Sie werden das verstehen, daß wir nicht gewillt sind, uns das auch noch musikalisch untermalen zu lassen, was Sie uns textlich vorgelegt haben, und wir sind der Auffassung, daß damit die Gruppe Renft als nicht mehr existent anzusehen ist, mit diesen Texten, die Sie uns hier vorgelegt haben. Das ist alles, was ich Ihnen zu sagen habe. Die Kommission hat beraten und ist zu dieser Entscheidung gekommen [...] Ich habe Ihnen nicht gesagt, daß Sie verboten sind, ich habe Ihnen gesagt, daß Sie für uns aufgrund dieser Tatsache nicht mehr existieren."[163]

Eine Folge des Verbots war, dass Christian Kunert und Thomas Schoppe außerhalb der üblichen Fristen zur Armee eingezogen werden sollten: Christian Kunert zum Grundwehrdienst, Thomas Schoppe zum Reservistendienst. Auch Gerulf Pannach sollte als Reservist zur Armee geholt werden.[164]

Christian Kunert wurde am 4. Dezember 1975 mit einem Wagen der Volkspolizei zum Wehrkreiskommando gebracht, weil er nicht auf die entsprechenden Anschreiben reagiert hatte.[165] Dem dortigen Major, der ihn fälschlich mit „Herr Schoppe" ansprach, teilte er mit, dass er nicht zur NVA gehen würde. Als Kunert später zu Schoppe fuhr, stand dort schon die Polizei vor dem Haus. Nach Berichten über das Renft-Verbot in den Westmedien, vor allem durch den ZDF-Filmbeitrag von Dirk Sager, der die Musiker und Pannach interviewt hatte, wurde auf die Einberufung der drei zur Armee verzichtet.[166]

---

163 Illegaler Mitschnitt der Verkündung des Berufsverbotes, Länge: 1'33, erschienen auf der CD „RENFT Hits + Raritäten" in der CD-Box: Klaus Renft Combo: Zwischen Liebe und Zorn (wie Anm. 15).

164 Kriese: Schlacht (wie Anm. 30), S. 180.

165 Christian Kuno Kunert: Pflugscharen zu Schwertern, auf CD: Das muss Sie gar nicht interessieren, Marktkram 2007, Take 17.

166 Anmerkung von Christian Kunert in: Pannach: Als ich wie ein Vogel war (wie Anm. 8), S. 121.

In diesem ZDF-Interview antwortete Pannach auf die Frage von Dirk Sager, ob er der Meinung sei, solche Texte wie die seinen nicht machen zu dürfen: „Ich bin der Meinung, daß es nötig ist, diese Texte singen zu dürfen, sonst verändert sich nichts im Leben dieses Staates, sonst stagniert die Beatmusik und Lieder werden, wie die Leute das nennen, zum Bonzenlied, worin die Meinung der Zensoren widergespiegelt wird und nicht die Meinung der Musikanten oder ihres Publikums."[167]

Das Verbot der populären Gruppe schlug Wellen, nicht nur in der DDR, auch im Westen. Neben dem ZDF-Beitrag von Dirk Sager[168] berichtete auch der SPIEGEL ausführlich über das Verbot.[169]

Das MfS Leipzig fertigte eine „Information zur politisch-operativen Situation in der Klaus-Renft-Combo" an, in der Wolf Biermann und Gerulf Pannach das Verbot der beliebten Rockband angelastet wurde: „Die bisherige Bearbeitung des ZOV ‚Lyriker' durch die HA XX ergab, daß der BIERMANN, Karl-Wolf, die ‚Klaus-Renft-Combo' zur Verbreitung seiner feindlich-negativen Songs nutzt, um sie in eine offene Konfrontation zur Kulturpolitik der DDR zu führen.

Er übt den Einfluß auf diese Combo durch den mit der Combo liierten PANNACH, Gerulf, aus. PANNACH wird von der Abt. XX der BV Leipzig wegen Verbreitung von Texten mit staatsverleumderischen und hetzerischen Aussagen im OV ‚Chanson' operativ bearbeitet. […]"[170]

In dem sechsseitigen Dokument wird auch Christian Kunert vorgeworfen, „mit großer Hartnäckigkeit und Intensität die staatsfeindliche Ideologie und Zielsetzung des PANNACH und BIERMANN, wobei er keine Rücksichten

---

167 Renft: Liebe und Zorn (wie Anm. 33), S. 121.

168 ZDF, 24. Februar 1976, 21.15 Uhr, Beitrag von Dirk Sager, Kamera Klaus Kuschke, Illustrationen von Joachim Schubert. Eine Textfassung der Interviewäußerungen der Renft-Musiker und Gerulf Pannachs in dieser Fernsehsendung ist abgedruckt in: Renft: Liebe und Zorn (wie Anm. 33), S. 120 ff.

169 DER SPIEGEL Nr. 49/1975, 1.12.1975, S. 165–169.

170 BStU MfS Außenstelle Leipzig BVfS Leipzig 00681 Bl. 5–10, hier Bl. 5.

auf mögliche Konsequenzen für sich und die Gruppe nimmt",[171] zu vertreten. Auch Thomas Schoppe wird diese Haltung vorgeworfen. Der Bericht schließt mit folgenden Sätzen: „Es wird deshalb vorgeschlagen, durch differenzierte Einflußnahme der staatlichen Organe einzelnen Combo-Mitgliedern unter Ausschaltung von KUNERT, SCHOPPE und PANNACH die Möglichkeit erneuter beruflicher Tätigkeit zu geben. Die genannten Personen bleiben weiterhin unter operativer Kontrolle. (Möglichkeiten der weiteren zielstrebigen operativen Bearbeitung sind vorhanden.)"[172]

„Freiheit heißt die heiße Ware" – Gerulf Pannach als Interpret von Raimon-Liedern

Anfang 1975 hatte Gerulf Pannach eine Schallplatte von Wolf Biermann ausgeliehen, auf der der Mitschnitt eines Konzertes des katalanischen (valencianischen) Sängers Ramon Pelegero i Sanchis, Künstlername Raimon, in der Pariser Music Hall „Olympia" vor Exilspaniern zu hören war. Mit seinen Liedern in Katalanisch, einer unterdrückten Sprache in Franco-Spanien, war Raimon in politische Ungnade gefallen. Biermann hatte die Platte von Raimon mit einer persönlichen Widmung geschenkt bekommen. Er erzählte Pannach dazu folgende Geschichte: „Als Raimon, in der Franco-Zeit halb verboten – halb erlaubt in Barcelona vor dreitausend Arbeitern singen sollte, musste er vorher sein Programm dem Gouverneur von Barcelona vorlegen. Der Gouverneur strich die Hälfte der Lieder weg und kontrollierte dann persönlich im Konzert. Nachdem Raimon die genehmigte Hälfte gesungen hatte, ließ er die Leute geschickt – ungeschickt merken, warum er nicht weitersingen kann … Da standen die dreitausend Menschen auf und sangen dem Sänger seine verbotenen Lieder vor. So lan-

171 Ebd., Bl. 9.
172 Ebd., Bl. 10.

ge, bis der Gouverneur die Nerven verlor und mit seiner Begleitung aus dem Saal stürzte."[173]

Biermann schlug Pannach vor, einige Raimon-Lieder ins Deutsche zu übertragen und zu singen, denn dessen Gestus und Gesangsstil ähnelte Pannachs Vortrag. Die interlinear übersetzten Texte dichtete Pannach frei nach.

Zu den Raimon-Liedern gehört „Vom Rot, das brennt", das einem Gemälde des katalanischen Malers Joan Miro gewidmet ist, das überwiegend in Rottönen gehalten ist. Das Lied hat mehrere Konnotationen, denn Rot steht auch für die Liebe und für den Klassenkampf. Das Lied „Gegen die Angst" thematisiert Repressalien durch die Mächtigen in Diktaturen, unabhängig davon, in welchem Land und mit welchen politischen Vorzeichen. Es war naheliegend, dass die Hörer dies auf ihre eigenen DDR-Erfahrungen bezogen. Ähnlich war es mit dem „Friedenslied" und „Für uns, die wir noch hoffen".

Für uns, die wir noch hoffen

(Text: Pannach/frei nach Raimon)

Für uns, die wir noch hoffen
Auf eine bessere Zeit
Schlage ich die Gitarre
Und sage, was in uns schreit

Wir glauben nicht an Pistolen!
Leben ist das, was wir wolln
Und noch vorm Tod, wenn's geht!

Wir brauchen keine Kandare!
Freiheit heißt die heiße Ware
Nach der wir schlangestehn!

---

173 Wolf Biermann: Zwei Portraits, in: Fuchs: Gedächtnisprotokolle (wie Anm. 19), S. 9f.

Für uns, die wir noch hoffen
Auf eine bessere Zeit
Schlage ich die Gitarre
Und sage, was in uns schreit

Hoffnungslos wie gefangene Stiere
Hin zur Exekution
Wolln wir nicht mehr marschieren
Nach ihren Kommandos!

Für uns, die wir noch hoffen
Auf eine bessere Zeit
Schlage ich die Gitarre
Und sage, was in uns schreit

Für uns, die wir immer noch hoffen
Auf eine bessere Zeit[174]

Auch Christian Kunert war von der Aussagekraft der von Raimon spröde vorgetragenen Lieder begeistert. „Jubel nach jeder zweiten Zeile. Gänsehaut", erinnert er sich. „Als Sänger und Gitarrist agierte der Typ genauso ruppig und schreihälsig wie Gerulf. Als wir ihn dann trafen in Westberlin, sah er auch so aus: Untersetzt, quirlig, dröhnende Lache. Unsere Adaptionen seiner Songs mochte er so sehr, dass er Gerulf alle Rechte daran vermachte."[175]
Auch Jürgen Fuchs war von Raimon beeindruckt: „dieser spanier geht mir

174 Pannach: Als ich wie ein Vogel war (wie Anm. 8), S. 107. Veröffentlicht u. a. auf LP „Für uns, die wir noch hoffen" (wie Anm. 5) und auf CD: Pannach & Kunert: Gib mir 'ne Hand voll Glück. Live 1977–1993, BuschFunk 2000.
175 Pannach: Als ich wie ein Vogel war (wie Anm. 8), S. 108.

im kopf herum, so ein künstler!",[176] schrieb er an Amrei und Gerulf Pannach.

Mit den Raimon-Liedern unternahm Gerulf Pannach einen neuen Versuch, wieder in den Besitz seines Berufsausweises zu gelangen, und schlug der Konzert- und Gastspieldirektion Leipzig ein entsprechendes Programm vor: „Angesichts der ungeheuerlichen Verbrechen in Spanien ist es mir ein Bedürfnis, mit dem spanischen Volk Solidarität zu üben und die Lieder eines in Spanien verbotenen Sängers hier in der DDR öffentlich zu singen."[177] Der KGD waren aber auch die Raimon-Lieder nicht recht: „Die Lieder des Spaniers Pelagero fundieren auf einer pazifistischen Weltanschauung und sind aus diesem Grund nicht vereinbar mit unserer marx[istisch].- leni[nistischen]. Weltanschauung."[178]

Im Oktober 1975 durfte Pannach dennoch mit einigen Raimon-Liedern im Bezirk Leipzig auftreten. Aber schon am 17. November 1975 wurde er wieder zu einer Aussprache mit der KGD-Direktorin zitiert; es sollte über seine weitere Perspektive diskutiert werden. In den Stasiakten ist die Aussprache so wiedergegeben:

> „P. räumte dabei ein, daß das von ihm im Oktober eingereichte Programm mit Texten demokratischer spanischer Autoren keine Aussage über seine eigene Grundeinstellung beinhaltet und er erklärte sich bereit, ein neues Programm zur eindeutigen Bestimmung seiner Position zu erarbeiten und vorzulegen. Zu einer Zusammenarbeit mit dem früheren Mentor Gen. Dr. Zoppeck war P. bereit. Eine vertragliche Bindung im Sinne eines neuen Förderungsvertrags

---

176 Brief von Jürgen Fuchs an Amrei und Gerulf Pannach vom 1. August 1975. Privatarchiv Lilo Fuchs.

177 Schreiben von Gerulf Pannach an die Konzert- und Gastspieldirektion Leipzig, Direktorin Ruth Oelschlegel vom 7. Oktober 1975. Privatarchiv Amrei Pannach sowie BStU MfS Lpz AP 1015/81 Gerulf Pannach, Bd. 2, Bl. 166.

178 BStU MfS AOP 535/77 Gerulf Pannach, VAO „Chanson", Information zur geplanten Abnahme des Programms von Kunert und Pannach vom 13.5.76, BV Leipzig Abt. XX/7, Bl. 193.

o. ä. – will P. nicht. P. erklärte unmißverständlich, daß er im Falle eines Scheiterns seiner Bemühungen um die Wiedererlangung des Berufsausweises seine Gedichte ‚anderweitig' verlegen werde. Er betonte in dieser Aussprache seine Freundschaft zu Wolf Biermann.

- Andererseits ist inoffiziell bekannt, daß P. nach wie vor und in zunehmendem Maße seine staatsfeindlichen Aktivitäten fortsetzt, indem er die Musiker der aufgelösten ‚Klaus-Renft-Combo' in ihrer oppositionellen Haltung bestärkt und offensichtlich wesentlichen Anteil an der in Massenmedien der BRD erfolgten Hetzkampagne gegen die Maßnahmen der staatlichen und Parteiorgane im Zusammenhang mit der Auflösung der Gruppe hat."[179]

Das Duo Pannach & Kunert oder „Chanson" und „Lied"

Es folgten erneute Gespräche der KGD-Direktorin Ruth Oelschlegel und des Mentors Dr. Robert Zoppeck mit Gerulf Pannach. Das Ergebnis war, dass im Februar 1976 ein neuer Förderungsvertrag zwischen der KGD Leipzig, diesmal mit Gerulf Pannach und Christian Kunert, abgeschlossen wurde. Die beiden wollten als Duo auftreten, denn auch Christian Kunert suchte nach dem Renft-Verbot nach neuen Wirkungsmöglichkeiten. Wie die anderen Renft-Musiker hatte er nach dem Verbot seinen Berufsausweis zurückgeben müssen. Eine „Förderung" war in seinem Fall gewiss nicht nötig, besaß er doch bereits einen Hochschulabschluss als Musiker. Ab April 1976 wurde Kunert durch die Bezirksverwaltung Leipzig, Abt. XX/7 in der OPK „Freund" bearbeitet: „Das Ziel der OPK bestand in der ständigen Kontrolle des Kunert, um zu verhindern, dass er mit negativ-feindlichen Texten an die Öffentlich-

---

179 BStU MfS Lpz AP L 1015/81 Gerulf Pannach, Information zum „OV Chanson", Bezirksverwaltung Leipzig Abt. XX/7 Bd. 4, Bl. 78 (rückverfilmtes Material) vom 3.12.1975.

keit tritt."[180] In dieser Zeit wurden beide vom MfS unter den Decknamen „Chanson" und „Lied" beobachtet.

Christian Kunert hatte schon mehrfach mit Gerulf Pannach zusammengearbeitet, beide ergänzten sich gut: Pannach mehr als Texter, Kunert mehr als Komponist, beide gemeinsam als Interpreten der Lieder. Ziel des neuen Förderungsvertrages war es, ein Liederprogramm zu erarbeiten, dessen „politisch-ideologische und künstlerische Aussage" mit der des Staates und der Gesellschaft übereinstimmen sollte.

Am Nachmittag des 13. Mai 1976 fand im zentralen Klub „Artur Becker" die Abnahme des neuen Programms vor einer Zulassungskommission statt, in der ein IM und zwei GMS mitarbeiteten.[181] Ursprünglich war daran gedacht, auch ausgewählte Jugendliche (SED-Genossen) einzuladen, aber die Verantwortlichen befürchteten heftige, wenn nicht gar tätliche Auseinandersetzungen. Einige Renft-Musiker waren gekommen, wurden aber nicht eingelassen. Außer den beiden Liedermachern nahmen der Saxophonist der Gruppe „Karussell" Bernd Schumacher und der ehemalige Renft-Gitarrist Peter „Cäsar" Gläser am Konzert teil. Sie begleiteten einige Songs musikalisch. Pannach begrüßte die Kommission mit einem Prolog:

> „Ihr hört ein politisches Liederprogramm
> von Kuno und mir, wir machens zusamm'n
> Hier muss keiner strammstehn, wir stehn auch nicht stramm
> Vor der Politik, sie ist ja kein heiliges Lamm
> Und wir sind nicht ihre Opferlämmer

---

180 BStU MfS AU 14974/77 Christian Kunert, Bd. 1, S. 62. MfS-Beobachtungsberichte zu beiden lassen sich schon im Jahr 1975 finden, z. B. in MfS 1015/81 BV Leipzig, Bd. 4, Bl. 48 f. In einem Beobachtungsbericht vom 18. Mai 1976 wird Kunert als „Lied" bezeichnet, z. B. „13.25 Uhr verließen ‚Chanson' und ‚Lied' das Grundstück. ‚Lied' trug ein Musikinstrument bei sich." Ebd., Bl. 134 f.

181 BStU MfS BV Leipzig, Abt. XII, Archiv, Allg. P. 1015/81, Information, der Abt. XX/7, Bd. 2, Bl. 233.

BStU
000133

BV Leipzig
Abt. XX/7

Leipzig, den 14.5.1976

121

Information zu der Programmabnahme von Kunert und Pannach

Vereinbarungsgemäß traf sich die Abnahmekommission am 13.5.76 gegen 14.30 zu einem Vorgespräch im Club in der Elsterstr.
Um 15.00 begann das Vorspiel des K.und des P. Bei der Programmabnahme waren neben den Mitgliedern der Jury auch die Ehefrau des Pannach und die ehemalige Frau des Kunert mit anwesend. Weiterhin wirkten im Programm der Saxofonist der Gruppe Karusell, Schuhmacher und das ehemalige Mitglied der Renftformation Gläser mit, die einige Vorträge musikalisch begleideten. Das Programm dauerte etwa 90 Minuten.
Alle ehemaligen Mitglieder der Renftformation waren vor Beginn der Programmabnahme mit anwesend. Außer dem ■■■■■, der während des Vortrags sich vor dem Zimmer aufhielt und versuchte zu stören, gingen alle übrigen Mitglieder nach Hinweis des Horling (R.d.B.) in die Clubgaststätte.
Zur Meinung der Abnahmekommission

Die musikalische Leistung und die Interpretation des Vortrags war von hoher Qualität. Nach Ansicht des Gen. Malt und des Gen. Wiesner ist das Dargebotene auf dem Gebiet des Chanson eine reife Leistung.
Kunert und Pannach versuchten jedoch mit Hilfe der guten musikalischen Leistung ihre texliche Aussage zu überspielen. Nachwievor ist die Textauswahl als auch die Textaussage nicht im Sinne unserer Kulturpolitik. Der aggressive Charakter der Texte hat sich nicht geändert. Weiterhin fehlt die klare politische Stellungnahme der Interpreten - sie wird von ihnen bewußt vermieden.
Die Jury schlug dem K.und dem P. vor, das das Programm auf Grund der Fakten nicht genehmigt wird. Beide haben jedoch die Möglichkeit entsprechend der Hinweise der Jury, bei einer Überarbeitung des Programms (Wahl einiger anderer Texte und Veränderung von Textpassagen) an dem Programm weiterzuarbeiten.
Bis zum 17.5.76 können sie sich diesbezüglich entscheiden und ihren Entschluß am Nachmittag des 17. der Leiterin der KGD, Genn. Oelschlegel mitteilen.
K. und P. haben die Möglichkeit an dem Programm weiterhin zu arbeiten und ihren Förderungsvertrag zu verlängern, wenn sie auf die Forderungen der Jury eingehen und bei einer späteren Abnahme den Berufsausweis zu erhalten oder bei keiner Veränderung des Programms, erfolgt keine Zulassung des Programms, wobei dann der P. keinen Berufsausweis erhält und der K., er ist in Besitz eines Diploms als Musiker, einem Berufsausweis als Musiker angeboten bekommt und sich damit anderen Beatgruppen anschließen kann.

Claus Ltn.

Vergebliches Vorspiel in Leipzig: Das Programm von Pannach und Kunert war nicht im Sinne der SED-Kulturpolitik (BStU MfS AKK 3179/84 Bd. 2, Bl. 133)

Die Lieder hier nennen die Dinge beim Nam'n
Und sind kein antisozialistischer Schlamm
Wie ich es des öftern zu hören bekam
Von manchem im Amte verschimmelten Wicht
Der sich selbst meint, wenn er von Sozialismus spricht

Diese Lieder, das sag ich aus meiner Sicht
Sind hoffentlich der Bürokratenschicht
Ein heilsamer Schlamm gegen politische Gicht
Dem Klassenfeind werf ich den Schlamm ins Gesicht
– uns nicht."[182]

Das MfS hatte heimlich Aufnahmetechnik aufgebaut und schnitt den anderthalbstündigen Vortrag der beiden Liedermacher ohne deren Wissen mit.[183] Die Jury lobte die hohe künstlerische Qualität der Musiker und die Fertigkeit des Arrangements, einzelne Mitglieder zeigten sogar ihre Sympathie für die Musiker. Doch hielt man die politisch-ideologische Aussage der Lieder für nicht vertretbar. Daher lehnte die Jury das Programm wieder ab. Eine Verlängerung des Förderungsvertrages für sechs bis acht Wochen wurde eingeräumt, danach sollte entschieden werden, ob die Zusammenarbeit mit Pannach endgültig eingestellt und er keine Genehmigung als Songinterpret

182 Pannach: Als ich wie ein Vogel war (wie Anm. 8), S. 128.

183 BStU MfS AOP 535/77 Gerulf Pannach, VAO „Chanson", Bericht vom 30.4.1976, Bl. 179. Ebd., Bl. 198, findet sich folgende Bemerkung: „Der Mitschnitt erfolgte ohne Störung. Es liegen bisher keine Hinweise vor, daß Pannach und Kunert Kenntnis über die Aufnahme erlangten. Da im Ergebnis der am 17.5.1976 erklärten Bereitschaft der Weiterarbeit eine erneute Diskussion über das veränderte Programm im Juni 1976 stattfinden wird, ist Gen. [Jochen] Geldner daran interessiert, sich in Vorbereitung dieser Aussprache die Aufnahme anzuhören. Dazu wird ein Umschnitt gefertigt, in dem Hinweise auf das Entstehen der Aufnahme nicht enthalten sind." Auch die Diskussion wurde mitgeschnitten.

mehr erhalten sollte. Es gab auch Überlegungen, Kunert den Berufsausweis zurückzugeben, Pannach aber nicht, um die Freunde zu entzweien.[184]
Der Förderungsvertrag lief einschließlich der Verlängerung bis Ende Juli 1976. Pannach und Kunert änderten ihr Programm, und erfuhren nun von der Konzert- und Gastspieldirektion, dass es zur Genehmigung vorgeschlagen würde. Im August 1976 lieferten die beiden Musiker ein erneut überarbeitetes Programm ab und reichten mehrere neue auf Tonband aufgenommene Lieder ein. Als Reaktion ernteten sie aber nur Schweigen. Sie konnten sich keine Illusionen darüber machen, was das zu bedeuten hatte. Vergeblich warteten sie auf eine amtliche Mitteilung. Beide wurden auf ihr Drängen immer wieder hingehalten. Ab Mitte September 1976 begann Pannach gemeinsam mit Christian Kunert eine Tätigkeit als Stundenhilfe beim Gemüsegroßhandel Leipzig, um Geld zu verdienen und, falls das Programm genehmigt werden sollte, sofort wieder als Musiker arbeiten zu können. Außerdem drohte der § 249 für „asoziales Verhalten", der für Menschen, die keiner geregelten Arbeit nachgingen, bis zu zwei Jahre Haft vorsah.
Die befürchtete endgültige Absage kam Anfang Oktober 1976, „da die Grundhaltung des Programms unzureichende Voraussetzungen erkennen lässt, um die ideologischen und künstlerischen Prinzipien unserer Kulturpolitik in der Praxis durchzusetzen.
Auf dieser Grundlage sind die Bemühungen um das Programm von Kunert und Pannach eingestellt worden. Pannach konnte seinen Berufsausweis nicht wieder erhalten. Kunert hat am 27.10.76 durch die Bezirkskommission für Unterhaltungskunst den Berufsausweis zur hauptamtlichen Tätigkeit im Bereich Tanz- und Unterhaltungsmusik mit der Registriernummer L 467 erhalten."[185]
Zumindest für Kunert blieb eine Perspektive als Musiker. Mit der endgültigen Absage an das Duo war aber nicht nur für Pannach und Kunert, sondern

184 Ebd., Bl. 180.

185 BStU MfS AU 14974/77 Bd. 8 Christian Kunert, Schreiben Geldner, Rat des Bezirkes Leipzig, 1. Stellvertreter des Abteilungsleiters, vom 25.2.1977, Bl. 69–72, hier Bl. 72.

ebenso für ihren Freundes- und Bekanntenkreis das Schicksal ihrer Lieder in der DDR besiegelt. Ihren ersten gemeinsamen Auftritt als Duo Pannach & Kunert sollten sie schließlich erst nach der Ausbürgerung 1977 in West-Berlin erleben.
An die Anfangszeit ihrer Zusammenarbeit erinnert sich Christian Kunert so:

> „Gerulf und ich hatten schon techtelmechtelt, weil die Sache mit Renft sehr schön war, aber man merkte, dass das nicht mehr sehr lange gehen würde. Die Meinungen darüber, was man künstlerisch machen will, auch politisch, gingen in der Band auseinander und es gab viel Zank. Kurt Demmler war damals im Gespräch mit mir, ob ich ihn begleiten könnte. Ich habe überlegt, einfach mal ein bisschen leisere Musik zu machen, und mit der Akustikgitarre, das gefiel mir sehr gut. Dann kam Gerulf ins Spiel. Wir haben etwas zusammen gespielt und gesungen, das hat Spaß gemacht. Dann haben wir geplant, etwas gemeinsam zu tun, und Gerulf hat sich sehr gefreut, dass er jemanden hatte, der mit ihm mitzog, denn er war ja sehr einsam in dieser Kompromisslosigkeit, die er fuhr.
> Jahre später, als ich seine Texte für das von Salli Sallmann herausgegebene Pannach-Textebuch noch einmal lesen musste, habe ich sehr über die Courage gestaunt, die er an den Tag gelegt hat. Aber er war eben, wie gesagt, einsam. Das war hart, wenn man alleine kämpfen musste, und zu diesen Gesprächen bei der Kultur, beim ZK immer alleine gehen musste. Dort wurde man immer runtergemacht, nicht schön. Das war eben auch ein Grund, dass er sich um Freundschaften in andere Richtungen bemüht hat. Da zählte ich dazu, da zählten Wolf Biermann und Jürgen Fuchs dazu, wo er sich zur Abwechslung ein bisschen verbrüdern konnte und nicht angefeindet wurde.
> Wie gesagt, wir haben vorher schon ein bisschen zusammen gesungen. Wir waren auch schon zusammen bei Robert Havemann und bei Wolf Biermann gewesen. Wir waren Kumpels, wir machten viele Dinge zusammen, viel Blödsinn, viel Lachen, viel Trinken. Wir gingen aber auch zusammen baden, wir waren in der Volkshochschule in einem Französischkurs zusammen. Das nahm fast ein bisschen überhand, dieses Zusammensein, aber wir haben schon zusammen gearbeitet und nach dem Renft-Verbot einen Termin für ein Vorspiel bekommen, wo entschieden werden sollte, ob das Duo Pannach & Kunert eine Auf-

trittserlaubnis erhält. Das haben wir absolviert, und das war sehr geheimnisvoll. Man kam nur mit Klopfzeichen in den Raum hinein. Wir selber durften an der Diskussion, die nach unserem Konzert geführt wurde, nicht teilnehmen, und Publikum war natürlich sowieso nicht zugelassen. Dort saß nur eine Kommission, die hat ziemlich lange beratschlagt. Dann wurden wir hineingerufen und man hat uns mitgeteilt, dass das, was wir da gespielt haben, sehr schön gewesen sei, aber dass das ideologisch nicht geht. Wenn wir nicht bereit seien, etwas daran zu ändern, könne man sich nicht darauf einlassen, eine Spielerlaubnis zu erteilen.

Im Herbst 1976 suchte der Gemüsegroßhandel Leute, die Kartoffeln schleppen. Wir haben uns angemeldet und blieben dann in dieser Gemüsehalle. Es war ja DDR-Zeit, und wer sich daran erinnert, weiß, dass es nicht viel Gemüse gab, also gab es nicht viel zu tun. Wir haben viel in einem von uns Club genannten Raum herumgesessen und geraucht. Ab und zu kam mal eine Ladung suppende Äpfel an, da musste man mit der Schippe ran. Oder einmal kam ein riesiger Lkw mit Zwiebelsäcken aus Holland, so etwas hatte ich noch nie gesehen. Das hieß, tonnenweise Zwiebeln von diesem Lkw abladen. Dann war aber auch wieder Zeit zum Rauchen.

Als wir im Gefängnis waren, mussten die Leute vom Gemüsegroßhandel Beurteilungen schreiben. Sie schrieben nur, dass wir freundliche Kollegen seien. Sie haben sich auf nichts eingelassen. Wir hatten gar nicht so ein gutes Verhältnis mit ihnen, aber okay."[186]

Keine Auftrittsmöglichkeiten mehr. Veröffentlichungsversuche im Westen: Gerulf Pannach und CBS

Zusammengefasst war die Situation 1976 so: In den Jahren 1974/75 waren Jürgen Fuchs, Gerulf Pannach und Christian Kunert die Möglichkeiten zu

186 Interview mit Christian Kunert, Juni 2019.

Auftritten und Publikationen in der DDR entzogen worden. Wolf Biermann war seit 1965, die Renft-Combo seit September 1975 verboten. Pannach war im September 1974 der Berufsausweis entzogen, dem Duo Pannach & Kunert 1976 die Auftrittsmöglichkeiten versagt, Jürgen Fuchs war 1975 aus der SED ausgeschlossen und zwangsexmatrikuliert worden. Er arbeitete in seinem neuen Wohnsitz Grünheide an Gedichten und Prosatexten (Vorverhöre, Gedächtnisprotokolle), die er in der DDR nicht veröffentlichen konnte. Nach einigen vergeblichen Bemühungen bei DDR-Verlagen war er zu der Überzeugung gekommen, seine Texte nur noch im Westen veröffentlichen zu können.

Um überhaupt noch ein Publikum erreichen zu können, blieb auch Pannach keine andere Möglichkeit mehr, als in einem Verlag oder bei einer Plattenfirma im Westen zu veröffentlichen. Schon um 1974 gab es dazu Überlegungen.

Schließlich verlegten auch andere DDR-Künstler ihre Werke außerhalb der DDR: Christa Wolf zum Beispiel, Stefan Heym, Heiner Müller, Jurek Becker, Reiner Kunze. Wolf Biermann veröffentlichte ausschließlich im Westen – wenn auch notgedrungen.

Zuerst war an den Rotbuch Verlag gedacht, dann kam CBS ins Spiel. Pannach hatte zu dieser Zeit aber die Hoffnung noch nicht ganz aufgegeben, doch noch eine Platte in der DDR herausbringen zu können, so dass er Westveröffentlichungen vorerst zurückstellte. Als ihm die Mitarbeiter der Abteilung Kultur im ZK der SED Mitte April 1975 damit drohten, dass er wegen „illegalen Auftretens" (seine Konzerte ohne Berufsausweis) mit Konsequenzen rechnen müsse, war es Biermann, der eine unverzügliche Veröffentlichung im Westen vorschlug, um Gerulf Pannach durch Bekanntheit zu schützen. Im Falle einer Verhaftung wäre er in der Bundesrepublik nicht namenlos gewesen, die Westmedien hätten reagiert. Als Pannach keinen anderen Ausweg mehr sah, bat er Wolf Biermann, seine Westverbindungen für ihn zu nutzen, u.a. zu CBS, zum Rotbuch-Verlag und zum Trikont-Verlag in München, dem wichtigsten Verlag der bundesdeutschen Protest- und Alternativbewegung. Mit Gisela Erler, einer Mitbegründerin des Verlages, traf Pannach in der Wohnung von Wolf Biermann zusammen.

Schließlich hielten auch Jürgen Fuchs und Robert Havemann dies für den richtigen Weg. Den Trikont-Verlag fand Pannach zu maoistisch ausgerichtet und deshalb nicht für sich geeignet. Er traf auch die Mitarbeiter des linken West-Berliner Rotbuch-Verlages Friedrich Christian Delius und Ingrid Krüger bei Wolf Biermann. Sie zeigten sich enttäuscht darüber, dass CBS die Option für eine Langspielplatte bekommen sollte. Biermann schlug eine Kooperation zwischen CBS und Rotbuch vor: CBS sollte eine Langspielplatte mit dem Titel „Das ist DDR konkret" veröffentlichen, Rotbuch ein Liederbuch.

Schon etwa im Juli 1974 hatte Gerulf Pannach – noch vor Abschluss des Förderungsvertrages – ein Tonband in der Wohnung von Wolf Biermann in der Ost-Berliner Chausseestraße 131 produziert.[187] Pannach bezeichnete es als Versuchsband, um es westlichen und anderen Besuchern vorzuspielen. In einer Vernehmung in der Stasi-Untersuchungshaft[188] gab er an, ein weiteres Tonband bei Biermann aufgenommen zu haben, von dem es drei Kopien gab (eine ging an Amiga, ohne das Lied „Überholen ohne einzuholen", eine zweite an Erich Honecker, die dritte Kopie war für Pannach selbst). Die letzte Aufnahme erfolgte, noch bevor Anfang 1975 sein Liederprogramm „Dein Weg bleibt dein Weg" durch die KGD Leipzig abgelehnt wurde. Pannach rechnete bereits mit dieser Ablehnung und wollte eine fertige Tonkonserve in guter Qualität vorliegen haben, um daraus eine Schallplatte im Westen produzieren lassen zu können. Außerdem wurde im Herbst 1975 ein Band in der Wohnung von Christian Kunert mithilfe von Klaus Jentzsch und dessen Tonbandgerät produziert. Auch dieses Band brachte Gerulf Pannach zu Wolf Biermann nach Berlin. Die Aufnahmen waren zum Teil übersteuert, das Band deshalb nicht für eine Schallplattenproduktion geeignet. Auf Anregung von Biermann versuchte Pannach zudem, eine „Sachsenplatte" aufzunehmen, Lieder, sächsisch gesungen, aufgenommen in der Wohnung von Christian Kunert mit dem Tonbandgerät von Klaus Jentzsch, der es zusammen mit Thomas Schoppe bediente. Dieses Band blieb vermutlich bei Robert

187 BStU MfS AU 14674/77 Gerulf Pannach, Vernehmung vom 22.2.1977, Bd. 2, Bl. 81.
188 Ebd., Vernehmung vom 23.2.1977, Bl. 84.

Havemann, für den – anders als für Wolf Biermann – Pannachs sächsischer Gesang Ausdruck von Provinzialismus war.
Über die Pläne, bei CBS eine Langspielplatte zu veröffentlichen, sagte Gerulf Pannach in einer fünfstündigen Vernehmung aus, er habe während eines Zusammentreffens mit dem CBS-Chef Wolpert erfahren, dass mit ihm ein Fünf-Jahres-Vertrag geschlossen werden sollte, der dem von Biermann angeglichen war. Aus dem Vertrag wäre für Pannach die Pflicht erwachsen, jährlich eine Langspielplatte mit seinen Liedern zu produzieren, dies mindestens fünf Jahre lang. Zu Vertragsschluss sollte er eine größere Summe erhalten, Geld, das über die AWA, die Anstalt zur Wahrung von Aufführungsrechten in der DDR, abgerechnet werden sollte. Neben Tonbandaufnahmen gab es auch bereits Fotos für das Cover. Wolf Biermann wollte die Verhandlung führen. Da Pannach einen Förderungsvertrag erhielt und damit rechnete, wieder in der DDR auftreten zu können, sei es nicht zum Vertragsabschluss gekommen.[189]
In einem Interview erzählte Pannach später, Biermann hätte einen schon ausgearbeiteten Vertrag an CBS zurückgeschickt, da nicht genug Lieder vorhanden gewesen seien.[190]
In einem Brief vom Juli 1976 schilderte Wolf Biermann die Gespräche mit CBS:

> „Lieber Gerulf, besten Dank für Dein Lebenszeichen, ich hab Deinen Brief auch Jürgen und Lilo und Bylle und Robert und Katja gezeigt, und ich denke, das wird Dir recht sein. Als Du vor Monaten das letzte Mal hier warst, hatten wir verabredet, daß Du in vielleicht zwei Wochen wiederkommen würdest mit dem neuen Lied, das wir noch für die Platte brauchen; wir wollten dann die Aufnahme für die Herbstplatte bei CBS machen.
> Vor ein paar Tagen war der Chef von CBS, Rudy Wolpert bei mir. Er druckste ein bißchen rum und fragte nach Dir – dann sagte er mir, daß ‚die Stimmung im

189 BStU MfS AU 14674/77 Gerulf Pannach, Beiakten 552 RS 165/93, Vernehmungsprotokoll vom 26. Januar 1977, 8.00 bis 13.00 Uhr, Bd. 12, Bl. 154–157.
190 Kriese: Schlacht (wie Anm. 30), S. 182.

Hause gegen eine Produktion mit einem doch im Grunde politisch und künstlerisch ähnlich gelagerten Mann aus der DDR sei' und er sprach von Befürchtungen seiner verschiedenen ökonomischen und künstlerischen Mitarbeiter, ‚daß ein zweiter ähnlicher Mann doch nur immer im Schatten des ersten stehn würde' und Wolpert sagte dann zu mir: ‚Wenn Sie trotz all dem darauf bestehen, daß wir das Angebot an Ihren Freund Pannach von Anfang des Jahres aufrechterhalten, dann werde ich Ihnen zuliebe das gegen meine Leute in Frankfurt durchsetzen, das kann ich als Chef. Aber ich bitte Sie sehr, sowas nicht von mir zu verlangen, denn wenn das Projekt gegen meine Leute reingeprügelt wird, dann wird sich keiner so dafür einsetzen, wie es nötig ist …'

Ich hab mir die Sache überlegt und habe ihm gesagt, daß Du auch von anderen Firmen Angebote hast, von Leuten die froh wären, wenn sie Dich überhaupt kriegen würden und die vielleicht mit etwas weniger Geld aber dafür mit größtem Interesse Pannach-Platten verbreiten werden. Ich bin der Meinung, daß es weder für Deine Seele – noch für Deine Verbreitung dort gut wäre, wenn CBS Dich nur auf meinen Druck hin an die Brust nähme.

Du weißt, daß sowohl der Rotbuchverlag, der ja auch ein Buch mit Deinen Texten herausgeben will, als auch der Trikont-Verlag sich die Finger danach lecken, Deine Lieder auch als Platten zu verbreiten. Überlegs Dir. Aber wie auch immer: das letzte Lied für die Platte muß gefertigt werden und wir müssen die Aufnahmen erst mal und endlich so auf Band bringen, daß man an eine professionelle Verbreitung überhaupt herangehn kann.

Nun weiß ich natürlich gar nicht, welche Hoffnungen und was für Angebote Deiner Leipziger Obrigkeit Deine Überlegungen in Bezug auf Veröffentlichungen im Westen beeinflussen. Aus Deinem letzten Brief ging für uns hervor, daß Du nach so vielen Monaten noch immer zwischen Baum und Borke hängst. Ich wünsche Dir und uns sehr, daß die ewige Hinhaltetechnik der Leipziger Kulturbürokraten Dich nicht so sehr in Atem hält, daß Du zu Deiner eigentlichen Arbeit kaum noch kommst: neue und gute Lieder zu schreiben. Nimm es uns nicht übel, daß wir mit einiger Ungeduld auf Deine neuesten Lieder warten, egal, ob es nun ‚eigene' sind – oder Übersetzungen. Und verarge es uns nicht, daß wir nicht recht verstehen können, wenn Du Dich für uns in Berlin so selten machst. Deine Amie kannst Du doch sehr gern mit nach Berlin bringen, und Deine vier oder zehn Katzen können wir als Grund Deines Ausbleibens nicht ganz ernst nehmen. Wenn man so lange überhaupt nichts voneinander hört, macht das unsicher. Mich fragen etliche Leute hier: was macht Pannach, wie steht es mit ihm in Leipzig, hat er neue Sachen geschrieben, ist er verboten, halb erlaubt oder ganz resigniert? – und wenn, wie Du schreibst, das Schreiben von Briefen eine so übergroße Mühe macht, dann ruf doch mal an, von Leipzig aus kann man doch durchwählen, Du bist bestimmt immer mal bei irgendeinem Freund, der Dir sein Telefon gern zur Verfügung stellt. Ich kann Dich doch nicht anrufen, nicht einmal indirekt über Heinrich Saar, seit Du mit ihm so fremd bist … also, wie auch immer, mach Dich bemerkbar bei Deinem schon ganz schön alten Freund

[handschriftlich]

Wolf

12. Juli 76

Grüße Dein Weib, Dein' Kuno!"

[…][191]

Aus dieser Zeit ist auch ein Brief von Jürgen Fuchs erhalten geblieben. Er lag vom 29. Juni bis 6. Juli 1976 im Krankenhaus und musste sich behandeln lassen. Zuvor war er wegen eines schweren Autounfalls längere Zeit krank gewesen.

„lieber gerulf,

ich liege im krankenhaus rüdersdorf, in einer ekelhaften hitze: blinddarm. ich hoffe, in der kommenden woche entlassen zu werden. im märz hatten wir (lilo + lili + ich) einen unfall auf der autobahn … alles ging gerade so gut … ich lag

191 BStU MfS AU 14674/77 Bd. 1 Gerulf Pannach, Bl. 211.

> dann im krankenhaus wegen gehirnerschütterung, dann zwei nasenoperationen. ihr seht, das maß ist voll.
> gerulf, ich muß dich dringend sprechen. allein. ich meine: ohne biermann und havemann.
>
> mit herzlichem gruß !!
>
> j.
>
> Grüße an ami
>
> wir ziehen in kürze weg.
> lilo will arbeiten.“[192]

Zu Ostern 1976 waren das Ehepaar Fuchs und ihre kleine Tochter Lili mit dem werkstattüberholten Trabant, den sie von Katja Havemann geliehen hatten, Richtung Vogtland unterwegs gewesen. Sie wollten den 60. Geburtstag von Jürgen Fuchs' Vater feiern. Hinter Michendorf reagierte das Lenkrad nicht mehr. Fuchs versuchte, die Geschwindigkeit zu verringern, machte eine Vollbremsung, das Auto überschlug sich und blieb auf dem Mittelstreifen liegen. Alle drei Insassen standen unter Schock, hatten Prellungen und Schürfwunden. Jürgen Fuchs' Nase war zertrümmert, er musste in einem Potsdamer Krankenhaus behandelt werden. Ein ominöser Vorfall für Lilo Fuchs: „1974 hatte Reiner Kunze ein Gespräch mit dem DDR-Kulturminister Hans-Joachim Hoffmann. Und in dem fiel ein Satz, der mich später stark an dieses Unfallerlebnis erinnerte: ‚Herr Kunze, wenn Sie so uneinsichtig sind: Autounfälle gibt es überall.‘ In dem Zusammenhang muss ich das sehen.“[193]
An die bedrückende Stimmung in diesem Jahr 1976 und die zunehmenden Zukunftsängste erinnert sich Lilo Fuchs so:

> „Wir waren alle in Sorge, was wird jetzt kommen? Man hat sich von Tag zu Tag verhalten. Wir mussten uns auch immer ein bisschen absprechen, dass der eine

192 Privatarchiv Lilo Fuchs.
193 Interview mit Lilo Fuchs, Juli 2019.

vom anderen wusste. Die beiden Leipziger Freunde Gerulf Pannach und Christian Kunert kamen auch mal nach Grünheide, mussten aber wieder zurückfahren, weil sie dort ihren Lebensmittelpunkt hatten.
Es war eine Zeit, in der man dachte: Was geschieht jetzt? Werden sie uns noch schärfer angreifen oder bleibt es bei einer Überwachung und Beobachtung? Irgendetwas lag in der Luft.
Deshalb haben Wolf Biermann und Robert Havemann die drei gefragt: Habt Ihr Eure wichtigsten Sachen aufgenommen? Sind sie sendefähig, so dass man im Ernstfall, wenn es zu Verhaftungen kommen sollte, etwas vorhanden ist und Ihr als junge Künstler nicht plötzlich unbekannt verschwindet?"[194]

Kontakte von Jürgen Fuchs zu Verlagen in der Bundesrepublik

Jürgen Fuchs hatte schon vor 1976 Gespräche mit den bundesdeutschen Schriftstellern Heinz Piontek und Dieter Wellershoff geführt. Wellershoff war bereit, Kontakte zum Verlag Kiepenheuer und Witsch in Köln zu vermitteln. Es gab auch Kontakt zum Piper-Verlag in München, dem Fuchs Prosatexte zukommen ließ. Er sah sich aber noch nicht imstande, ein Buchmanuskript zu erstellen. Auch Klaus Wagenbach war an einer Veröffentlichung seiner Arbeiten interessiert.
Im Sommer 1976 fragte Wolf Biermann den Freund, ob er einen Text für ein Buch beisteuern könne, das in der „rororo"-Reihe des Rowohlt-Verlages über ihn erscheinen sollte. Fuchs gab ihm den Text „Ihnen imponiert wohl, was sich dieser Biermann traut. Gedächtnisprotokoll einer Befragung",[195] der in dem Band veröffentlicht wurde. Er schildert darin eine Befragung durch

194 Ebd.
195 Jürgen Fuchs: „Ihnen imponiert wohl, was sich dieser Biermann traut?" Gedächtnisprotokoll einer Befragung (Anfang 1975, Jena, Friedrich-Schiller-Universität), in: Thomas Rothschild (Hg.): Wolf Biermann. Liedermacher und Sozialist, Reinbek bei Hamburg 1976, S. 163–168.

das MfS Anfang 1975 an der Jenaer Schiller-Universität, in der es um seine politische Haltung, seine Kontakte zu Wolf Biermann und Gerulf Pannach ging, und die mit der unverhohlen geäußerten Drohung endete, er könne zukünftig Schwierigkeiten bekommen.[196] In einem Interview sagte er später, dieser Text sei der unmittelbare Anlass seiner Verhaftung gewesen. Er selbst hatte mit dem Herausgeber des Buches, Thomas Rothschild, keinen direkten Kontakt.

Im Frühherbst 1976 erwog Fuchs die Begutachtung seiner Arbeiten durch den Kölner Investigativjournalisten Günter Wallraff. Dieser besuchte Biermann in Ost-Berlin und wollte Prosaarbeiten von Fuchs mit zu Heinrich Böll nehmen. Ähnlich wie Gerulf Pannach zog Fuchs eine Veröffentlichung beim Münchner Trikont-Verlag in Betracht. Aber auch ihm gefiel die politische Ausrichtung des Verlages nicht. Die meisten Westkontakte vermittelte die West-Berliner Journalistin und Dokumentarfilmerin Margret Frosch, die Fuchs bei Robert Havemann kennengelernt hatte.

Margret Frosch und ihre Kolleginnen Elke Baur und Bettina Brentano hatten 1974 einen Film über Robert Havemann gedreht, der im Jahr darauf von der ARD, dem WDR und dem ORF gesendet wurde.[197] Frosch bestätigte Fuchs gegenüber das Interesse westlicher Verlage und Sender an seinen Texten und schlug vor, sie an bundesdeutsche Medien zu vermitteln.

Bei einem Besuch in Grünheide im November 1975 lernten auch Pannach und Kunert Margret Frosch kennen. Im Frühjahr und im September 1976 trafen die beiden sie dort wieder. Frosch schätzte die Chancen, Texte und Lieder der drei in West-Berlin und in der Bundesrepublik zu veröffentlichen, als hoch ein. Die Sender RIAS, Bayern 3 und Hessischer Rundfunk wurden in der DDR gehört, das war allgemein bekannt. Sie bestärkte die jungen Künst-

---

196 BStU MfS AU 11554/78 Jürgen Fuchs. In der Vernehmung von Jürgen Fuchs vom 22.11.1976, 9.00 bis 13.00 Uhr und 14.00 bis 15.00 Uhr geht es um diesen Text „Ihnen imponiert wohl, was sich dieser Biermann traut?“, Bd. 1, Bl. 135 f.

197 Der Film der „Frosch-Produktion“ wurde am 11. Juni 1975 im ORF, am 17. Oktober 1975 im WDR und am 21. Oktober 1975 in der ARD gesendet.

ler bei ihren Plänen und wollte nun als eine Art Managerin für alle drei vermittelnd tätig werden. Frosch wollte Vorgespräche mit Verlagen, Rundfunksendern, Zeitschriften führen und als Alleinvertreterin für ihre Interessen in der Bundesrepublik wirken. Für ihre Vermittlungstätigkeit sollte sie einen bestimmten Prozentsatz der Honorare bekommen. Später war sie diejenige, die für den Transfer des „Leipziger Tonbandes" nach West-Berlin sorgte.

Schon seit Sommer 1976 wusste Pannach, dass Fuchs Texte im Westen veröffentlichen wollte. Jetzt wurde es konkret: im Deutschlandfunk und im RIAS Berlin sollte jeweils eine halbe Stunde lang Fuchs-Prosa aus den noch unveröffentlichten „Gedächtnisprotokollen" von einem Schauspieler gelesen werden.[198] Zuvor schon hatte das „Deutsche Allgemeine Sonntagsblatt", eine in Hamburg von der Evangelischen Kirche in Deutschland herausgegebene Wochenzeitung, unter der Redaktion des aus Sachsen stammenden Journalisten Heinz Klunker einige Prosatexte von Fuchs veröffentlicht: „Das Interesse", „Die Wende", „Die Vorladung", „Die Fahne", „1968", „Für S. F." (Siegmar Faust). Illustriert war die Seite von Borislav Sajtinac, außerdem enthielt sie eine Kurzbiografie von Fuchs, in der die Verbindung zu Biermann, der Parteiausschluss, die Exmatrikulation und das daraus folgende Berufsverbot thematisiert wurden.[199] Diese Veröffentlichung wurde vom MfS sehr deutlich wahrgenommen:

---

198 Deutschlandfunk, „Literarisches Atelier", 11.11.1976, 22.05 Uhr und RIAS Berlin, 31.10.1976, 22.00–22.30 Uhr, „1968. Skizzen von Jürgen Fuchs". Nach Fuchs' Verhaftung wiederholte RIAS II am 27.11.1976, 22.00 Uhr die Sendung vom 31. Oktober 1976. Die Texte „Das Interesse", „Die Wende", „Die Vorladung", „1968", „Die Fahne", „Das Fußballspiel", „Die Ankunft", „Das Kind", „Der Frieden", „Nachtisch" und „An der Universität" wurden von dem Sprecher Rolf Schult gelesen. Im Deutschlandfunk wurden die Texte „Der Auftakt", „Das Fenster", „Das Kind", „Der Schrei", „Der Frieden", „Die Verwandlung", „Die Vorladung", „Der Unterricht" und „An der Universität" gelesen.

199 Deutsches Allgemeines Sonntagsblatt, 19. September 1976.

„Fuchs greift darin die führende Rolle der Partei an, diskriminiert und verleumdet die sozialistische Staatsmacht und stellt den demokratischen Zentralismus in Frage […]
In der Kurzprosa ‚1968' verherrlicht FUCHS die konterrevolutionären Ereignisse von 1968 in der ČSSR und deutet an, daß er bereits damals mit seinen Möglichkeiten diese aktiv unterstützt hat."[200]

200 BStU MfS AU 11554/78 Jürgen Fuchs, Auskunft vom 20. Oktober 1976, Bd. 1, Bl. 32 ff.

DAS „LEIPZIGER TONBAND“ ENTSTEHT

MfS-Beobachtungsbericht vom 16. und 17. Oktober 1976

Schon einige Tage vor den Aufnahmen in Leipzig lassen sich neue Beobachtungsberichte zu Pannach und Kunert in den Stasiakten finden. Für die beiden Aufnahmetage fertigte das MfS nachfolgende Beobachtungsberichte an, die heute aus rückverfilmten Material wieder zugänglich sind:

> „Ministerrat
> Der Deutschen Demokratischen Republik
> Ministerium für Staatssicherheit
>
> Hauptverwaltung VIII/1
> Bezirksverwaltung Leipzig
> Sachbearbeiter Gen. Winkler
> Zimmer Telefon 3284
>
> Hauptabteilung/ Abteilung XX
> Bezirksverwaltung Leipzig　　　Leipzig, den 21.10.1976
>
> VIII/1/6570/76　Wi/Wil
>
> Kreisdienststelle　Gen. Tinneberg
>
> Beobachtungsbericht

Betr.: P a n n a c h, Gerulf geb. am 24.06.1948 in Arnsdorf

Wohnhaft 703 Leipzig, Vollhardtstraße10

Deckname ‚Chanson'
Für die Zeit vom 16.10.1976 bis 17.10.1976

Für den 16.10.1976 von 08.00 Uhr bis 00.15 Uhr

08.00 Uhr wurde mit der Beobachtung am Wohngrundstück von ‚Chanson' begonnen.

09.13 Uhr verließ ‚Chanson' mit einem rotbraunen Einkaufsbeutel und einem Milchkrug das Haus. Er ging zum

Bäcker
in 703 Leipzig, Fritz-Austel-Str. 166

und kaufte ein.

09.20 betrat ‚Chanson' das Wohngrundstück wieder.

13.55 Uhr verließen ‚Chanson' und eine weitere männliche Person das Haus. Sie fuhren mit einem Moped S 50, mit gelbem Tank, über die Umleitungsstrecke Zwickauer Straße, Arno-Nitzsche-Straße, Karl-Liebknecht-Straße, Kurt-Eisner-Straße, August-Bebel-Straße, Fr.-Ebert-Straße, Käthe-Kollwitz-Straße, Elsterstraße, Fr.- L.-Jahn-Allee zur Gustav-Adolf-Straße.
Hier hielten sie vor dem Grundstück

Gustav-Adolf-Straße 45

kurz an. Die männliche Person stieg kurz vom Sozius und sofort wieder darauf, ohne etwas anderes zu unternehmen.
Von hier fuhren sie über die Waldstraße zur Marbachstraße. Gegenüber dem Grundstück Nr. 16 stellten sie das Moped ab und betraten

14.14 Uhr das Grundstück

7022 Leipzig, Marbachstraße 16.

14.30 Uhr verließen ‚Chanson', ‚Cäsar' und eine weitere männliche Person das Haus, ‚Chanson' bestieg das Moped, ‚Cäsar' und die männliche Person den vor dem Grundstück abgestellten Pkw Shiguli, Farbe metallicgrün, pol[izeiliches]. Kennzeichen SV 55-92.
Die unbekannte männliche Person fuhr den Wagen. In den Shiguli wurden ein Gitarrenkasten, schwarz, ein grauer Koffer in den Maßen 60×40×15 cm und ein Pappkarton von 40 × 40 × 40 cm verstaut, die aus dem Haus mitgebracht wurden.
Der Soziusfahrer, der mit ‚Chanson' das Haus betreten hatte, blieb im Grundstück.
Aus dem Fenster des ersten oder zweiten Stockes links, schaute eine Person, die ‚Cäsar' zuwinkte.
Alle Personen fuhren auf direktem Wege zur bekannte Adresse in der G.-Adolf-Straße und begaben sich in das Haus. Während der Fahrt sah eine Person ständig nach hinten aus dem Pkw.
Sie holten ‚Kuno' ab und fuhren
14.56 Uhr weiter zur Großen Fleischergasse. Hier stellten sie den Pkw auf dem Parkplatz ab.
‚Chanson' stellte das Moped an der Thomaskirche ab. Danach gingen alle vier zum Grundstück
701 Leipzig, Hainstraße 6
und warteten hier auf der Straße.
Nach kurzer Zeit schaute eine jüngere männliche Person in der IV. Etage, von unten gesehen rechts, aus dem Fenster und warf ein Schlüsselbund auf die Straße.
Danach begaben sich ‚Chanson' und die anderen in das Haus.

15.24 Uhr verließen alle zusammen mit der männlichen Person, die vorher aus dem Fenster gesehen hatte, das Haus. Sie hatten mehrere Geräte bei sich, die wie Lautsprecher aussahen.
‚Chanson' und eine weitere Person dieser Gruppe gingen zum Moped. Die drei anderen Personen gingen zum Pkw.

15.31 Uhr fuhren sie mit beiden Fahrzeugen, mit einigem Abstand voneinander, zum Wohngrundstück von ‚Chanson'. Genau wie vorher beobachteten sie dabei wieder aufmerksam den Nachfolgeverkehr.
15.45 luden sie die Musikinstrumente und andere Gegenstände aus und brachten sie in das Haus. Den Pkw stellten sie vor dem Grundstück ab. Das Moped stand am Eingang des Hauses.
16.08 Uhr fuhren zwei Personen mit dem Moped zum Kiosk in der Liechtensteinstraße. ‚Chanson' selbst war nicht dabei. Die beiden kauften acht Flaschen Bier, zwei Flaschen Korn und eine Flasche Weißwein. Danach fuhren sie wieder zurück zum Wohngrundstück von ‚Chanson'.
In der Folgezeit wurden die Zufahrtsstraßen zum Wohngrundstück abgesichert. Bei Kontrollen wurde festgestellt, daß nach Einbruch der Dunkelheit in der linken Hausseite im gesamten Erdgeschoß und unter dem Dach Licht brannte. Es konnten einmal ein paar Takte Musik gehört werden.
19.24 Uhr gingen ‚Chanson' und eine weitere Person zur Telefonzelle an der Ecke Fritz-Austel-Straße/Helenenstraße und telefonierten hier. Beim Vorübergehen konnte der Satz gehört werden: ‚Du mußt warten, bis der Titel zu Ende ist!'
19.33 Uhr gingen beide zurück zum Wohngrundstück.
21.03 gingen zwei und
21.30 Uhr eine Person zum Wohngrundstück. Wo diese herkamen und ob es sich um männliche oder weibliche Personen handelte, konnte aufgrund der Dunkelheit und der ungünstigen Lage des Grundstückes nicht festgestellt werden.
21.41 Uhr wurde das Licht im Erdgeschoß ausgeschaltet.
23.20 Uhr fuhren zwei Personen mit dem Moped und andere Personen mit dem Shiguli vom Wohngrundstück ab.
Welche und wie viele Personen im Pkw saßen, konnte nicht festgestellt werden. Da die beiden Fahrzeuge in größerem Abstand voneinander fuhren und die Pkw-Insassen unmittelbar nach der Abfahrt sich abermals kontrollierten, wurden sie nicht unmittelbar beobachtet.
Deshalb wurden in der Folgezeit bekannte Anlaufstellen und Fahrtstrecken dorthin kontrolliert. Die Zufahrt zum Wohngrundstück wurde weiter unter Kontrolle gehalten.

Dabei konnte folgendes gesehen werden.
Beide Fahrzeuge bogen von der Karl-Liebknecht-Straße in die Kurt-Eisner-Straße ein. Etwas später bogen sie von der Harkortstraße in die Karl-Tauchnitz-Straße ein. Das Moped fuhr weiter durch die Fr.-Ebert-Straße, der Pkw fuhr durch die K.-Tauchnitz-Str. in Richtung Clara-Zetkin-Park. Sie fuhren die gesamte Strecke sehr langsam.
23.38 Uhr standen beide Fahrzeuge an der Tankstelle Marschnerstraße
23.50 Uhr verließ eine Person in der Marbachstraße den Pkw, der sofort wieder weiterfuhr.
Kurze Zeit später wurde er in der Dr.-Kurt-Fischer-Straße wieder aufgenommen. Danach wurde er am W.-Leuschner-Platz nochmals gesehen, als er in Richtung K.-Liebknecht-Straße fuhr. Im Fahrzeug saßen noch zwei Personen.
00.10 Uhr kam der Pkw zum Wohngrundstück von ‚Chanson' zurück. Das Moped wurde nicht wieder gesehen.
00.15 Uhr wurde die Beobachtung unterbrochen.

<u>Für den 17.10.1976 von 07.00 Uhr bis 20.00 Uhr</u>

7.00 Uhr wurde mit der Beobachtung von ‚Chanson' am Wohngrundstück begonnen.
Zu diesem Zeitpunkt stand der Pkw Shiguli, pol[izeiliches]. Kennzeichen

SV 55-92

vor dem Grundstück. Das Moped, mit dem ‚Chanson' am Vortage gefahren war, befand sich nicht am Haus.

08.50 Uhr fuhren zwei männliche Personen, um wen es sich hierbei handelte konnte nicht gesehen werden, mit dem Pkw in Richtung Innenstadt.
Aus Gründen der Konspiration wurde mit großem Abstand weiterbeobachtet.

09.07 Uhr wurde gesehen, daß der Pkw durch die Elsterstraße in Richtung Waldplatz fuhr.

09.11 Uhr kam der Pkw aus der Auenstraße zur Waldstraße und fuhr weiter in Richtung Möckern.
09.19 Uhr wurde festgestellt, daß das Fahrzeug an dem bekannten Grundstück in der Marbachstraße stand.
10.00 Uhr stand der Pkw an der Ecke Rembrandtstraße/Liechtensteinstraße.
10.13 Uhr kam das Fahrzeug mit fünf männlichen Personen besetzt zum Wohngrundstück zurück.
Es wurde nicht erkannt, ob sich ‚Chanson' mit im Pkw befand.
14.01 Uhr verließen drei männliche Personen das Wohngrundstück. Eine Person davon bestieg den Pkw Shiguli und zwei Personen schoben das Fahrzeug an. Eine der beiden Personen bestieg danach den Pkw, die andere Person ging ins Wohngrundstück zurück.
Anschließend fuhren sie mit dem Pkw zur Lobstädter Straße. Hier stellten sie den Pkw ab und liefen in Richtung Fritz-Austel-Straße über die Fritz-Austel-Brücke und weiter, in Richtung Klemmstraße.
In Höhe der Straßenbahnhaltestelle wurden der Fahrer des Shiguli und die andere Person um
14.07 verloren.
14.12 Uhr kamen beide Personen aus der Klemmstraße. Sie gingen denselben Weg zurück über die Fritz-Austel-Brücke. Im Verkaufsimbiß in der Liechtensteinstraße kauften sie Bier und Kekse. Beim Anstehen schauten sie interessiert auf die Personenbewegung und sprachen hier über vier Personen und Pkw. Näheres konnte nicht gehört werden.
Anschließend gingen sie zurück zum Pkw, bestiegen diesen und blieben ca. 5 Minuten im Fahrzeug sitzen, ehe sie losfuhren.
14.20 Uhr fuhren sie wieder zum Wohngrundstück und betraten dieses.
15.50 Uhr bestiegen drei männliche Personen den Pkw. Sie verluden einen kleinen Koffer (gelb) und einen Karton, den sie am Tag zuvor aus der Marbachstraße mitnahmen, in den Pkw.
Danach fuhren sie auf direktem Wege zur Innenstadt und stellten den Pkw auf dem Parkplatz Große Fleischergasse
16.05 Uhr ab.

Pannachs Wohnhaus in Leipzig, Vollhardtstraße 10 (Foto: Bodo Strecke)

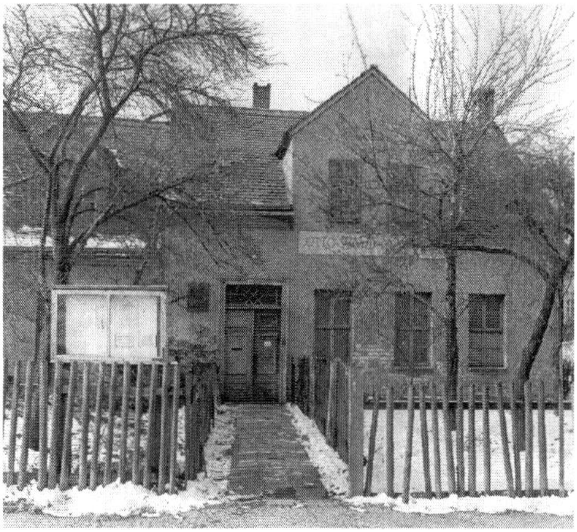

Hier wurde festgestellt, daß es sich bei diesen drei Personen um den Fahrer aus der Marbachstraße 16, ‚Cäsar' und die männliche Person handelte, die am Vortag mit ‚Chanson' das Wohngrundstück Vollhardtstraße 10 verließ.
Alle drei Personen nahmen die o. g. Gegenstände aus dem Pkw und liefen zum Wohngrundstück

701 Leipzig, Hainstraße 6.

Sie stellten sich vor die Eingangstür und warteten. Kurze Zeit später kam eine weitere männliche Person aus diesem Grundstück zur Haustür. Alle vier Personen unterhielten sich kurz miteinander.
16.10 Uhr begaben sich der Fahrer des Pkw Shiguli und ‚Cäsar' zurück zum Pkw. Die anderen beiden Personen betraten mit den Gegenständen das Wohnhaus Hainstraße 6. Auf dem Weg zur Hainstraße unterhielten sich alle Personen über den nachfolgenden Personen- und Fahrzeugverkehr. Es konnte gehört werden, wie sie sagten: ‚… daß es lachhaft wäre.'
16.12 Uhr fuhren beide vom Parkplatz ab.
Da ‚Chanson' und der gesuchte ‚Fuchs' nicht dabei waren, wurde der Pkw nicht weiterbeobachtet.

In der Zwischenzeit wurde das Wohngrundstück Vollhardtstraße 10 weiter unter Kontrolle gehalten.
16.55 Uhr kam eine männliche Person mit dem bekannten Moped zum Wohngrundstück gefahren. Es konnte nicht erkannt werden, um welche Person es sich dabei handelte.
20.00 Uhr wurde die Beobachtung am Wohngrundstück beendet. Der Pkw Shiguli trat bis zu diesem Zeitpunkt nicht wieder am Wohngrundstück auf.
In der ersten Etage des Grundstückes brannte in verschiedenen Fenstern noch Licht.

Anmerkung:
Am 16.10.1976, 12.12 Uhr, fuhr der Pkw pol[izeiliches]. Kennzeichen H-H 520, Typ Mercedes, Farbe beige, in die Straße, hielt kurz an, wendete und fuhr wieder zurück, ohne daß weitere Handlungen des Fahrers bemerkt wurden.

Leiter der Abteilung VIII	Referatsleiter
	Tilgner
Oberstleutnant	Winkler
	Major"[201]

Ablauf der Tonbandproduktion

An diesen Herbst 1976, als alle Möglichkeiten zu Auftritten und Veröffentlichungen unmöglich geworden waren, erinnert sich Christian Kunert so:

201 BStU MfS Lpz AP L 1015/81 Gerulf Pannach. Beobachtungsbericht vom 21.10.1976 über die Beobachtung vom 16.10.1976 von 08.00 Uhr bis 00.15 Uhr und vom 17.10.1976 von 07.00 bis 20.00 Uhr, Bd. 4, Bl. 147 ff.

„Gerulf und ich haben bei mir zu Hause Aufnahmen gemacht, zwei, drei Songs, und wir haben uns mit Jürgen Fuchs getroffen. Das war alles sehr schön, wir waren ja so etwas wie eine Gang.
Man versammelte sich unter konspirativen Bedingungen und redete darüber, was man tun kann, denn veröffentlichen im eigenen Lande war nicht mehr möglich. Vielleicht war es Jürgens Idee mit diesem Tonband zu dritt. Das weiß ich nicht mehr. Gerulf wollte eigentlich gerne eine Solo-Platte machen, hatte auch bei Amiga angefragt, ob es möglich wäre. Ich glaube, da hat er nicht mal eine Antwort bekommen. Das Band verschwand einfach irgendwo an der richtigen Stelle. Wir saßen jedenfalls zusammen und haben verbotene Sachen ausgeheckt, wie dieses Tonband zu produzieren. Das musste organisiert werden. Gerulf wohnte in einem Gemeindehaus, dort konnten wir den Saal kostenfrei haben. Dann haben wir uns einen Tag ausgesucht und ein Tonbandgerät von Wolf Biermann war da, ein schickes Revox-Gerät aus dem Westen. Wir haben uns Mikrofone besorgt, haben uns da getroffen und waren einigermaßen aufgeregt, weniger wegen der Umstände oder wegen der Stasibespitzelung, sondern weil es künstlerisch natürlich ein Experiment war. Ziel der Sache: ein Beweis der künstlerischen Existenz. Man kann nicht immer sagen: Ich bin aber ein toller Liedermacher, ich darf nicht auftreten. Ja, was machst du denn? Ich darf nicht spielen. Es war also ein Akt zu sagen: Hier ist ein Dokument, da hört ihr, wie ich singe, was wir so machen, auch für Jürgen, und da ist man erst mal da und hat einen Fuß in der Tür, wie man so schön sagt.“[202]

Es sind Mosaiksteine von Erinnerungen und Dokumenten, die sich so zu sammenfügen: Am 26. September 1976 fuhren Pannach und Kunert zu Jürgen Fuchs nach Grünheide, übernachteten dort und blieben am 27. und 28. September 1976 bei Wolf Biermann in der Berlin Chausseestraße 131. Bei Biermann trafen sie (am zweiten Tag) mit Friedrich C. Delius zusammen, der Tonbandaufnahmen für den Rotbuch-Verlag benötigte, wo nach dem zögerlichen Verhalten von CBS die Entscheidung wegen einer Pannach-

202 Interview mit Christian Kunert, Juni 2019.

Platte ausstand. Die Aufnahmen für den Rotbuch-Verlag machten Pannach und Kunert nach ihrer Rückkehr aus Berlin Ende September 1976 in Kunerts Leipziger Wohnung mit dessen Gerät „ZK 246". Es waren zwei Bänder, nur auf einer Seite bespielt, damit sie geschnitten werden konnten. Die Bänder nahmen sie bei ihrer nächsten Berlinreise am 10. Oktober 1976 mit zu Havemann und baten ihn um Weiterleitung an den Rotbuch-Verlag. Von Havemann erfuhren sie später, mit den Bändern hätte es technische Probleme gegeben.

Wolf Biermann, der zu dieser Zeit ein neues Gerät aus dem Westen erhalten hatte, entschloss sich zum Verkauf seines „Revox" an Pannach. Die beiden Musiker fuhren mit dem Zug nach Leipzig zurück und vereinbarten, das Gerät später abzuholen. Da es sich um ein hochwertiges Aufnahmegerät handelte, musste es mit einem Auto transportiert werden.

Am 10. Oktober 1976 machten sich Pannach und Kunert erneut zu Fuchs nach Grünheide auf, diesmal mit ihren Mopeds. Sie besprachen inhaltliche und organisatorische Fragen der geplanten Aufnahmen, auch deren Reihenfolge, denn Lieder und Texte sollten miteinander korrespondieren. Ursprünglich hatten sie vor, bei der Rückfahrt das Tonbandgerät mitzunehmen, aber keinen Autofahrer gefunden. Wie bereits geschildert, holte Gerulf Pannach das „Revox-Gerät" schließlich am 12. Oktober 1976 gemeinsam mit dem Karussell-Musiker Wolf-Rüdiger Raschke (IM „Wolf Kaiser" der HA XX Leipzig[203]) in Peter „Cäsar" Gläsers Auto von Wolf Biermann ab. Durch Raschkes IM-Bericht war das MfS in Leipzig und Berlin umfassend über alle Pläne informiert.[204]

Pannach hatte vom Hausmeisterehepaar die Erlaubnis erhalten, den Gemeindesaal am 16. Oktober 1976, einem Samstag, für die Aufnahmen benutzen zu können. Dort stand ein Harmonium, das Christian Kunert bei der „Ballade vom schlechten Schlaf" und „Glaubensfragen" spielen sollte.

---

203 BStU MfS AIM 11203/69, T. I B. 1, Bl. 1 f.

204 BStU MfS AU 14674/77 Gerulf Pannach, Information der HA XX/OG vom 16.10.1976, Bd. 8, Bl. 40 f.

Kunert rief nach der Rückkehr aus Berlin den Renft-Gitarristen Peter „Cäsar" Gläser an und bat ihn um Mikrofone, Kabel und ein Stereomischpult, hochwertige Geräte, über die Pannach nicht verfügte. Gläser sagte seine Mitwirkung zu. Gerulf Pannach sprach mit dem ehemaligen Renft-Sänger Thomas „Monster" Schoppe, der bei der geplanten Aufnahme als Techniker fungieren sollte. Schoppe stellte Verstärker, Kabel, ein Mischpult, zwei Lautsprecherboxen und drei Mikrofone zur Verfügung. Pannach hatte außerdem den ehemaligen Renft-Techniker Hans Cölling gefragt, der ebenfalls zur Mitarbeit bereit gewesen wäre. Nach Schoppes Zusage wurde auf Cölling verzichtet.

Am 16. Oktober traf Jürgen Fuchs in den Mittagsstunden mit dem Zug in Leipzig ein und begab sich zu Pannach. Das durch IM „Wolf Kaiser" bestens informierte MfS war vorbereitet und überwachte alle Aktionen. Zwei Tage lang wurden alle Wege der Musiker von Stasileuten schon seit den frühen Morgenstunden lückenlos beobachtet. Die Stasiakten beweisen dies heute eindeutig.

Der detaillierte Beobachtungsbericht vom 16. Oktober begann um 8.00 Uhr und dauerte bis 0.15 Uhr, am 17. Oktober von 7.00 bis 20.00 Uhr – aufgezeichnet von Stasimitarbeitern in Autos.[205]

Fuchs und Pannach fuhren mit dem Moped zu Gläser. Fuchs fuhr dann gemeinsam mit diesem und den Geräten in Gläsers Auto zu Christian Kunert, den sie mitnahmen. Pannach fuhr mit dem Moped hinterher. Dann holten sie Thomas Schoppe samt dessen Technik ab und fuhren zu Pannach.

„16. Oktober 1976: 15.45 [Uhr] luden sie die Musikinstrumente und andere Gegenstände aus und brachten sie in das Haus. Den Pkw stellten sie vor dem Grundstück ab", heißt es in dem Beobachtungsbericht.

Wegen einiger technischer Probleme nahm der Aufbau der Anlage längere Zeit in Anspruch. Anschließend wurden die Titel und die Reihenfolge festgelegt. Ursprünglich war geplant, auch das Lied „Sonne wie ein Clown" aufzunehmen, man verzichtete aber, weil es nicht in den Gesamtkontext passte.

Christian Kunert hatte die „Ballade vom schlechten Schlaf" neu arrangiert, Pannachs erste Fassung hatte kein Harmonium vorgesehen. Da Pannach

205 Vgl. Anm. 201.

selbst nicht Harmonium spielen konnte, begleitete ihn Christian Kunert bei diesem Song. Die meisten Lieder sang Pannach, ausgenommen das Lied „Glaubensfragen“. Bei diesem Lied sang Kunert die erste, Pannach die zweite Stimme, und beide spielten Gitarre.

Bei „Für uns, die wir noch hoffen“ aus dem Raimon-Repertoire sang Kunert die zweite Stimme und begleitete Pannach auf der Gitarre. Sonst hörte er sich den Vortrag von Texten und Liedern an.

Jürgen Fuchs las u. a. den Prosatext „Das Erwachen“, ein Selbstgespräch des Ich-Erzählers, der nicht bereit ist, stummer Befehlsempfänger von Machthabern zu sein, der aber auch seine Angst vor der Auseinandersetzung mit ihnen thematisiert. Einer der letzten Sätze lautet: „Einfach liegen bleiben, die Angst unter beide Lider nehmen, kein Wort mehr, keinen Gedanken, der ausbricht und wegrennt und wer weiß wohin.“[206] Im Prosatext „Eintragung 14. Februar“ schildert er eine Verlobungsfeier in der Jenaer Gartenstraße Anfang 1975, die von der Polizei gestürmt und brutal zusammengeknüppelt wurde. Es folgten Verhaftungen und Verurteilungen von jungen Leuten. „Der Frühsport“ thematisiert die Schikanen der Soldaten bei der Nationalen Volksarmee, der Prosatext „Der Friseur“ das demütigende Haareschneiden ohnehin schon kurzgeschorener junger Soldaten. „Und alle starren dich an, und keiner sieht dich, nur einer, und das bist du selbst“[207], lautet der letzte Satz dieses Textes.

Gegen 21 Uhr waren sie an diesem besagten Samstag mit den Aufnahmen fertig und hörten sie in Pannachs Wohnung ab. Auch Amrei Pannach, Schoppes und Gläsers Frauen sowie Pannachs Freunde Manfred und Christel Klauß waren hinzugekommen. Jürgen Fuchs fuhr am späten Abend die Gäste mit Gläsers Auto nach Hause.

Am nächsten Tag, am Sonntag, dem 17. Oktober 1976, trafen sich alle Beteiligten gegen 11 Uhr in Pannachs Wohnung wieder, da sie den Saal nicht mehr benutzen durften. Die Hausmeisterin hatte sie noch am Vorabend darum ge-

206 Zitiert nach Fuchs: Gedächtnisprotokolle (wie Anm. 19), S. 39.

207 Ebd., S. 44.

beten, ihn zu verlassen. An diesem Sonntagvormittag (ein Wahlsonntag zur Volkskammer der DDR) hörten sie die Aufnahmen ab und nahmen einige Stücke wegen mangelnder Qualität noch einmal auf. Christian Kunert machte mit seinem „ZK 246“ eine Kopie auf ein BASF-Tonband[208], das Pannach neben einigen anderen BASF-Bändern von Wolf Biermann mitgebracht hatte, und maß gemeinsam mit Schoppe mit der Stoppuhr die Zeiten.

An diesem Sonntag notierte Jürgen Fuchs noch Pannachs biografische Daten, brachte die Technik und Gläsers Auto zurück und machte sich dann auf den Weg nach Grünheide. Das Originalband nahm er mit sich. Er hatte den Eindruck, dass die Stasi ihm dicht auf den Fersen war und das Band beschlagnahmen könnte.

Seine Frau Lilo Fuchs erinnert sich so:

> „Offenbar kam der Zufall zur Hilfe. Einer aus dem Umkreis der Renft-Musiker jobbte zu dieser Zeit als Krankenwagenfahrer. Er fuhr ein Auto mit Blaulicht. Jürgen stieg schnell in das Auto ein, und dank dieses Blaulichts konnten sie Ampeln überfahren und kamen gegenüber den Stasileuten, die hinterherfuhren, in Vorsprung. Jürgen stieg sehr schnell in einen Zug ein und kam unbehelligt bis Berlin-Schöneweide, dem ersten Bahnhof in Berlin. Die Wahrscheinlichkeit war groß, dass dort wieder Stasis auf ihn warteten. Auf einem Streckenabschnitt, als der Zug langsam fuhr, aber noch nicht hielt, sprang er aus dem Zug, rannte über die Gleise und stieg in eine dort losfahrende S-Bahn. So konnte er Zeit und Kilometer gewinnen. Er kam tatsächlich bis nach Erkner, dort fuhr er entweder mit dem Bus oder mit dem Taxi bis nach Grünheide.“[209]

Jürgen Fuchs brachte das Tonband wohlbehalten zu Robert Havemann. Neben Lilo Fuchs wussten Katja und Robert Havemann, Katjas Freundin Chris-

---

208 Das BASF-Tonband wurde bei der Hausdurchsuchung bei Christian Kunert beschlagnahmt. Zwei weitere BASF-Tonbänder, die von Wolf Biermann stammten, hatten sie für die Probeaufnahmen für den Rotbuch-Verlag verwendet.

209 Interview mit Lilo Fuchs, August 2019.

tine, Wolf Biermann sowie IM „Wolf Kaiser“ von den Aufnahmen. Fuchs spielte das Band Katja und Robert Havemann (der vermutlich auch eine Kopie davon machte, Wolf Biermann machte ebenfalls eine Kopie) und noch einigen anderen Freunden aus Ost und West vor. Zudem machte Fuchs Kopien und ließ sie Freunden in Jena zukommen. Den Leipziger Freunden teilte er mit, die Aufnahmen wären auf großes Interesse gestoßen.
Außerdem verfasste er einen Begleittext zum Tonband mit konkreten Angaben zu den Titeln, mit Zeitangaben sowie Kurzbiografien von sich und Pannach.

Der Begleittext von Jürgen Fuchs

„TONBANDMITSCHNITT vom 17.10.1976 in Leipzig

Ablauf:

3'10	1. ‚Überholen ohne einzuholen‘	Gerulf Pannach
3'30	2. ‚Das Erwachen‘	Jürgen Fuchs
5'35	3. ‚Ballade vom schlechten Schlaf‘	Gerulf Pannach
2'55	4. ‚Eintragung 14. Februar‘	Jürgen Fuchs
0'20	5. ‚Zitat I‘	Jürgen Fuchs
2'25	6. ‚Eintragung 1. Juli‘ bis 3	Jürgen Fuchs
3'50	7. ‚Vom Vertrauensmann, der kein Vertrauen hat‘	Gerulf Pannach
0'15	8. ‚Eintragung 1. Juli‘ 4	Jürgen Fuchs
0'05	9. ‚Zitat II‘	Jürgen Fuchs
2'40	10. ‚Glaubensfragen‘	Christian Kunert
3'20	11. ‚Der Frühsport‘	Jürgen Fuchs
0'05	12. ‚Frage‘	Jürgen Fuchs
2'05	13. ‚Der Friseur‘	Jürgen Fuchs
2'20	14. ‚Friedenslied‘	Gerulf Pannach (frei nach Raimon)

1’50	15. ‚Du stehst an der Straße‘	Jürgen Fuchs
1’15	16. ‚Vom Rot, das brennt‘	Gerulf Pannach (frei nach Raimon)
1’05	17. ‚Die Jenischen Berge‘	Jürgen Fuchs
0’30	18. ‚Westberlin-Steglitz, Zitat‘	Jürgen Fuchs
1’30	19. ‚Gegen die Angst‘	Gerulf Pannach (frei nach Raimon)
5’45	20. ‚Der Stuhl‘	Jürgen Fuchs
3’00	21. ‚Für uns, die wir noch hoffen‘	Gerulf Pannach (frei nach Raimon)

44’10 (+ Pausen)

Diese Produktion entstand unter Mithilfe des Renft-Sängers Thomas SCHOP-PE.

Anmerkung:
Diese Aufnahme entstand als Mitschnitt einer Veranstaltung im kleinen Kreis unter Freunden. Die Staatssicherheit stand mit fünf Pkws und einem Abhör-Lieferwagen vor dem Haus. Die technischen Bedingungen waren nicht perfekt.

Technische Angaben:
Halbspur, 19’34 Geschwindigkeit, Stereo.
Um eine angemessene Qualität zu erreichen, müssten die Aufnahmen gegebenenfalls noch etwas gemischt werden und die zu langen Pausen zwischen den Titeln herausgeschnitten werden.
Verwendetes Band: BASF R 16.

Biografische Angaben
GERULF PANNACH, Jahrgang 1948, geboren in Arnsdorf bei Dresden.
Vater: Fußballtrainer, Mutter: Angestellte. Abitur 1967, danach Dienst bei der Nationalen Volksarmee, im Anschluß einjähriges Jurastudium, Kulturfunktionär, Lagerist, Sachbearbeiter, ab Oktober 72 hauptberuflich Liedermacher, zuerst bei der Renft-Gruppe, ab 1973 in eigener Regie. Auftrittsverbot im September 74 wegen ‚falscher ideologischer Grundpositionen zum Staat‘, die

angeblich in seinen Liedern zum Ausdruck kämen. Ende 74 bekommt er einen ‚Förderungsvertrag' von der Konzert- und Gastspieldirektion Leipzig, nach einigen Auftritten mit der Renft-Gruppe erneutes Auftrittsverbot (Februar 75) – Anlässe waren u.a. ein Auftritt mit Jürgen Fuchs und ein Konzert im Berliner Metropol-Theater vor 1500 Zuhörern. Ende Februar 1976 schloß die Konzert- und Gastspieldirektion erneut einen ‚Förderungsvertrag' mit Gerulf Pannach und Christian KUNERT (Jahrgang 1952), dem Organisten der inzwischen verbotenen Renft-Gruppe, ab. Nachdem beide ein Kompromiß-Lieder-Programm erarbeitet hatten, das angeblich dem Kulturministerium von der Bezirksbehörde Leipzig zur Genehmigung empfohlen wurde, teilte man ihnen im Oktober 1976 mit, dass ‚aus politisch-ideologischen Gründen einer Zulassung nicht stattgegeben werden kann.'
Beide arbeiten zur Zeit als Transportarbeiter beim Gemüsegroßhandel Leipzig. Gerulf Pannach bot inzwischen dem VEB Deutsche Schallplatten ein fertig produziertes Band für eine LP mit dem Titel ‚Dein Weg bleibt dein Weg' an, ohne bisher eine Antwort zu erhalten.

Biografische Angaben
JÜRGEN FUCHS, Jahrgang 1950, geboren in Reichenbach, einer kleinen Textilarbeiterstadt im Vogtland. Vater: Elektriker, Mutter: Angestellte.
1969 Abitur und Abschluss als Facharbeiter der Deutschen Reichsbahn. Danach bis 1971 Dienst bei der Nationalen Volksarmee. Von 1971 bis 1975 Studium der Sozialpsychologie in Jena. Arbeitet zur Zeit in einem Kinderheim bei Berlin.
Ab 1973 erste Veröffentlichungen in Anthologien und Zeitschriften. Nach dem öffentlichen Lesen seiner Prosaarbeiten SED-Ausschluss (April 75) und wenige Tage vor Ende des Studiums Exmatrikulation. Lese- und Publikationsverbot. Diffamierung als ‚Konterrevolutionär' und ‚Staatsverleumder' wegen ‚staatsfeindlicher Tendenzen' in seinen literarischen Arbeiten."[210]

210 Privatarchiv Lilo Fuchs sowie: BStU MfS AU 14674/77 Gerulf Pannach, Begleittext von Jürgen Fuchs zum Leipziger Tonband, Bd. 4, Bl. 135–138.

In den Vernehmungen in der Stasi-Untersuchungshaftanstalt Berlin-Hohenschönhausen sahen die Vernehmer es später als Unverschämtheit an, dass Fuchs in dem Begleittext von fünf Stasi-Überwachungsautos und einem Abhör-Lieferwagen gesprochen hatte. Gerulf Pannach sagte in einem Verhör aus, die Überwachung sei so offensichtlich gewesen, dass er Fuchs gebeten habe, diese Bemerkung in seinen Text aufzunehmen. Aus dem rückverfilmtem MfS-Material ist heute eindeutig nachzuweisen, dass Fuchs keineswegs übertrieben hatte.[211]

Dass ihnen das MfS dicht auf den Fersen war, hat Christian Kunert noch gut in Erinnerung:

> „Es gab in dieser Zeit schon vorher immer wieder Einschüchterungsversuche, man wurde von Zivilisten zu nächtlichem Ausweiszeigen aufgefordert. Manchmal denke ich, man hat Glück gehabt, dass sie einem nicht die Hucke vollgehauen haben. Das hätte ja auch passieren können, dass man einfach mal ein bisschen zusammengeschlagen wird. Aber es war auch so schon unangenehm genug. Man konnte auch fragen: ‚Warum denn?' – ‚Das lassen Sie mal unsere Sorge sein. Zeigen Sie Ihren Ausweis.' Man war immer froh, wenn man den wiederbekam. An diesem Wochenende, als wir die Aufnahmen machten, weiß ich nicht, ob da Autos standen, darauf habe ich nicht geachtet. Das hat mich auch nicht interessiert.
>
> Mich hat viel mehr interessiert, was wir auf dem Band haben, ob das gut war, was wir da gemacht haben. Ich hatte nicht das Gefühl, dass es besonders gut ist. Ich glaube, es hört sich auch nicht so besonders gut an. Es war alles sehr trocken, wir waren aufgeregt, und die technischen Bedingungen waren nicht gut.
>
> Ich bin am Sonntag nach Hause gefahren, ich wohnte damals ziemlich nah am Zentrum. Da standen zwei Männer vor meiner Wohnungstür. Ich fragte natürlich, was sie hier wollen, und da sagten die: ‚Sie waren noch nicht bei der Wahl.' Es war ein Wahlsonntag zur Volkskammer. Ich sagte: ‚Es ist aber meine Sache, ob ich zur Wahl gehe oder nicht.' – ‚Ja, wir fordern Sie auf, zu wählen', kur-

211 Vgl. Anm. 201.

zes Techtelmechtel, dann gingen die wieder. Es war so eine Bedrohung und das Demonstrieren, dass du unter ihren Augen agierst, das machten sie recht gerne. Von den anderen Musikern waren alle verdächtig und nicht verdächtig. Es war nicht meine Welt, mich mit diesen Dingen zu beschäftigen. Ich habe auch immer gesagt: ‚Nicht flüstern.' Auch mit Gerulf: ‚Nicht leise reden. Lass uns laut reden, da habe ich ein viel besseres Gefühl.' Das habe ich auch durchgezogen. Im Nachhinein muss ich sagen, sie waren schon so organisiert, wie man sich das vorstellte, oder sogar noch einen Zacken schärfer. Aber ich wollte es nicht wahrhaben und bin damit ganz gut zurechtgekommen. Als ‚Monster' und ich aber nach dem Renft-Verbot zur Armee eingezogen werden sollten, hat es mir dann doch gelangt, das sollte nicht sein."[212]

Nach den Tonbandaufnahmen gab es noch ein kurzes Zusammentreffen von Gerulf Pannach mit Jürgen Fuchs, der am 5. November 1976 nach Jena fuhr und am späten Nachmittag in Leipzig Station machte. Sein Kommen hatte er Pannach mit einem Telegramm angekündigt.[213] Beide trafen sich in der Mitropa des Leipziger Hauptbahnhofs. Dort gab Jürgen Fuchs vermutlich die vier Begleitblätter für das Tonband, die er in Grünheide überarbeitet hatte, an Pannach.

Fuchs erzählte dem Freund, dass demnächst die Sendung mit seinen Prosatexten im Deutschlandfunk laufen würde.[214] Er war der Meinung, zu diesem Zeitpunkt könnte das „Leipziger Tonband" schon gesendet werden. Er war nur skeptisch wegen der Länge des Bandes von knapp 45 Minuten: Die Künstler hatten sich nach der Aufnahme geeinigt, dass das Band ungekürzt ausgestrahlt werden sollte.

Die West-Berlinerin Margret Frosch war an der Überbringung des „Leipziger Tonbandes" nach West-Berlin beteiligt, schmuggelte das Band aber nicht

212 Interview mit Christian Kunert, Juni 2019.

213 Telegramm von Jürgen Fuchs an Gerulf Pannach vom 2. November 1976. Privatarchiv Lilo Fuchs sowie BStU MfS AU 11554/78 Jürgen Fuchs, Bd. 12, Bl. 19.

214 Am 11. November 1976.

selbst. Robert Havemann hatte ihr nahegelegt, nichts dergleichen zu tun, da der Kontakt zu ihr zu wichtig war, als dass sie wegen Schmuggels Einreiseverbot in die DDR bekommen hätte.[215] Vermutlich wurde das Band von einem Diplomaten oder einem West-Journalisten mit nach West-Berlin genommen. Jürgen Fuchs sagte später in einem Verhör, das Originalband hätte Wolf Biermann bei seiner Reise in den Westen mitgenommen.
Über die Praxis, Texte und Bänder in den Westen bringen zu lassen, erzählte Wolf Biermann:

> „Wir hatten damals Kontakt zu einigen Diplomaten und Journalisten, wie zu Mettke vom ‚SPIEGEL'. Ich weiß nicht, ob der damals noch da war, oder ob sie den schon rausgehauen hatten. Wir kannten mehrere Leute, die wir gelegentlich ‚missbraucht' haben als Postboten für unsere Manuskripte und Tonbänder und sonstige Sendungen. Ich habe in all den Jahren, in denen ich verboten war, mehrere Schallplatten im Westen veröffentlicht. Die Lieder habe ich illegal auf Tonbänder in meiner Wohnung aufgenommen, und wir haben die Bänder auch rübergeschafft nach Westen. Das konnten die Herrschenden nicht verhindern, solange sie mich nicht einsperrten. Solange ich in der Friedrichstraße frei rumlaufen, in die Kneipe 116 gehen und eine Erbsensuppe für 50 Pfennige essen kann, kann ich auch ein Tonband aus der Jacke ziehen und es einem Kellner unter das Handtuch schieben. Er weiß, dass er das einem Gast, der ihm angekündigt wird, übergeben soll, der es dann mit nach dem Westen nimmt. Es gab eine ganze Reihe von Leuten, die das gerne und mit Flattern in der Seele und in der Hose gemacht haben.
> Die Beziehung zum Rowohlt-Verlag lief übrigens gar nicht so sehr über meine Person, sondern über Robert Havemann. Er hatte dort sein Buch ‚Dialektik ohne Dogma' veröffentlicht. Was zu Rowohlt ging, ging über die Schiene Havemann. Robert hatte immer Leute, die dies und jenes rübergebracht haben. Also: Manuskripte in den Westen und Knoblauchkäse nach dem Osten. Französischer Camembert von West nach Ost. Eine Flasche Courvoisier von West nach Ost

---

215 Telefonische Auskunft von Margret Frosch, Juli 2017.

und ein Tonband und ein Manuskript von Ost nach West. Das war der innerdeutsche Warenverkehr, wie wir ihn damals betrieben haben.
Mich fragte Rudi Dutschke mal: ‚Sag mal Wolf, man sieht immer nur Robert Havemann und dich. Ihr beiden. Seid ihr die einzigen?' Ich sagte die Wahrheit: ‚Nein. Das sieht nur aus westlicher Perspektive so aus. Wenn du im Osten leben würdest, wüsstest du, dass es sehr viele Menschen gibt, die so denken und fühlen wie wir. Die tapfer sind, sich wehren und sich einmischen in den Streit der Gesellschaft, solche Leute wie Jürgen Fuchs. Du musst dir das so vorstellen, Rudi: Wenn du einen Tausendfüßler ganz von vorne siehst, siehst du nur zwei Beine und die verdecken die vielen Beine, die dahinter sind.'"[216]

216 Interview mit Wolf Biermann für das Radio-Feature der Autorin „Ausgebürgert. Der Dichter und Liedermacher Wolf Biermann und die Kulturpolitik der DDR, MDR/RBB 8. November 2006, Radio Bremen, 19. November 2006.

JÜRGEN FUCHS: VERDRÄNGTES KOMMT WIEDER

In einem Artikel, der 1988 in der „taz" erschien, hat Jürgen Fuchs die Situation und die Stimmung des Jahres 1976 rückblickend in wenigen Stichpunkten zusammengefasst:

> „Personalwechsel im Politbüro. Honecker kam, weiche Welle, *jeden gewinnen, keinen zurücklassen* war die Losung, keine Tabus sollte es mehr geben, Euphorie, Erleichterung. Skepsis wurde weggewischt. Wir sagten: die Lage nutzen, gute Bücher schreiben, Bilder, Lieder, Rehabilitierungen versuchen, zum Beispiel von Bloch und Havemann. Reiner Kunze bekam einen Lyrikband im Leipziger Reclam-Verlag, Bettina Wegner sang, und Gerulf Pannach nahm in sein eigenes Programm Lieder von Wolf Biermann auf, der seit 65 verboten war. Viele Auftritte, Lesungen in Jugendclubs und Kulturhäusern. Auch Themen wie Militarisierung, Angst, Druck durch Stasi und Behörden, versaute Umwelt wurden diskutiert, zunehmend heftig und öffentlich, eine Szene entstand.
> Dann, 74/75, die Bremse. Kunze wieder attackiert. Veranstaltungen von Bettina Wegner, Pannach und mir wurden verboten. Dämpfen soll das Verb gewesen sein in der Parteizentrale. Wolf Biermann trat zum erstenmal in einer Kirche auf [...], viel Druck folgte ... Dann der November, 76, ich sehe noch Wolf Biermann nach Grünheide kommen zu Robert Havemann: ‚Die lassen mich fahren ...' Erstaunen. Fragen. Zweifel, aber doch eher Zuversicht.
> Biermann durfte nicht mehr rein, viele wollten raus. Havemann im Hausarrest. Jeder wusste nun, welcher Hammer über ihm hing. Einige, darunter auch ich, fanden sich im Gefängnis wieder ..."[217]

217 Jürgen Fuchs: Verdrängtes kommt wieder, in: taz, 3. Februar 1988. Hervorhebung im Original.

DIE AUSBÜRGERUNG VON WOLF BIERMANN

Es war ein denkwürdiger Dienstag, dieser 16. November 1976. Wolf Biermann war im gewerkschaftseigenen Mercedes der IG Metall von Köln nach Bochum unterwegs. Die IG Metall hatte den seit zwölf Jahren mit Auftrittsverbot belegten unliebsamen Sänger im Rahmen eines Jugendmonats in den Westen eingeladen. Biermann durfte zu einer dreiwöchigen Konzertreise in die Bundesrepublik fahren.

Drei Tage zuvor, am 13. November 1976, dem Geburtstag seines 1943 im KZ Auschwitz ermordeten Vaters, gab Biermann sein erstes legendäres Konzert in der ausverkauften Kölner Sporthalle. An die 7.000 Menschen kamen, um ihn zu hören. „So oder so, die Erde wird rot", lautete die klassenkämpferische Botschaft Biermanns.

In Bochum sollte das zweite Konzert dieser Westtournee stattfinden. Das Autoradio lief. Völlig unvorbereitet traf den Liedermacher die Nachricht, „die zuständigen Behörden der DDR" hätten ihm „das Recht auf weiteren Aufenthalt in der Deutschen Demokratischen Republik entzogen". Die Entscheidung sei „auf Grund des ‚Gesetzes über die Staatsbürgerschaft der Deutschen Demokratischen Republik – Staatsbürgerschaftsgesetz – vom 20. Februar 1967', Paragraph 13, nach dem Bürgern wegen grober Verletzung der staatsbürgerlichen Pflichten die Staatsbürgerschaft der DDR aberkannt werden kann, gefaßt"[218] worden.

218 DDR-Nachrichtenagentur ADN vom 16. November 1976. Vgl. hierzu auch das 2016 von der BStU herausgegebene Dokumentenheft „‚Staatsbürgerliche Pflichten grob verletzt'. Der Rauswurf des Liedermachers Wolf Biermann 1976 aus der DDR", https://www.stasi-unterlagen-archiv.de/assets/bstu/de/Publikationen/dh_16_staatsbuergerliche-pflichten_biermann_barrierefrei.pdf (02.06.2022).

Am Abend dieses 16. November 1976 war Biermann nicht in der Lage zu singen. Das Bochumer Konzert musste ausfallen.[219]
Es hatte den Anschein, als habe das DDR-Politbüro den Entschluss zur Ausbürgerung als Reaktion auf das Kölner Konzert gefasst. In Wirklichkeit war die Ausbürgerung seit fünf Jahren geplant. Es hatte schon mehrere Versuche gegeben, den unliebsamen Barden außer Landes zu bringen. Sie waren gescheitert oder aus außenpolitischen Gründen verworfen worden. Das brachten die Stasiakten nach dem Fall der Mauer ans Licht.
Während schon hinter den Kulissen die Ausbürgerungspläne geschmiedet wurden, gab sich die DDR in den frühen 1970er Jahren nach außen hin einen liberalen Anstrich: 123 Staaten nahmen diplomatische Beziehungen mit Ost-Berlin auf, darunter auch die USA. 1973 wurde die DDR zusammen mit der Bundesrepublik in die UNO aufgenommen, zwei Jahre später gehörte sie in Helsinki zu den Mitunterzeichnern der Schlussakte der Konferenz über Sicherheit und Zusammenarbeit in Europa. Damit unterschrieb die DDR auch die formelle Anerkennung der Menschenrechte, auf die sich die Opposition fortan berufen konnte. 1976 war es dann so weit mit dem Ausbürgerungsplan. Es war das Jahr, in dem Reiner Kunze aus dem Schriftstellerverband ausgeschlossen wurde, und das Jahr, in dem sich Pfarrer Oskar Brüsewitz in Zeitz verbrannte, verzweifelt über die kirchenfeindliche Politik der DDR. In Polen wurde KOR, das Komitee zur Verteidigung der Arbeiter, gegründet, in der Tschechoslowakei kündigte sich die Menschenrechtsbewegung Charta 77 an. Für manche war es eine Zeit der Hoffnung auf Liberalisierung des rigiden DDR-Systems, weil die Eurokommunisten für eine demokratische Entwicklung innerhalb der KPs warben und es demokratische, freiheitliche Bestrebungen innerhalb der kommunistischen Weltbewegung gab.
Am 19. November 1976 sendete die ARD eine Aufzeichnung des Konzertes,

219 Jürgen Fuchs hat die Situation nach dem unmittelbaren Bekanntwerden der Ausbürgerung in seinem Text „Zwo! Empfang einer Nachricht" beschrieben, in: Scheer: Ein literarischer Weg (wie Anm. 155), S. 124 ff.

um den Zuschauern in Ost und West zu beweisen, dass Biermann keineswegs die DDR verleumdet hatte, wie die Funktionäre in Ost-Berlin behaupteten. Auf Einspruch des Bayerischen Rundfunks wurde das Konzert nicht schon zur Hauptsendezeit um 20.15 Uhr ausgestrahlt, sondern erst am späten Abend, was zur Folge hatte, dass nachts die halbe DDR erleuchtet war. Gebannt saßen viele Menschen vor den Fernsehapparaten und ahnten, dass dem Land eine historische Stunde geschlagen hatte: Mit der Ausbürgerung führten die Ost-Berliner Funktionäre genau das herbei, was sie hatten verhindern wollen, die Bildung von Opposition und Widerstand gegen ihre Politik. Gleichzeitig setzte bald darauf ein Exodus sondergleichen von namhaften Künstlern und Intellektuellen Richtung Westen ein.

Am 17. November 1976 schrieben dreizehn prominente DDR-Künstler an den Staatsrat der DDR:

> „Wolf Biermann war und ist ein unbequemer Dichter.
> Das hat er mit vielen Dichtern unserer Vergangenheit gemein.
> Unser sozialistischer Staat, eingedenk des Wortes aus Marxens ‚18. Brumaire', demzufolge die proletarische Revolution sich unablässig selbst kritisiere, müsste im Gegensatz zu anachronistischen Gesellschaftsformen eine solche Unbequemlichkeit gelassen nachdenkend ertragen können.
> Wir identifizieren uns nicht mit jedem Wort und jeder Handlung Wolf Biermanns und distanzieren uns von den Versuchen, die Vorgänge um Wolf Biermann gegen die DDR zu mißbrauchen. Biermann hat selbst nie, auch nicht in Köln, Zweifel darüber gelassen, für welchen der beiden deutschen Staaten er, bei aller Kritik, eintritt.
> Wir protestieren gegen seine Ausbürgerung und bitten darum, die beschlossene Maßnahme zu überdenken."

Die Schriftsteller Stephan Hermlin und Stefan Heym hatten diesen Brief initiiert und gefordert, ihn im „Neuen Deutschland" abzudrucken. Nach der Ablehnung des SED-Parteiorgans verbreitete ihn die französische Nachrichtenagentur AFP in der Bundesrepublik. Die Erstunterzeichner waren: Erich Arendt, Jurek Becker, Volker Braun, Fritz Cremer, Franz Fühmann, Stephan

BStU
000216

ERKLÄRUNG DER BERLINER KÜNSTLER VOM 17.11.76

Wolf Biermann war und ist ein unbequemer Dichter. Das hat er mit vielen Dichtern der Vergangenheit gemein. Unser sozialistischer Staat, eingedenk des Wortes aus Marxens 18.Brumaire, demzufolge die proletarische Revolution sich unablässig selbst kritisiert, müßte im Gegensatz zu anachronistischen Gesellschaftsformen eine solche Unbequemlichkeit gelassen nachdenklich ertragen können.
Wir identifizieren uns nicht mit jedem Wort und jeder Handlung Wolf Biermanns und distanzieren uns von den Versuchen, die Vorgänge um Biermann gegen die DDR zu mißbrauchen. Biermann selbst hat nie, auch nicht in Köln, Zweifel darüber gelassen, für welchen der beiden deutschen Staaten er bei aller Kritik eintritt.
Wir protestieren gegen seine Ausbürgerung und bitten darum, die beschlossenen Maßnahme zu überdenken.

Christa Wolf
Gerhard Wolf
Erich Arendt
Jurek Becker
Günter Kunert
Fritz Cremer
Sarah Kirsch
Rolf Schneider
Franz Fühmann
Volker Braun
Stefan Heym
Stefan Hermlin
Heiner Müller

Zusatz:
Wir erklären uns mit dem Protest der Berliner Schriftsteller vom 17.11.76 gegen die Ausbürgerung von Wolf Biermann solidarisch:

Jutta Hoffmann
Katharina Thalbach
Manfred Krug
Ulrich Plenzdorf
Klaus Schlesinger
Fritz Rudolf Fries
Thomas Brasch
T.K.Tragelehn
Kurt Bartsch
Hans-Joachim Schädlich
Wasja Götze
Ekkehard Schall
Hilmar Thate
Angelika Domröse
Rolf Ludwig
Käthe Reichelt
Nina Hagen
Eva Maria Hagen
Bettina Wegner
Christiane Ufholz
Peter Hermann
Erika Böttcher
Jürgen Böttcher

Gerulf Pannach
Jürgen Fuchs
Robert Havemann
Sibylle Havemann
für die Renft-Gruppe:
Kuno und Monster
Gisela May
Uschi Brüning
Kurt Demmler
Ernst Ludwig Petrowski
Eberhard Esche
Dieter Schubert
Cox Habema
Hans Bunge
Anne Gebrisch
Langhoff
Horst Sager
Günter Fischer
Günter De Bruyn
Horst Hiemer
Jutta Waczowiak
Else Grube-Deister
Margit Bendokat
Lothar Reher
Nuria Quevedo
Christine Gloger

Namhafte Künstler der DDR protestierten gegen die Ausbürgerung Wolf Biermanns (BStU MfS AU 14674/77 Gerulf Pannach Bd. 5, Bl. 216)

Hermlin, Stefan Heym, Sarah Kirsch, Günter Kunert, Heiner Müller, Rolf Schneider, Christa und Gerhard Wolf. Weitere Künstler und junge Leute in der ganzen DDR schlossen sich dieser Petition an.[220]

Auch Jürgen Fuchs, Gerulf Pannach und Christian Kunert unterschrieben. Jürgen Fuchs hatte den Text von dem Schriftsteller Jurek Becker telefonisch übermittelt bekommen, er gab ihn an Freunde und Bekannte weiter. Er sammelte etwa 20 Unterschriften. Dazu gehörten die von Jutta Hoffmann, Hilmar Thate und Angelica Domröse, Manfred Krug sowie Ekkehard Schall, auch Havemanns Tochter Sibylle unterschrieb. Pannach und Kunert setzten auch Thomas Schoppe mit auf die Liste, da sie sich seines Einverständnisses sicher waren. Telefonisch konnten sie ihn nicht mehr erreichen.

Jürgen Fuchs und Robert Havemann gaben in Berlin-Grünheide zunächst auch Telefoninterviews für Westmedien, bis Havemanns Telefon am 18. November 1976 vom MfS gesperrt wurde.

Zuvor gab Jürgen Fuchs den Text noch per Telefon nach Jena durch. Dort sammelten junge Leute am 18. November 1976 in der Jungen Gemeinde Jena Stadtmitte 58 Unterschriften. Weil die Aktion noch in der Nacht von einem Stasispitzel verraten wurde, begannen schon am frühen Morgen des nächsten Tages Verhaftungen, Festnahmen, Hausdurchsuchungen: 45 junge Leute wurden „zugeführt“ und verhört, acht von ihnen kamen schließlich als „Rädelsführer“ in Untersuchungshaft.[221] Auch in anderen Orten der DDR kam es zu Festnahmen, Hausdurchsuchungen, Verhören, Entlassungen und Exmatrikulationen.

Als Fuchs, Pannach und Kunert von der Ausbürgerung erfuhren, ahnten sie: Wenn die DDR-Mächtigen den international bekannten Wolf Biermann nicht mehr verschonten, würden sie vor weniger bekannten politisch Unliebsamen erst recht keinen Halt mehr machen. Gerulf Pannach schilderte die Situation

---

220 Fritz Cremer zog auf Druck von SED-Funktionären seine Unterschrift wieder zurück.

221 Ihre Namen sind: Kerstin Graf, Thomas Auerbach, Gerd Lehmann, Bernd Markowsky, Uwe Behr, Marian Kirstein, Wolfgang Hinkeldey, Walfred Meier.

so: „Mit Biermann war das Schutzschild verschwunden. Wir waren uns sicher – also ich war mir sicher –, dass ich jetzt dran bin. Jetzt haben sie Biermann ausgebürgert. Jetzt ist es ihnen scheißegal! Jetzt räumen sie auch mit mir auf! Das war so meine Furcht."[222] Ähnlich beschrieb Jürgen Fuchs später seine erste Reaktion: „Im Lärm wollen sie bestimmt reinen Tisch machen mit den anderen Störenfrieden. Und ich störe. Was wird aus Pannach?"[223]

Noch in der Nacht machten sich Gerulf Pannach, Amrei Pannach und Christian Kunert zu Robert Havemann nach Grünheide auf. Sie weckten Jochen Hohl, den ehemaligen Renft-Schlagzeuger, und baten ihn, sie mit dem Auto nach Berlin zu fahren. Eiligst wurden die Gitarren und ein paar Sachen zusammengepackt, um einige Tage in Grünheide bleiben zu können. Hohl fuhr sie zu Havemann und kehrte anschließend gleich wieder nach Leipzig zurück.

Zu Jürgen Fuchs nach Grünheide machte sich am 16. November 1976 auch der Arbeiter Bernd Markowsky aus Jena auf, nach seiner Rückkehr wurde er verhaftet. Als Pannach und Kunert bei Robert Havemann am 19. November 1976 spätabends die ARD-Übertragung des Kölner Biermann-Konzertes ansahen, tauchten zwei weitere Jenaer in Grünheide auf: Gerd „Johnny" Lehmann und Uwe „Behrchen" Behr. Auch sie wollten sich aus erster Hand informieren. Pannach bat sie, über Leipzig nach Jena zurückzukehren. Sie sollten Thomas „Monster" Schoppe aufsuchen, ihm einen Brief für die Hausmeisterleute übergeben, die Pannachs Katzen füttern sollten, und ihn bitten, das Revox-Tonbandgerät und die Tonbänder aus Pannachs Wohnung zu holen. Die beiden kamen Pannachs Bitte nach, fuhren nach Leipzig und informierten Schoppe. Lehmann stand vor dem Wohnhaus Wache, Behr klingelte bei dem Musiker.[224] Nach ihrer Rückkehr nach Jena wurden beide ebenfalls verhaftet.

---

222 Kriese: Schlacht (wie Anm. 30), S. 185.

223 Jürgen Fuchs: „Du sollst zerbrechen!", in: DER SPIEGEL Nr. 43/1977, S. 68.

224 Mündliche Auskunft von Gerd „Johnny" Lehmann, 2017. Thomas Schoppe erzählte im Interview mit Delle Kriese, dass er einen Anruf von Karin Kunert bekam, die Pannachs Bitte ausrichtete, Schoppe möge Tonband und Bänder aus seiner Wohnung in

Schon mindestens seit dem 19. November 1976 wurde Pannachs Wohnhaus in Leipzig vom MfS überwacht. Die Stasileute beobachteten genau, dass Pannachs Freundin Christel Klauß dort auftauchte. Thomas Schoppe hatte sie gebeten, mit ihm zu Pannachs Wohnung zu fahren, weil er die Hausmeisterleute nicht kannte. Klauß übergab dem Hausmeisterehepaar Pannachs Brief und holte das Tonbandgerät, sieben Bänder und Diapositive aus Pannachs Wohnung. Schoppe und seine Ehefrau Dagmar warteten in der Nähe der Straßenbahn. Dann fuhren alle drei mit der Straßenbahn in die Stadt zurück. Am Kurt-Eisner-Platz stiegen Schoppe und seine Frau aus und nahmen ein Taxi zum Hauptbahnhof. Während seine Frau im Taxi wartete, deponierte Schoppe das Tonbandgerät und die Bänder im Schließfach E 13.[225] Am 22. November 1976 – nach der Verhaftung von Fuchs, Pannach und Kunert – holten Schoppe und Christel Klauß die Sachen wieder ab. Die Bänder nahm Klauß an sich, Schoppe brachte das Revox-Gerät in seine Wohnung. Am nächsten Tag wurde es bei ihm beschlagnahmt,[226] seine Wohnung am 25. November durchsucht und er am 26. November 1976 verhört.

Seitdem ist das Revox-Gerät verschwunden.

Die Bänder gab Christel Klauß wahrscheinlich an Amrei Pannach weiter. Bei ihr wurden sie (zumindest vier davon) vom MfS beschlagnahmt. Bei Schoppe beschlagnahmte Biermann-Platten und -Bücher, ein Zettel mit dem Text der „Rockballade vom kleinen Otto“ und verschiedene andere Aufzeichnungen wurden nach der Ausbürgerung von Fuchs, Pannach und Kunert nach West-Berlin vom MfS eingezogen, weil sie eine „dauernde erhebliche Gefahr für die öffentliche Ordnung und Sicherheit bilden“.[227]

Sicherheit bringen. Denkbar ist, dass Schoppe sowohl von Lehmann/Behr als auch von Kunert informiert wurde. Siehe: Kriese: Schlacht (wie Anm. 30), S. 211.

225 BStU MfS AU 14674/77 Gerulf Pannach, MfS-Beobachtungsbericht vom 19. bis 25. November 1976, Bd. 8, Bl. 3 f.

226 BStU MfS AU 14674/77 Gerulf Pannach, Herausgabeprotokoll vom 23. November 1976, Bd. 1, Bl. 53.

227 BStU MfS AU 14674/77 Gerulf Pannach, Vermerk vom 21.09.1977, Bd. 1, Bl. 62.

Die Verhaftung von Jürgen Fuchs

Nach der Ausbürgerung von Wolf Biermann riefen immer wieder West-Journalisten bei Robert Havemann an, um seine Meinung zur Ausbürgerung zu hören. In dessen Abwesenheit nahm Jürgen Fuchs die Gespräche entgegen. Am 16. November 1976 konnte Fuchs der bundesdeutschen Nachrichtenagentur dpa ein Telefoninterview zur Biermann-Ausbürgerung geben, das u. a. der SFB sendete.[228] Darin sagte er: „Die Ausbürgerung ist eine Waffe der Nazis. Ich fordere die sofortige Wiedereinreise für Wolf Biermann und die Ächtung der Waffe der Ausbürgerung weltweit."[229]

Vom MfS wurde überwacht, welche Personen zu Havemann kamen, und, falls sie mit dem Auto anreisten, wurden die Autonummern notiert. Robert Havemann schrieb einen offenen Brief an SED-Generalsekretär Erich Honecker und protestierte gegen die Ausbürgerung seines Freundes. Am 26. November 1976 wurde Havemann unter Hausarrest gestellt.

In diesen ersten aufgeregten Tagen nach der Ausbürgerung Wolf Biermanns beschlossen Jürgen Fuchs, Robert Havemann, Gerulf Pannach und Christian Kunert, am Morgen des 19. November 1976 in das SPIEGEL-Büro nach Ost-Berlin zu fahren, um ihre Unterschriftenliste dorthin zu bringen und ein Interview zu geben. Noch bevor sie ankamen, wurde Jürgen Fuchs in Erkner aus dem Auto von Robert Havemann heraus verhaftet.[230] Fuchs gelang es nicht mehr, die Liste, die er bei sich trug, zu vernichten. Bei der „Körperdurchsuchung" in der MfS-Untersuchungshaftanstalt Berlin-Hohenschönhausen wurden auch eine Fahrkarte von Berlin nach Leipzig,

---

228 BStU MfS AU 14674/77 Gerulf Pannach, Allgemeiner Vernehmungsplan zur Zeugenvernehmung im EV Fuchs, Bd. 9, Bl. 12–16, sowie BStU MfS AU 11554/78 Jürgen Fuchs, Bd. 1, Bl. 235 f.

229 Scheer: Die Sonne (wie Anm. 88), S. 118 f.

230 „09.55 Uhr [wurde] die festgelegte Maßnahme durch die HA/2 realisiert. […]," lt. Beobachtungsbericht zu Robert Havemann vom 20. November 1976 für die Zeit vom 19.11.76, 06.00 Uhr bis 20.11.76, 6.00 Uhr, Berlin. BStU MfS AOP 5469/89, Bd. 66, Bl. 27–31, hier Bl. 27.

BStU
000012
4

Das Stadtbezirks-**gericht** Berlin-Mitte

Aktenzeichen: Hs.C. 238/76 — Berlin, den 20. 11. 1976

(Bei Eingaben stets anführen) — Fernruf

Haftbefehl

Der F U C H S , Jürgen geb. am 19. 12. 1950 in Reichenbach
wohnhaft: 69 Jena, Lutherstr. 25 ; Nebenwohnung: 1252 Grünheide, Burgwallstr. 4 b.Havemann
ist in Untersuchungshaft zu nehmen.

Er wird beschuldigt, staatsfeindliche Hetze begangen zu haben, indem er mit dem Ziel die sozialistische Staats- und Gesellschaftsordnung der DDR zu schädigen und gegen sie aufzuwiegeln, seit 1971 eine Vielzahl von Schriften herstellte, in denen er die staatlichen und gesellschaftlichen Verhältnisse in der DDR, die Tätigkeit staatlicher und gesellschaftlicher Organe der DDR sowie Bürger der DDR diskriminierte und zum Widerstand gegen die sozialistische Staats- und Gesellschaftsordnung aufforderte. Diese Schriften verbreitete er planmäßig in der DDR sowie in der BRD.

~~Vergehen~~/Verbrechen gem. §§ 106, Abs. 1 Ziff. 1,2 u. 3, Abs. 2 StGB
Er/~~Sie~~ ist dieser Straftat dringend verdächtig.
Die Anordnung der Untersuchungshaft ist gemäß § 122 Abs.1,Ziff.2. StPO gesetzlich begründet, weil ein Verbrechen desn Gegenstand des Verfahrens bildet.

Gegen diesen Haftbefehl ist das Rechtsmittel der Beschwerde zulässig (§ 127 StPO).
Sie ist binnen einer Woche nach Verkündung des Haftbefehls bei dem unterzeichneten Gericht zu Protokoll der Rechtsantragstelle oder schriftlich durch den Betroffenen oder ~~einen~~ Rechtsanwalt einzulegen (§§ 305, 306 StPO).

Sattler
Richter

Deutsche Demokratische Republik – Stadtbezirksgericht Berlin-Mitte

Best.-Nr. 22016 Haftbefehl – §§ 124, 127, StPO
Vordruckbetrieb Demos Osterwieck — Ag 305/DDR/74/326/175.0 T.

Der Haftbefehl gegen Jürgen Fuchs (BStU MfS AU 11554/78 Bd. 14, Bl. 12)

eine Schnellzugzuschlagkarte und eine Fahrkarte von Leipzig nach Berlin bei ihm gefunden, datiert auf den 16. und 17. Oktober, den beiden Tagen der Aufnahmen in Leipzig.[231]

Häufig trifft man die Meinung an, Fuchs, Pannach und Kunert seien „wegen Biermann" verhaftet worden. Anhand der Stasiakten und der Begründungen der Haftbefehle lässt sich diese Aussage nicht pauschal bestätigen. Nur Pannachs Haftbefehl war im Zusammenhang mit der Biermann-Ausbürgerung begründet, Kunert wurde dagegen „asoziales Verhalten"[232] vorgeworfen. Bei Jürgen Fuchs waren es von Anfang dessen eigene Arbeiten, die zu seiner Verhaftung führten:

> „Fuchs ist der staatsfeindlichen Hetze gemäß § 106 StGB verdächtig, in dem er seit 1971 Schriften, in denen die staatlichen und anderen gesellschaftlichen Verhältnisse der DDR, Tätigkeit von Bürgern und Organen diskriminiert sowie zum Widerstand aufgefordert wurde, hergestellt und deren Verbreitung in der BRD und der DDR organisiert zu haben."[233]

Ihm wurden „Verbrechen gem. § 106, Abs. 1 Ziffer 1, 2 u. 3, Abs. 2 StGB" zur Last gelegt. Die Anordnung der Untersuchungshaft war „gemäß § 122, Abs. 1, Ziff. 2, StGB gesetzlich begründet, weil ein Verbrechen den Gegenstand des Verfahrens bildet".[234]

Es ist sehr wahrscheinlich, dass alle drei Künstler verhaftet wurden, um sie von weiteren – vor allem (west-)öffentlichen – Protestaktionen abzuhalten. Auf Biermann bezogen müsste es daher richtiger heißen: Sie wurden ver

231 BStU MfS AU 11554/78 Jürgen Fuchs, Vernehmungsprotokoll vom 29.11.1976, Bd. 1, Bl. 159.

232 Siehe genaue Begründungen der Haftbefehle im Kapitel „Pannach und Kunert werden verhaftet".

233 BStU MfS AU 11554/78 Jürgen Fuchs, Haftbeschluss, HA XX/OG vom 26.11.1976, Bd. 1, Bl. 38.

234 BStU MfS AU 11554/78 Jürgen Fuchs, Haftbefehl, Bd. 14, Bl. 12.

haftet, um weitere Solidaritätsaktionen für ihren ausgebürgerten Freund zu verhindern.[235]

Sybille Havemann kommt zu dem Schluss, dass die innenpolitische Unsicherheit der DDR der Hauptgrund für die Verhaftung war.[236] Die DDR konnte daher solche kritischen jungen Leute nicht „gelassen nachdenkend" ertragen, wie es in der Schriftstellerpetition hieß.

In den Vernehmungen wurden die drei in alle Richtungen verhört, zu Biermann, Havemann, Renft, zur eigenen Biografie und Entwicklung, zu Familie und Freunden, bei Fuchs auch zu Personen in Jena. Vor allem aber waren es die eigenen Texte und Lieder und die Tatsache, dass einige von ihnen im Westradio gesendet worden waren. Mehr und mehr richtete sich der Fokus der Vernehmungen nur noch auf das Leipziger Tonband als wichtigsten Anklagepunkt, es stand summarisch für das jeweils eigene Werk und für die Tatsache, dass es im Westen gesendet werden sollte. Es war außerdem die Verbindung zwischen den drei Gefangenen.

Schon wenige Wochen *vor* der Verhaftung findet sich ein bedrohlicher Bericht, in dem Jürgen Fuchs die „Organisierung eines politischen Untergrundes" vorgeworfen wird. Der Vorwurf hätte auch ohne Aktionen anlässlich der Biermann-Ausbürgerung für eine Anklage wegen staatsfeindlicher Hetze und staatsfeindlicher Gruppenbildung und somit für eine mehrjährige Haftstrafe gereicht.

> „Zu seinem engsten Verbindungskreis in der DDR gehören neben Robert Havemann und Wolf Biermann negative Personenkreise unter der studentischen Jugend aus Jena, die politisch-operativ bearbeitet werden und überörtliche Kontakte zu gleichgesinnten Personen innerhalb der DDR unterhalten:

---

235 Sybille Havemann nennt es einen „Scheinzusammenhang", der zwischen der Biermann-Ausbürgerung und der Verhaftung der drei bestand, siehe S. 260 f.

236 Ebd.

> Sybille Havemann Studentin FSU Jena [spätere handschriftliche Ergänzung durch einen MfS-Mitarbeiter: Seit 11.II.77 legal nach BRD]
> Lutz Rathenow Student FSU
> Siegfried Reiprich Jena
> Bernd Markowski [richtig: Markowsky] Jena
> Lutz Leibner Jena
> Gerd Sonntag Jena
>
> Die bisher vorliegenden Ergebnisse der politisch-operativen Bearbeitung des FUCHS zeigen, daß er sich gemeinsam und in Abstimmung mit Havemann und Biermann an der Organisierung eines politischen Untergrundes, vornehmlich unter studentischen Personenkreisen, aktiv beteiligt.
> Er nutzt dazu seine literarische Tätigkeit aus, um offen oder in abgedeckter Form seine feindlichen Theorien zu verbreiten.
>
> Die von ihm verfassten Gedichte, Erzählungen und Essays beinhalten Angriffe gegen die führende Rolle der Partei, die sozialistische Staatsmacht, den demokratischen Zentralismus, verbreiten pazifistisches Gedankengut und propagieren einen sogenannten demokratischen Zentralismus [handschriftliche Anmerkung: Sozialismus!]"[237]

Der Schriftsteller protestierte gegen die Festnahme, forderte seine sofortige Freilassung und erklärte: „Ich führe keine Gespräche mit Menschen, die einen unbequemen Literaten ohne Angabe von Gründen inhaftieren!"[238]
In seiner Haftbeschwerde vom 27. November 1976 bestritt Jürgen Fuchs den Vorwurf der „staatsfeindlichen Hetze". Er hätte keineswegs, wie es im Haft-

237 BStU MfS AU 11554/78 Jürgen Fuchs, Auskunft HA XX/ OG vom 20. Oktober 1976, Bd. 1, Bl. 32.
238 BStU MfS AU 11554/78 Jürgen Fuchs, Vernehmung vom 20.11.1976, Bd. 14, Bl. 270.

befehl hieß, seit 1971 Schriften in der DDR und der BRD verbreitet, die dem Staat hätten Schaden zufügen können: Er habe zu dieser Zeit noch gar nichts veröffentlicht.

> „Haftbeschwerde
> An das Stadtbezirksgericht Berlin
>
> Jürgen Fuchs
> 1252 Grünheide
> Burgwallstraße 4
> (bei Havemann)
>
> Hiermit lege ich Beschwerde über meine Inhaftierung ein. Ich weise den schweren Vorwurf einer ‚staatsfeindlichen Hetze' entschieden zurück. Die Behauptung, ich hätte seit 1971 Schriften in der DDR und BRD verbreitet, die unserem Staat Schaden zufügten, entbehrt jeglicher Grundlage. Erst im Jahre 1972/73 veröffentlichte ich erste kleine Gedichte in Lyrikanthologien. Bis zum Jahre 1974 gehörte ich zu den intensiv geförderten jungen Künstlern der DDR. Der FDJ-Zentralrat und der Schriftstellerverband luden mich und andere junge Künstler meiner Generation regelmäßig zu Tagungen und Lehrgängen ein. Die Veröffentlichung von etwa 20 Gedichten in der Lyrikauswahl ‚Offene Fenster 4' zu Ehren der Weltfestspiele kann meines Erachtens unmöglich als ‚Hetze gegen die DDR' angesehen werden. Ab 1975 las ich neben Lyrik ebenfalls Prosastücke, die heftige Diskussionen über unsere politischen und gesellschaftlichen Verhältnisse auslösten. Ich war und bin der Meinung, daß Meinungsstreit ein wichtiger Bestandteil unserer sozialistischen Demokratie ist. Dabei gehe ich davon aus, daß weder ich selbst noch meine jeweiligen Diskussionspartner in jeden Fragen Recht haben müssen. In der öffentlichen Diskussion sollten strittige Fragen gelöst werden. Ich habe vor zwei Monaten erneut Prosaarbeiten Zeitschriften und Verlagen angeboten, um eine Wertung, Besprechung und möglicherweise eine Veröffentlichung zu erfahren. ‚Konspirative' Tätigkeit kann diese schriftstellerische Arbeit nicht sein, denn ich suche die Öffentlichkeit und bin der festen Überzeugung, auf dem festen Boden unserer sozialistischen Gesellschaftsordnung zu stehen. Meine Publikationen in der BRD aus dem Jahre 1976 beinhalten literarische Arbeiten, die in der DDR zumindest durch Kenntnisnahme der Verlage und die demokratische Öffentlichkeit ausgewiesen sind. Sie enthalten rea-

listische Schilderungen und Ansichten, Meinungen, Gefühle usw., die ich immer und überall öffentlich vertreten habe, falls sich zuhörende und antwortende Partner fanden. Meine Freundschaft zu Wolf Biermann und Robert Havemann, die ich als leidenschaftliche und überzeugte Kommunisten kennenlernte, bringt mich heute offensichtlich in eine Lage, in der ich mit einigen Maßnahmen nicht einverstanden sein kann. Die Ausbürgerung von Wolf Biermann halte ich für einen kulturpolitischen Fehler und ich schließe mich der Erklärung der Schriftsteller Wolf, Chr., Wolf, Gerhard, Braun, Heym, Müller, Becker, Hermlin, Schneider, Cremer usw. an. Dabei verurteile ich entschieden alle Versuche, diese Position gegen die DDR zu mißbrauchen oder als ‚staatsfeindliche Hetze' anzusehen. Die Verhaftung eines Schriftstellers löst immer beim Klassenfeind Frohlocken aus. Ich für meinen Fall möchte auf diese Form der Popularisierung gern verzichten, da ich als DDR-Bürger und überzeugter Marxist eine Position vertrete, die auf eine Öffentlichkeit zielt, die mich belehrt und die meine Argumente anhört, falls es um strittige künstlerische oder politische Fragen geht. Die Freiheitsberaubung kann ich nicht als ‚Argument' akzeptieren, auch wenn ich über solch eine Maßnahme zutiefst erschüttert bin. Ich weise den Vorwurf der ‚staatsfeindlichen Hetze' entschieden zurück und bin der Meinung, daß ich mit meinen bisherigen literarischen Arbeiten einen Beitrag zum sozialistischen Realismus in der DDR geleistet habe. Ich fordere meine sofortige Freilassung.

Jürgen Fuchs
27.11.76"[239]

Ging es in den Vernehmungen zunächst um seine Aktivitäten gegen die Biermann-Ausbürgerung, um Westbesucher bei Biermann in Ost-Berlin, Fuchs' Veröffentlichungen im Westen und die angebliche „Organisation eines politischen Untergrundes", konzentrierten sie sich ab Ende November 1976 auch auf das „Leipziger Tonband". Zu diesem und zu allen seinen anderen Texten, seinen Westkontakten, seinen Veröffentlichungen im „Deutschen Allgemei-

239 Privatarchiv Lilo Fuchs sowie BStU MfS AU 11554/78 Jürgen Fuchs, Haftbeschwerde vom 27. November 1976, Bd. 14, Bl. 15–18.

nen Sonntagsblatt", im Deutschlandfunk und im RIAS, seiner Haltung zum Sozialismus und zur NVA wurde Jürgen Fuchs in der Folgezeit immer wieder verhört. Alle Aussagen seiner Texte wurden auf politische Angriffe gegen die DDR hin analysiert und hinterfragt. Er selbst war nach der Haft der Meinung, dass er der Hauptbelastungszeuge in einem künftigen Prozess gegen Robert Havemann sein sollte.[240]

Rechtsanwalt Götz Berger, den Robert Havemann zur Verteidigung von Jürgen Fuchs engagieren wollte, wurde nicht zugelassen. Fuchs hatte Berger selbst aus der Haft angeschrieben, bekam von ihm aber keine Antwort. Was Fuchs nicht wusste: Berger war Anfang Dezember 1976 die Lizenz als Rechtsanwalt entzogen worden, weil er gegen die Biermann-Ausbürgerung und den gegen Robert Havemann verhängten Hausarrest protestiert hatte. Die Verteidigung von Jürgen Fuchs, Gerulf Pannach und Christian Kunert übernahmen die Rechtsanwälte Dr. Wolfgang Vogel und Dieter Starkulla. Am 3. Dezember 1976 meldeten sie sich per Schreiben beim Generalstaatsanwalt der DDR als Wahlverteidiger.[241]

Der Greizer Dichter Günter Ullmann, der in Berlin arbeitete und von der Verhaftung Jürgen Fuchs' durch einen Bericht der ARD-Tagesschau erfahren hatte, fuhr am Montag, dem 22. November 1976, zu Lilo Fuchs und wollte sich wegen einer Unterstützung erkundigen. Er konnte sie nicht erreichen: Havemanns Grundstück war von Polizisten, Zivilkräften und Polizei- und Stasiautos abgeriegelt worden. Ullmanns Ausweis wurde von einem Polizisten kontrolliert, dann wurde er verhört. In den Abendstunden folgte noch eine zweite Vernehmung durch das MfS.[242]

Bei Jürgen Fuchs wurde keine Hausdurchsuchung durchgeführt, anders als wenige Tage später in Pannachs, Kunerts und Schoppes Leipziger Wohnun-

---

240 „Landschaften der Lüge". Gespräch mit Jürgen Fuchs, in Doris Liebermann: Gespräche mit Oppositionellen, Berlin 2016, S. 15–37, hier S. 24.

241 BStU MfS AU 14674/77 Gerulf Pannach, Schreiben von Dr. h.c. Wolfgang Vogel und Dieter Starkulla an Generalstaatsanwalt der DDR, Abt. I, 104 Berlin, Hermann-Matern-Str. 33/34 vom 3. Dezember 1976, Bd. 9, Bl. 163.

242 Scheer: Die Sonne (wie Anm. 88), S. 118–121.

gen. Allerdings wurde durch die HA IX eine Durchsuchung von Havemanns wie auch Fuchs' Wohnräumen in Erwägung gezogen, auch, um „die gegen Robert Havemann eingeleiteten Maßnahmen“ zu unterstützen.[243] Der Plan wurde verworfen, vermutlich, weil die Westmedien heftig darauf reagiert hätten.

In den MfS-Akten finden sich lange politisch-philosophische Diskussionen des Schriftstellers mit dem Vernehmer über das DDR-System, häufig auch knappe Antworten, in denen Fuchs darauf verweist, auf litaneihaft wiederholte Fragen des MfS-Mannes bereits ausgesagt zu haben.

Ab 4. März 1977 verweigerte Fuchs die Aussage ganz. Während der Verhöre malte er, unverständlich für den jeweiligen Vernehmer, Zeichen in die Luft und schrieb so imaginär, ohne Papier und Stift, sein Buch „Vernehmungsprotokolle“, das kurze Zeit nach der Haft bei Rowohlt erschien. Aus den auswendig gelernten Sätzen entstanden eindringliche, beklemmende Texte von ungeheurer Intensität. Weil er Schreibverbot hatte, schrieb er die Zeichen außerdem mit dem Finger, mit Stiften, die er aus dem Silberpapier von Schokolade gedreht hatte, oder mit den abgebrannten Köpfen von Streichhölzern auch auf die Tischplatte seiner Zelle. Fuchs schildert diese Zeit in den „Vernehmungsprotokollen“ so:

> „Dabei geht es nicht darum, sichtbare Schriftspuren zu hinterlassen, sondern über diese Art des ‚simulierten Schreibens‘ zu erreichen, daß Gedanken zu Ende gedacht, Gefühle beschrieben werden, Gehörtes notiert wird. Auch wenn es nicht schwarz auf weiß nachzulesen ist – in der Zelle schreibe ich mittlerweile mit Silberpapierstiften auf den Kunststoffbelag der Tischplatte – was da formuliert wird: Im Kopf steht es. Zumindest zu einem großen Teil.“[244]

---

243 BStU MfS AU 11554/78 Jürgen Fuchs, Vorschlag zur Durchführung einer Durchsuchung der Wohnräume Robert Havemanns in Grünheide, Burgwallstraße 4 vom 22.11.1976, HA IX, unterzeichnet von Major Eschberger, mit Exemplar für Minister Mielke und dessen Stellvertreter Beater, Bd. 1, Bl. 109 f.

244 Jürgen Fuchs: Gedächtnisprotokolle. Vernehmungsprotokolle. November '76 bis September '77, Reinbek bei Hamburg 1990, S. 185.

292

Berlin, den 10. 03. 1977
Beginn: 9.00/14.00 Uhr
Ende: 13.00/15.30 Uhr
3 Expl. 1. Ausf./Wm

BStU
000310

Vernehmungsprotokoll
des Beschuldigten

F U C H S , Jürgen
geb. am 19. 12. 1950 in Reichenbach
Beruf: Betriebs- und Verkehrseisenbahner
zuletzt: ohne Beschäftigung
wohnhaft: 69 Jena, Lutherstraße 25

Frage: In Ihrer Vernehmung vom 09. 03. 1977 weigerten Sie sich erneut, auf die Ihnen gestellten Fragen zu antworten.
Hiermit wird Ihnen wiederum Gelegenheit gegeben, den Text mit dem Titel "Das Verbot" zur Kenntnis zu nehmen und sich dazu zu äußern!

Antwort: (Der Beschuldigte verweigert erneut die Kenntnisnahme des ihm vorgelegten Textes und die Beantwortung der gestellten Frage. Zu seinem Verhalten gibt er keinerlei Erklärung ab und zeichnet mit dem Finger unausgesetzt fiktive Zeichen auf die Tischplatte.)

Frage: Sie werden nochmals nachdrücklich aufgefordert, Ihr provokatorisches Verhalten zu unterlassen und auf die Ihnen gestellten Fragen zu antworten!

Antwort: (Der Beschuldigte reagiert nicht auf die an ihn gerichtete Aufforderung.)

Jürgen Fuchs verweigerte von März bis Mai 1977 die Aussage: Stattdessen prägte er sich mittels einer imaginären Schrift die Verhörsituationen ein (BStU MfS 11 554/78 Bd. 2, Bl. 310)

Die Datumsangaben in seinem Buch „Vernehmungsprotokolle“ stimmen – verglichen mit den MfS-Akten – nicht immer überein, schließlich musste Fuchs nach der Haft alle Eindrücke aus dem Gedächtnis reproduzieren. Wie sehr aber seine psychologischen Analysen und seine subtilen Wahrnehmungen über die Haftzeit stimmten, lässt sich heute anhand der Stasidokumente nachverfolgen. Als Reaktion auf die fünfteilige SPIEGEL-Serie 1977 „Du sollst zerbrechen“,[245] die Fuchs unmittelbar nach der Haft schrieb, verfasste das MfS eine Stellungnahme mit folgendem Vermerk:

> „FUCHS macht in seiner publizierten Artikelserie ‚Du sollst zerbrechen‘ bezugnehmend auf seine Unterbringung in der UHA des MfS mehrmals Angaben über einen angeblichen ‚Spion‘ sowie über ‚Abhöranlagen‘.
> Es entspricht den Tatsachen, dass FUCHS während des gegen ihn durchgeführten Ermittlungsverfahrens unter operativer Kontrolle durch Technik [handschriftlich hinzugefügt] und ZI[246] [handschriftlich hinzugefügt] stand. [...]
> Begünstigt durch vernehmungstaktische Fehler des Untersuchungsführers entstand zum vorgenannten Zeitpunkt bei FUCHS der Verdacht, dass er ‚abgehört‘ wird. Eine eindeutige Dekonspiration des ZI konnte jedoch nicht festgestellt werden.
> Bei dem ZI handelte es sich um den im September 1976 wegen Verbrechen des staatsfeindlichen Menschenhandels zu 8 Jahren Freiheitsentzug verurteilten Bürger der BRD

> K.,
> Geb. am: [geschwärzt]
> Beruf: Kaufmann
> Wohnhaft: Hamburg, [geschwärzt]

245 DER SPIEGEL Nr. 43–47 vom 17. Oktober 1977 bis 14. November 1977.

246 Zelleninformator, ein IM in den Haftanstalten und im Haftkrankenhaus des MfS.

der mehrfach überprüft eine zuverlässige und gewissenhafte inoffizielle Arbeit leistete und durch die HA VIII für eine inoffizielle Nutzung im Operationsgebiet vorgesehen ist.
Die von Fuchs angeführten Angaben über dessen Person stimmen im wesentlichen mit der Legende des K. überein und entsprechen bis auf den Namen und seine Verwandtschaft den Tatsachen. Es muss jedoch eingeschätzt werden, dass im Ergebnis von Überprüfungen und Bildvorlagen durch den Verfassungsschutz der BRD der K. eindeutig identifiziert werden kann.

Eberl Hauptmann“[247]

Auch in der SPIEGEL-Serie „Landschaften der Lüge“[248] hat der Schriftsteller die Haftzeit später beschrieben.

Pannach und Kunert treffen eine Stern-Journalistin und werden verhaftet

Am 19. November 1976, dem Tag der Verhaftung von Jürgen Fuchs, trafen Pannach und Kunert nachmittags in Havemanns Wohnung mit einer Westbesucherin zusammen, einer Bekannten von Margret Frosch, die Kontakt zu der Stern-Journalistin Marion Eißele hatte. Die Besucherin teilte Pannach und Kunert mit, dass der RIAS plane, das „Leipziger Tonband“ am 20. November zu senden.
Margret Frosch ließ durch die Bekannte anfragen, ob trotz der Ausbürgerung

---

247 BStU MfS AU 86/85 Jürgen Fuchs. 15. Februar 1978, Stellungnahme zu der von Jürgen FUCHS verfassten und vom BRD-Nachrichtenmagazin „Der Spiegel“ publizierten Artikelserie „Du sollst zerbrechen“, Bd. 2, Bl. 45. Den Bericht zitiert Jürgen Fuchs auch in seinem Buch „Magdalena“, Berlin 1998, S. 106. Zu dem Zellen-IM siehe dort auch S. 275 ff.
248 DER SPIEGEL Nr. 47/1991, Landschaften der Lüge, ab 18.11.1991.

Biermanns die Ausstrahlung des Leipziger Bandes erfolgten sollte. Da die Bekannte an diesem Tag von Fuchs' Festnahme erfuhr, war nun auch die Frage, ob trotz der Verhaftung eine Veröffentlichung erfolgen sollte. Pannach und Kunert waren der Meinung: ja. Der RIAS-Literaturredakteur Hans-Georg Soldat verschob die Sendung aber auf den 11. Dezember 1976, den Tag nach der ersten Pressekonferenz des Schutzkomitees „Freiheit und Sozialismus".
Am nächsten Tag, am Samstag, dem 20. November 1976, trafen Pannach und Kunert mit dem DDR-Korrespondenten des ZDF Dirk Sager in dessen Wohnung in der Leipziger Straße in Ost-Berlin zusammen. Pannach hatte Sager in Leipzig bei Klaus Jentzsch kennengelernt, als der Journalist einen Film über das Verbot von Renft für das ZDF drehte.[249]
Sie erzählten Sager von der Verhaftung ihres Freundes, den Unterschriftenlisten und den Leipziger Tonbandaufnahmen. Dann fuhren sie mit Sager zum Mittagessen. Die Stern-Journalistin Marion Eißele begleitete sie, ihr gaben sie ein Interview. Auch Dirk Sager wollte die beiden noch interviewen.
Am Vormittag des 21. November 1976 blieben Pannach und Kunert bis 11 Uhr in der Wohnung von Fuchs in Grünheide. Dann gingen sie zur nahe gelegenen Bushaltestelle, um zur S-Bahn-Station und von da nach Berlin zu fahren. Für den Nachmittag, 15 Uhr, hatten sie sich im Café „Lindenkorso", Unter den Linden, mit der Journalistin verabredet, die ihren Artikel für das Wochenmagazin „Der Stern" mit ihnen besprechen wollte.
Bevor sie losfuhren, schauten sie noch bei Havemann vorbei. Margret Frosch war an diesem Tag zu Besuch. Sie hatte das Leipziger Band angehört, es gefiel ihr gut. Sie wollte ein paar Tage später das Lied „Für uns, die wir noch hoffen" bei einer Protestveranstaltung gegen die Biermann-Ausbürgerung in der Freien Universität in West-Berlin öffentlich vorspielen. Die beiden Musiker hatten nichts dagegen. Am Nachmittag dieses Tages wurden auch Pannach und Kunert in Berlin verhaftet.[250]

---

249 Der Beitrag wurde am 24. Februar 1976 vom ZDF ausgestrahlt, vgl. Anm. 168.
250 BStU MfS AU 14674/77 Gerulf Pannach, Zuführungsbericht vom 24.11.1976, HA VIII, Abt. 2, Bl. 22.

„Wir wollten von Erkner aus mit der S-Bahn zu einem Gespräch mit einer Redakteurin vom STERN, die in Berlin Mitte residierte, kamen aber nie bei ihr an", erinnert sich Christian Kunert.

> „Ich weiß noch, dass wir über Sinn und Unsinn von Interviews mit westdeutschen Medien sprachen. Mir war das immer ein wenig suspekt, denn was wussten die Wessis schon von uns, was gingen sie unsere Probleme an? Auch war ich der Meinung, dass wir besser singen sollten als Statements abzugeben, und Gerulf stimmte mir eigentlich zu. Es war nur eben auch ein Reiz im Spiel. Und die Chance, Öffentlichkeit herzustellen als Schutz vor staatlicher Repression. Eitelkeit natürlich auch: Guck mal, ich bin im STERN! In der S-Bahn fühlten wir uns von einigen Männern beobachtet und verabredeten, am Alex vor Abfahrt des Zuges schnell noch hinauszuspringen, um die abzuschütteln. Ziemlich naiv. ‚Da müssen Se bisschen früher aufsteh'n', war so ein Standardspruch des Vernehmers, mit dem ich es dann zu tun bekam. Wir schafften es nicht, im Getümmel des Weihnachtsmarktes einzutauchen. Sie trennten uns voneinander und hielten uns fest, bis zwei Autos kamen und je einen von uns in die Magdalenenstraße brachten. Die nicht getroffene STERN-Frau titelte ihren Artikel dann ‚Helft uns!' Do legst di nieda, sagt der Bayer."[251]

Der Haftbefehl des Stadtbezirksgerichts Berlin-Mitte vom 22. November 1976 warf Kunert „Vergehen gem. § 249 Abs. 1 StGB" vor: „Er wird beschuldigt, die öffentliche Ordnung durch asoziales Verhalten gefährdet zu haben, indem er seit Anfang Oktober 1976 aus Arbeitsscheu keiner geregelten Arbeit nachgeht. […]" Anders als bei Fuchs war die Anordnung der Untersuchungshaft nicht mit einem „Verbrechen", sondern damit begründet, dass eine „freiheitsentziehende Maßnahme" zu erwarten sei.[252]
Erst im Haftbeschluss vom 3. Dezember 1976 wurde auch Kunert vorgeworfen, im Zusammenhang mit der Aberkennung der DDR-Staatsbürgerschaft

251 Interview mit Christian Kunert, 2019.
252 BStU MfS AU 14974/77 Christian Kunert, Haftbefehl vom 22.11.1976, Bd. 8, Bl. 16.

BStU
000015 5

DER GENERALSTAATSANWALT
DER DEUTSCHEN DEMOKRATISCHEN REPUBLIK
Abteilung I

Berlin, den 22. 11. 1976

Stadtbezirksgericht
Berlin-Mitte
z.H. des Gen. Haftrichter

B e r l i n

Ich beantrage gegen

KUNERT, Christian
geb. am 20. 05. 1952 in Leipzig
wohnhaft: 701 Leipzig,
Gustav-Adolf-Straße 45

Haftbefehl zu erlassen.

Der Beschuldigte KUNERT ist dringend verdächtig, die öffentliche Ordnung durch asoziales Verhalten gefährdet zu haben.
Seit Anfang Oktober 1976 entzieht er sich aus Arbeitsscheu einer geregelten Arbeit.

Strafbar gemäß § 249 Abs. 1 StGB

Der Erlaß des Haftbefehls ist gemäß § 122 Abs. 1 Ziff. 4 StPO erforderlich.

i.A. Dr. Gläßner
Staatsanwalt

(79) Bmg 030 / 72

Erst Auftrittsverbot, dann „asozial": der Haftbefehl gegen Christian Kunert (BStU MfS AU 14974/77 Bd. 8, Bl. 15)

BStU
000017

7

DER GENERALSTAATSANWALT

DER DEUTSCHEN DEMOKRATISCHEN REPUBLIK

Abteilung I

Stadtbezirksgericht Berlin-Mitte
zu Händen des Gen. Haftrichter

B e r l i n

Berlin, den 13. 12. 1976

Antrag auf Erweiterung des Haftbefehls Akz. Hs.C. 239/76 vom 22. 11. 1976 gegen

K U N E R T , Christian
geb. am 20. 5. 1952 in Leipzig
wohnhaft: 701 Leipzig, Gustav-Adolf-Str. 45.

Im Zuge des Ermittlungsverfahrens ergab sich der dringende Tatverdacht, daß der Beschuldigte gemeinschaftlich mit anderen Personen handelnd, mit dem Ziel der Aufwiegelung gegen die sozialistische Staats- und Gesellschaftsordnung der DDR staatsfeindliche Hetze betrieben hat. Er hat ein Tonband mit Texten, in denen die gesellschaftlichen Verhältnisse in der DDR diskriminiert werden und zum Widerstand gegen die Staatsordnung der DDR aufgefordert wird, hergestellt und dieses im Zusammenwirken mit westlichen Publikationsorganen planmäßig verbreitet.

\- strafbar gemäß: § 106 Abs. 1 Ziff. 1, 2 und 3
Abs. 2 StGB
i.V.m. § 22 Abs. 2 Ziff. 2 StGB -

Dr. Gläßner
Staatsanwalt

(79) Bmg 030 / 72

Erweiterung des Haftbefehls gegen Christian Kunert (BStU MfS AU 14974/77 Bd. 8, Bl. 17)

Wolf Biermanns „Vorbereitungshandlungen zur staatsfeindlichen Hetze unter Ausnutzung westlicher Massenmedien getroffen“ zu haben; daraus ergab sich der „Verdacht einer Straftat gem. § 106 StGB“.[253]
Gerulf Pannach wurden zwei Delikte zur Last gelegt: die Unterschriftensammlung gegen die Biermann-Ausbürgerung und „Asozialität“:

> „PANNACH hat Beihilfe zur staatsfeindlichen Hetze geleistet, indem er am 19.11.1976 die Mitbeschuldigten Lehmann und Behr mit dem Ziel, die sozialistische Staats- und Gesellschaftsordnung in der DDR zu schädigen, aufforderte, Schriften, in denen die politischen Verhältnisse der DDR diskriminiert werden, über westliche Massenmedien zu verbreiten. In diesem Zusammenhang händigte er diesen die Anschrift eines Mitarbeiters eines westlichen Publikationsorgans aus. Darüber hinaus hat PANNACH die öffentliche Ordnung durch asoziales Verhalten gefährdet, indem er seit Oktober 1976 aus Arbeitsscheu sich einer geregelten Arbeit entzogen hat.
> – strafbar gemäß §§ 106 Abs. 1 Ziff. 1, 22 Abs. 2 Ziff. 3, 249 Abs. 1 StGB“[254]

Am 3. Dezember 1976 wurde ihm dann in einem Haftbeschluss vorgeworfen, er hätte wie Kunert im Zusammenhang mit der Aberkennung der DDR-Staatsbürgerschaft Biermanns „Vorbereitungshandlungen zur staatsfeindlichen Hetze unter Ausnutzung westlicher Massenmedien“[255] getroffen. Auch das begründe den Verdacht einer Straftat nach § 106, staatsfeindliche Hetze.

---

253 BStU MfS AU 14974/77 Christian Kunert, Haftbeschluss vom 3.12.1976, Bd. 8, Bl. 51.

254 BStU MfS AU 14674/77 Gerulf Pannach, Einlieferungsanzeige, Rückseite, Bd. 1, Bl. 29. – Uwe Behr (Jg. 1956), Krankenpfleger in Jena, und Gerd Lehmann beteiligten sich 1976 an der Unterschriftenaktion der Jenaer Jungen Gemeinde Stadtmitte gegen die Ausbürgerung von Wolf Biermann. Behr siedelte 1983 nach West-Berlin über. Lehmann (Jg. 1952) wurde nach seiner Verhaftung in Jena bereits 1977 nach West-Berlin ausgebürgert. Vgl. u. a. https://www.jugendopposition.de (3.6.2022).

255 BStU MfS AU 14674/77 Gerulf Pannach, Haftbeschluss vom 3. Dezember 1976, Bd. 1, Bl. 21.

Hausdurchsuchungen

Nach der Verhaftung von Jürgen Fuchs versuchten Pannach und Kunert, in aller Eile wichtige Materialien, Texte, Papiere, Bücher in das Wohnhaus von Havemann zu bringen. Sie füllten zwei Koffer damit, einen bekam eine Freundin von Katja Havemann, den anderen der SPIEGEL-Korrespondent Ulrich Schwarz. Das MfS interessierte sich in den Vernehmungen explizit für diese Materialien; Pannach wurde von Dezember 1976 bis Februar 1977 sogar mit einem Zellen-IM zusammengelegt, der Genaueres zu diesem Material in Erfahrung bringen sollte.

In den Leipziger Wohnungen von Pannach und Kunert fanden Hausdurchsuchungen und umfangreiche Beschlagnahmungen durch das MfS statt. Konfisziert wurde eine Kopie des „Leipziger Tonbandes", zahlreiche andere Tonbänder und Kassetten, alle auffindbaren Textfassungen von Liedern, Fotos und Plakate von Renft, Briefe, Schallplatten, Bücher von Wolf Biermann, Texte von Jürgen Fuchs und Kurt Demmler, bei Kunert Bücher mit Texten von Bob Dylan und den Beatles in Englisch, Bücher und Abschriften von Alexander Solschenizyns oder Michail Bulgakows Prosa, bundesdeutsche Zeitungsartikel über das Verbot von Renft. Mit den beschlagnahmten Schriftstücken wurden beide immer wieder in den Verhören konfrontiert. Von beschlagnahmtem Blaupapier wurden Texte sichtbar gemacht (durch einen Ingenieur für Polygrafie), es handelte sich um Liedertexte von Pannach, und der Maschinentyp einer Reiseschreibmaschine „Erika" wurde genau bestimmt.

Auch das Tagebuch von Christian Kunert wurde beschlagnahmt. Bis heute ist es nicht aufzufinden.

Anklagen gegen Gerulf Pannach und Christian Kunert

Der „Klärung eines Sachverhaltes" folgte die „Einleitung eines Ermittlungsverfahrens" gemäß § 98 der DDR-Strafprozessordnung. Geradezu absurd war die Begründung: Nachdem die Konzert- und Gastspieldirektion Leipzig alle Bühnenauftritte von Pannach und Kunert verhindert hatte, mussten sich die beiden „Arbeitsscheu“ und „asoziales Verhalten“ vorwerfen lassen. In einer Haftbeschwerde, gerichtet an das Stadtbezirksgericht Berlin-Mitte, widersprach Kunert den Vorwürfen und schilderte, dass er sich um die Bildung einer Tanzmusik-Formation bemüht hatte. Auch dies führte zu keiner Aufhebung des Haftbefehls. Staatsanwalt Gläßner beantragte, der Haftbeschwerde nicht stattzugeben, und das Stadtgericht Berlin wies Kunerts Beschwerde als unbegründet zurück.

Auch Gerulf Pannach legte Haftbeschwerde ein und wies die angebliche „Asozialität“ von sich. Er schilderte ausführlich seine Erlebnisse mit der Konzert- und Gastspieldirektion Leipzig, den Förderungsverträgen und der erzwungenen Abgabe seines Berufsausweises bis hin zu seiner Arbeit als Stundenhilfe beim Obst- und Gemüsehandel. Er selbst sei an einem Job ohne Kündigungsfrist interessiert gewesen, um sofort wieder als Songinterpret arbeiten können, sollte er seinen Berufsausweis zurückbekommen.

> „Nach all dem, was ich hier aufgeschrieben habe, kann man in meinem Fall sicherlich nicht von Asozialität sprechen. Deshalb weise ich auch den Vorwurf zurück.
> Abschließend möchte ich bemerken, daß ich wirklich keinen Grund sehe, mich in Untersuchungshaft zu belassen, da ich, obwohl ich nicht der Meinung bin, daß die Aberkennung der Staatsbürgerschaft Biermanns eine richtige und glückliche Entscheidung ist, an keinen staatsfeindlichen Handlungen teilgenommen habe und auch an keinerlei Handlungen dieser Art, egal um wessen Staatsbürgerschaftsverlust es sich handelt, teilzunehmen gedenke.“[256]

Christian Kunert erinnert sich so:

256 Haftbeschwerde von Gerulf Pannach vom 24.11.1976, Privatarchiv Amrei Pannach sowie BStU MfS AU 14674/77 Bd. 1, Bl. 35–40.

„Ich war eine Nacht, 24 Stunden lang, bei der Stasi. Es war eine lange Nachtvernehmung gewesen, dann habe ich da auf dem Sofa gepennt und Frühstück bekommen. Dann hieß es wieder warten, warten, warten, und dann, der Staatsanwalt hätte sich dafür entschieden, mich zu verhaften. Der Ton änderte sich. Ich war plötzlich nicht mehr der Bürger, sondern der Beschuldigte Christian Kunert. Offiziere legten mir Handschellen an und ich wurde in ein Auto gesperrt. Diese Kleinbusse kennt man ja, in denen die Gefangenen gefahren wurden und per Aufschrift als ‚Frischfisch' verkauft wurden. Ich kannte das alles nicht. Ich wusste nicht, wo sie mich hinfahren, das wurde mir auch nicht gesagt. Dann war ich plötzlich im Stasigefängnis in Hohenschönhausen und der Vorwurf hieß: Verdacht auf asoziales Verhalten.

Ja, wie kommt der zustande, was ist das? ‚Sie haben keinen Beruf, Sie arbeiten nicht.' – ‚Wieso? Ich bin Musiker, ich habe einen Berufsausweis, ein Staatsexamen und ich habe beantragt, meine Spielerlaubnis als Tanzmusiker mit einer Band wiederzubekommen. Das ist alles nachprüfbar, dieser Vorwurf ist also gegenstandslos.' Es ist interessant, das man jeden unter dem Verdacht der Asozialität nach diesem § 249 verhaften konnte, auch wenn er auf dem Weg zur Arbeit war. Der Verdacht, dass der asozial ist, bestand immer. Ich habe eine Haftbeschwerde wegen dieses sogenannten Asozialitätsverdachtes eingelegt. Ein Untersuchungsrichter hatte mir das mit diesem Verdacht vorgetragen, und ich habe gesagt: ‚Das ist leicht zu entkräften.' Ich könnte beweisen, dass ich dies und jenes unternommen habe, um wieder in meinem Beruf tätig sein zu können. Es verstrichen erst mal Wochen, ehe es überhaupt eine Reaktion gab. Dann kam mein Vernehmer originellerweise mit der Bemerkung zur Vernehmung: ‚Sie haben es ja nicht anders gewollt. Ihr Verfahren wird erweitert auf § 106, staatsfeindliche Hetze im schweren Fall.' Das muss im Dezember 1976 gewesen sein."[257]

Diese Erweiterung des Haftbefehls war eine Folge davon, dass das „Leipziger Tonband" inzwischen im Hessischen Rundfunk gesendet worden war.

257 Interview mit Christian Kunert, Juni 2019.

DAS „LEIPZIGER TONBAND“ WIRD IM HESSISCHEN RUNDFUNK UND IM RIAS GESENDET

Der Hessische Rundfunk, 2. Programm, strahlte am 24. November 1976 in seinem Kulturmagazin „Transit“ einen längeren Auszug aus dem „Leipziger Tonband“ aus; die Redaktion hatte der Literaturredakteur Karl Corino. Teilweise las Corino die von Jürgen Fuchs verfassten Anmerkungen wortwörtlich vor.[258] Die Sendung wurde vom Staatlichen Komitee für Rundfunk in der DDR mitgeschnitten und diente als Belastungsmaterial gegen die drei Inhaftierten. Besonders ärgerte die Stasi, dass nun auch im Westradio von fünf MfS-Pkws und einem Abhörlieferwagen die Rede war. „Von Fuchs aufgestellte wahrheitswidrige Behauptungen“[259] entgegneten die Vernehmer bei den Verhören – eine Lüge, wie der Beobachtungsbericht vom 16./17. Oktober erkennen lässt: Das MfS war weit umfassender informiert, als es den drei Gefangenen gegenüber erkennen ließ.[260]

Der Hessische Rundfunk strahlte die Texte von Jürgen Fuchs, die sich mit der NVA beschäftigten, in der Erstsendung nicht aus. Pannach und Kunert hatten es als zusätzlich belastend für ihren Freund empfunden, wenn ein westlicher Sender unmittelbar nach der Verhaftung dessen Armeeprosa senden würde. Dies hatten sie Margret Frosch mitgeteilt, die die Bitte an die

---

258 HR 2, ab 20.05 Uhr. BStU MfS AU 14974/77 Christian Kunert, Bd. 9, Bl. 301 ff. – Hier befindet sich als „Anlage 2“ eine Textfassung der in der DDR mitgeschnittenen „Transit“-Sendung als Anlage zu dem Stimmgutachten zu Fuchs, Pannach, Kunert (siehe S. 213 ff.). Von 1973 bis 1990 gab es auf Initiative des HR-Literaturredakteurs Dr. Karl Corino alle vier Wochen die „Transit“-Sendungen im Hessischen Rundfunk. Sie beschäftigten sich mit DDR-Literatur und hauptsächlich mit Autoren, die in der DDR verboten waren oder in ihrer literarischen Arbeit behindert wurden.

259 BStU MfS AU 14974/77 Christian Kunert, Bd. 9, Bl. 237.

260 Vgl. S. 155–162.

Rundfunkredakteure in der Bundesrepublik und West-Berlin weitergegeben hatte. Das Lied „Glaubensfragen“ über Wehrdienstverweigerung in der DDR wurde bei der Erstausstrahlung ebenfalls nicht vom Hessischen Rundfunk gesendet.
Am 15. Dezember 1976 strahlte der Hessische Rundfunk das Band ab 21 Uhr in voller Länge aus, diesmal mit dem Song „Glaubensfragen“ und den NVA-Texten von Jürgen Fuchs.
Der RIAS sendete das Band am 11. Dezember 1976 nach der ersten Pressekonferenz des „Schutzkomitees Freiheit und Sozialismus“ und wiederholte die Sendung am 16. Dezember 1976. Der damals zuständige RIAS-Literaturredakteur Hans-Georg Soldat (1935–2012) berichtete in seinem Aufsatz „Für uns, die wir noch hoffen … Kleine Geschichte einer RIAS-Sendung“ davon, dass er das Band erst erhielt, als alle drei schon inhaftiert waren, und er lange gezögert habe, es zu senden. Er war sich nicht sicher, ob es schaden oder helfen würde, wenn der RIAS, der als „Feindsender“ in der DDR angesehen wurde, das Band ausstrahlen würde. Er habe schließlich auf seine innere Stimme gehört. Jürgen Fuchs bestätigte ihm nach der Haft, dass die Sendung hilfreich gewesen sei. Einer der besten Toningenieure des RIAS, eine versierte Cutterin und Hans-Georg Soldat selbst bearbeiteten weit über acht Stunden im größten Musikstudio des Senders das Band technisch nach, damit es sendefähig war.[261] Prosatexte von Jürgen Fuchs erschienen außerdem am 27. November 1976 in der FAZ und am 29. November 1976 im SPIEGEL. In der ZEIT erschien am 24. Dezember 1976 ein Artikel mit einem Foto von Jürgen Fuchs. Als Fotografin war Margret Frosch angegeben.
Christian Kunert begründete in der Haft ihr gemeinsam aufgenommenes Tonband so:

---

261 Hans-Georg Soldats Erinnerungstext „Für uns, die wir noch hoffen … Kleine Geschichte einer RIAS-Sendung“ ist erschienen im CD-Rom-Teil der CD „Für uns, die wir noch hoffen“ (wie Anm. 5).

BStU 000026 24

STAATLICHES KOMITEE FÜR RUNDFUNK
BEIM MINISTERRAT DER DDR

DDR 116 Berlin, Nalepastraße 18-50

An das
Ministerium für Staatssicherheit

Ihre Zeichen	Ihre Nachricht vom	Hausruf	Unser Zeichen	Tag
				24.1.1977

Betreff Sendung 15.12.1976, Frankfurt, 21.oo Uhr

Wir bestätigen hiermit, dass am 15.12.1976 im Sender Frankfurt ab 21.oo Uhr eine Sendung mit Liedern und Texten von Jürgen F u c h s, Gerulf P a n n a c h und Christian K u n e r t ausgestrahlt wurde.

In dieser Sendung wurden von den Obengenannten verbreitet:

- Lügen von angeblicher Angst, Unsicherheit und Verfolgung Andersdenkender in der DDR
- Verleumdung der Sicherheitsorgane
- fast alle Texte gehen von einer Position der Feindschaft gegenüber der DDR und besonders gegenüber den staatlichen Organen aus.

Der Wortlaut der Sendung vom 15.12.1976 liegt zu Ihrer Information als Anlage bei.

(H. Stange)
stellv. HA-Leiter

Anlage

Staatliches Komitee für Rundfunk
beim Ministerrat der DDR
HA Information
116 Berlin, Nalepastraße 18 - 50

Fernruf: 6360 Auskunft
636 .... Nr. des Hausapparates
Fernschreiber: 11 22 76

Drahtanschrift
Funkkomitee

Bankverbindungen:
Stb. Berlin,
Konto-Nr. 6741-33-111
Postscheckkonto Berlin 7199-59-13141

Fahrverbindung: S-Bahn Ostkreuz,
Straßenbahn Linien 13 und 82

101 00 290 102

Der Hessische Rundfunk, Redakteur Karl Corino, sendete das „Leipziger Tonband" im Dezember 1976 noch einmal – wohl bemerkt von den staatlichen Organen der DDR (BStU MfS AU 11554/78 Bd. 7, Bl. 26)

„Da die Möglichkeit, unser Publikum anzusprechen, in der DDR nicht mehr gegeben war, wollten wir dies über die Veröffentlichung in der BRD erreichen. Das vordergründige Ziel für die Herstellung der Aufnahmen vom 16./17. Oktober 1976 bestand also darin, über die Sender der BRD, die ja von DDR-Bürgern häufig empfangen werden, auf unser Publikum zu wirken, abgesehen vom Wunsch jedes Künstlers, sich öffentlich zu produzieren. Das Radio schien uns deshalb auch als Medium am besten geeignet. Daß wir durch eine Veröffentlichung in der BRD auch über die Grenzen unseres Landes hinaus bekannt würden, war eine angenehme Begleiterscheinung des Ganzen, wir hätten aber auf diese Promotion gern zugunsten von Öffentlichkeitsarbeit innerhalb der DDR verzichtet.
Eine Veröffentlichung im Westen war zugleich eine Form des Protestes gegen die Berufsverbote, es war eine Reaktion auf die staatlichen Maßnahmen.
Ermutigt durch Beispiele aus aller Herren Länder, sahen wir es als legitimes Recht des Künstlers an, gegebenenfalls in einem anderen Land zu veröffentlichen."[262]

Interview mit dem ehemaligen Literaturredakteur des Hessischen Rundfunks, Dr. Karl Corino[263]

Seit wann gab es die „Transit"-Sendung im Hessischen Rundfunk?
Seit Mai 1973.

Warum bestand beim Hessischen Rundfunk dieses Interesse?
Das war zunächst mein Interesse. Ich war im Herbst 1972 zum ersten Mal in die DDR gefahren. Ich bin im tiefen Mittelfranken aufgewachsen und dort

262 BStU MfS AU 14974/77 Christian Kunert, Niederschrift vom 3. August 1977, Bd. 9, Bl. 89ff.

263 Interview mit Karl Corino, 2019. Von 1970 bis 2002 war Corino (Jg. 1942) Literaturredakteur des Hessischen Rundfunks in Frankfurt am Main.

zur Schule gegangen. Wir hatten keine Freunde oder Bekannte in der DDR. Deshalb dauerte es bis zu meinem 30. Lebensjahr, bis ich zum ersten Mal nach Leipzig kam. Damals gab es noch die Herbst-Buchmesse, und sie war für mich der Anlass hinzufahren. Ich muss gestehen, ich war damals von der Stadt sehr beeindruckt. Die Thomaskirche, das Messehaus am Markt, die Pfeffermühle, das Bach-Denkmal, ich habe zum ersten Mal die Thomaner live gehört. Als ich im Herbst 1972 zurückfuhr, dachte ich mir: „Es ist schade, dass man so wenig im Westen über den Osten weiß. Umgekehrt weiß der Westen manchmal etwas, was der Osten nicht weiß." Ich schlug dem HR-Programmdirektor Henning Wicht vor, ein vierwöchiges Magazin einzurichten, jeweils ungefähr eine Stunde, und systematisch über die kulturellen und kulturpolitischen Ereignisse in der DDR zu berichten, und zwar für das Publikum in Ost und West. Das leuchtete dem Programmdirektor Wicht sofort ein, und so gab es nach einem halben Jahr die erste „Transit"-Sendung. Sie lief von 1973 bis zur Wiedervereinigung 1990.

Die Sendung war nur an Ihre Person gekoppelt?
Sie war nur an meine Person gekoppelt. Es war für die DDR schlechthin unbegreiflich, dass da jemand in einem Zimmerchen in Frankfurt sitzt und ganz allein diese Sendung verantwortet. Niemand hat sie redaktionell abgenommen. Manchmal wurde hinterher in der Redaktionskonferenz darüber gesprochen, aber die DDR hat mir nicht zuletzt deswegen zwei Spitzel auf den Hals nach Frankfurt am Main zu schicken versucht, um herauszufinden, wo ich angebunden sei. Womöglich gar bei einem Geheimdienst oder beim Gesamtdeutschen Ministerium![264] Bei dem gelenkten Journalismus der DDR war es für die Leute dort drüben unvorstellbar, dass ein Einzelner diese Sendung macht und verantwortet.

---

264 Gemeint ist das 1949 eingerichtete Bundesministerium für gesamtdeutsche Fragen (seit 1969 Bundesministerium für innerdeutsche Beziehungen). Es bearbeitete Fragen in Bezug zur DDR. 1991 wurde es nach der deutschen Wiedervereinigung aufgelöst.

Welche Reaktionen gab es bei den Hörern?
Die Reaktionen in der DDR waren oft heftiger und deutlicher als die im Westen. Wenn ich in den folgenden Jahren auf die Leipziger Buchmesse fuhr, wurde ich häufig angesprochen, man sei jemand, der meine Sendung regelmäßig höre, und es wäre schön, wenn man sich näher kennenlernen würde. Im Westen blieben solche Reaktionen eher in der Minderzahl.

Aber für DDR-Bürger war die „Transit"-Sendung sehr wichtig.
Ja, ich glaube, die Sendung war in der Tat für viele Leute wichtig, weil sie eben, wie ich schon andeutete, manchmal Dinge erfahren haben, die der Westen wusste, die aber im Osten noch nicht bekannt waren. Insofern hatte ich eine doppelte Aufgabe, das Publikum in Ost und West zu informieren.

Sie haben nach der Ausbürgerung von Wolf Biermann im November 1976, als Jürgen Fuchs, Gerulf Pannach und Christian Kunert verhaftet wurden, deren „Leipziger Tonband" gesendet. Es war gekürzt um die NVA-Texte von Jürgen Fuchs. Das MfS hat die Sendung mitschneiden lassen und den dreien zur Last gelegt, dass ihre Lieder und Texte im Westen gesendet wurden. Jürgen Fuchs und Gerulf Pannach wurde schon staatsfeindliche Hetze vorgeworfen, bei Christian Kunert war es bis dahin nur Asozialität. Nach der Sendung wurde auch bei ihm die Anklage auf staatsfeindliche Hetze erweitert. Wussten Sie, dass eine Sendung solche Folgen in der DDR haben konnte?
Ich habe immer damit gerechnet, dass die Stasi mein Eckermann ist, um es so zu formulieren. Das hat mir natürlich eine besondere Verantwortung auferlegt. Ich musste immer überlegen, welche möglichen Rückwirkungen ins Haus stehen, wenn ich das oder jenes melde oder kommentiere, wenn ich O-Töne sende. Es hat sich aber nach relativ kurzer Zeit herausgestellt, da wurde ich auch von Leuten wie Reiner Kunze bestärkt, dass Öffentlichkeit im Westen immer besser war als das Schweigen des Westens. Reiner Kunze hat die westlichen Journalisten, die auf die Leipziger Messe fuhren, manchmal heftig getadelt, weil sie eben wichtige Fragen, z. B. die nach Jürgen Fuchs und seiner Haft, auf den Pressekonferenzen nicht stellten. Die Pressekonferenzen

auf der Leipziger Messe waren eine der wenigen Möglichkeiten, die DDR-Offiziellen, Kulturminister, Verleger, nach bestimmten Vorgängen zu fragen. Ich habe, was meinen Teil angeht, immer redlich versucht, in die Bresche zu springen und die lieben Kollegen sagten: „Corino, Sie stellen doch wieder ein paar Fragen, damit wir etwas zu schreiben haben?“ Selber wollten sie sich nicht die Schnauze verbrennen. Wobei man sagen muss, dass das Interesse des Westens an der DDR generell doch sehr, sehr gering war. Wer nicht von drüben kam oder drüben Verwandte hatte, hat sich in der Regel einen feuchten Kehricht um den Osten geschert. Insofern musste ich da auch manchmal sehr drücken und drängen, dass der Westen zur Kenntnis genommen hat, was sich da drüben abspielte.

Hatten Sie denn befreundete Redakteure in anderen Sendern, z.B. Hans-Georg Soldat vom RIAS?

Mit dem hatte ich gelegentlich in Leipzig zu tun, man hat mal telefoniert miteinander. Aber im Wesentlichen ist man doch ein einsamer Kämpfer gewesen und hatte schon Glück, wenn man von den lieben Kollegen nicht als „kalter Krieger“ beschimpft wurde, wenn man bestimmte Fragen, die der DDR peinlich waren, gestellt hat.

Was geht Ihnen heute durch den Kopf, wenn Sie diese „Transit“-Sendung mit dem „Leipziger Tonband“ von Fuchs, Pannach, Kunert hören?

Ich muss gestehen, ich bin ein bisschen stolz auf das, was damals gelaufen ist, speziell an diesem 21. November 1976. Ich bin anscheinend der Erste gewesen, der dieses Band, das Gerulf Pannach, Christian Kunert und Jürgen Fuchs zusammen in Leipzig produziert haben, in Ausschnitten gesendet hat. Das war eigentlich genau das, was ich mir vorgenommen hatte im Frühjahr 1973, eben mit größtmöglicher Verantwortlichkeit zu senden, was der Fall war. Ich habe den Eindruck, dieses Ziel habe ich mit dieser Sendung, und nicht nur mit dieser Sendung, erreicht. Ich bin ein bisschen stolz und auch überrascht, wie gut die Sendung im Nachhinein ist.

Sie sagten, dass Sie Fuchs und Pannach für die Vorboten des Jahres 1989 halten, als Sie die Sendung wieder gehört haben.

In der Kühnheit der literarisch-musikalischen Kritik haben die beiden doch manches von dem vorweggenommen, was sich im Frühjahr und Sommer 1989 in der DDR abgespielt hat. Ich habe mich gefragt, und das ist natürlich eine illusorische Frage: Was wäre passiert, wenn junge Künstler wie Fuchs und Pannach damals in den Betrieb integriert worden wären? Das wäre natürlich eine ganz andere DDR geworden, es wäre vielleicht so etwas geworden wie ein zweiter Prager Frühling. Aber da Biermann wenige Tage vor ihrer Verhaftung ausgebürgert wurde, war das natürlich völlig illusorisch, dass junge Leute, die zu seinem Freundeskreis gehörten, anders behandelt worden wären als Biermann selbst. Sie sind dann auch nach einem Dreivierteljahr aus der DDR zwangsausgebürgert worden. Spätestens mit Biermanns Ausbürgerung war die kulturpolitische Lockerung, die 1971 mit Honeckers Machtantritt begann, definitiv zu Ende.

Können Sie sich noch an Begegnungen mit Pannach, Kunert oder Fuchs erinnern?

Ich habe, wie die Stasiakte zeigt, Pannach im Frühjahr 1976 kennengelernt, zusammen mit Kurt Demmler, einem Liedermacher der DDR, der ein tragisches Ende gefunden hat. Er hat sich wegen seiner pädophilen Neigungen in der Zelle aufgehängt. Das war damals nicht zu ahnen.

Wir waren gemeinsam in einem Konzert in der Leipzig-Information am Sachsenplatz und haben danach zusammen noch ein Bier getrunken. Ich habe Pannach eine prophetische Frage gestellt. Ich habe ihn gefragt: „Was passiert eigentlich, wenn es Ihnen absolut unmöglich gemacht wird, in der DDR eine Schallplatte zu veröffentlichen?“ Er sagte: „Da bleibt mir nichts anderes übrig, dann muss ich sie im Westen veröffentlichen.“ Ich sagte: „Wenn es dazu kommt, erkläre ich mich bereit, Ihre Platte im Hessischen Rundfunk vorzustellen.“ So sind wir verblieben. Dass es ein knappes Deivierteljahr später so weit war, das war im Frühjahr 1976 noch nicht zu ahnen.

Es ist ganz klar, dass ich in den Jahren zwischen 1973 und 1990 Kulturpolitik gemacht habe. Ich habe ja eine ganze Reihe von jungen Autoren entdeckt, erstmals gesendet, erstmals interviewt und dann ihre Texte in westdeutsche Verlage geschafft bzw. habe ihnen literarische Preise verschafft [...].

Wissen Sie noch, wie Sie Jürgen Fuchs kennengelernt haben?

Soviel ich weiß, habe ich ihn bald nach seiner Zwangsübersiedlung nach Frankfurt am Main einfliegen lassen und habe Sendungen mit ihm gemacht. Eine Sendung war über Deutsche im deutschen Exil. Daran haben sich Hans Joachim Schädlich[265], Tilo Medek[266], Jürgen Fuchs und ich glaube auch Gerulf Pannach beteiligt. Fuchs machte mir den Eindruck einer außerordentlichen Integrität und Bescheidenheit, er war ein grundsympathischer und sehr hilfreicher Mensch.

Ich habe immer wieder mal Texte von Jürgen Fuchs gesendet, auch aus seinem Roman über die NVA „Fassonschnitt" zum Beispiel. Da war keine Minute zu viel, die ich ihm gegönnt habe.

Erweiterung der Anklagen wegen des „Leipziger Tonbandes"

Nach der Sendung des „Leipziger Tonbandes" im Hessischen Rundfunk am 24. November und im RIAS am 11. Dezember 1976 wurde der Haftbefehl gegen Christian Kunert und gegen Gerulf Pannach erweitert. Dies beantragte Staatsanwalt Gläßner[267] am 13. Dezember 1976, Kunert wurde am Folgetag

265 Der Schriftsteller Hans Joachim Schädlich (Jg. 1935) konnte in der DDR nicht veröffentlichen, sein Debutband „Versuchte Nähe" erschien 1977 im westdeutschen Rowohlt-Verlag. Im gleichen Jahr übersiedelte er in die Bundesrepublik.

266 Der Komponist und Musikverleger Tilo Medek (1940–2006) reiste nach der Biermann-Ausbürgerung im Juli 1977 in die Bundesrepublik aus.

267 Ludwig Gläßner war in vielen Verfahren der 1970er und 1980er Jahre Ankläger

davon informiert. Nun wurde auch ihm, wie den beiden anderen, staatsfeindliche Hetze vorgeworfen.

> „Im Zuge des Ermittlungsverfahrens ergab sich der dringende Tatverdacht, daß der Beschuldigte gemeinschaftlich mit anderen Personen handelnd, mit dem Ziel der Aufwiegelung gegen die sozialistische Staats- und Gesellschaftsordnung der DDR staatsfeindliche Hetze betrieben hat. Er hat ein Tonband mit Texten, in denen die gesellschaftlichen Verhältnisse in der DDR diskriminiert werden und zum Widerstand gegen die Staatsordnung der DDR aufgefordert wird, hergestellt und dieses im Zusammenwirken mit westlichen Publikationsorganen planmäßig verbreitet.
>
> - strafbar gemäß: § 106 Abs. 1 Ziff. 1, 2 und 3
>   Abs. 2 StGB
> - V. m. § 22 Abs. 2 Ziff. 2 StGB“[268]

Bei Gerulf Pannach wurde am 21. Dezember 1976 das Ermittlungsverfahren erweitert, er wurde am Tag darauf informiert. Die Begründung lautete:

> „PANNACH ist dringend verdächtig, mit dem Ziel der Aufwiegelung gegen die sozialistische Staats- und Gesellschaftsordnung der DDR seit 1973 Texte sowie im Oktober 1976 gemeinschaftlich mit anderen Personen handelnd ein Tonband mit Texten, in denen die gesellschaftlichen Verhältnisse in der DDR sowie die Tätigkeit staatlicher und gesellschaftlicher Organe diskriminiert werden und zum Widerstand gegen die sozialistische Staats- und Gesellschaftsordnung aufgefordert wurde, hergestellt und diese teilweise im Zusammenwirken mit westlichen Publikationsorganen planmäßig verbreitet zu haben.

gegen DDR-Oppositionelle. In Kooperation mit dem MfS bereitete er einen großen Teil der wichtigsten politischen Prozesse vor und führte sie durch, u.a. gegen Rudolf Bahro.

268 BStU MfS AU 14974/77 Christian Kunert, Antrag auf Erweiterung des Haftbefehls Akz. Hs. C. 239/76 vom 22.11.1976 und Beschluss vom 14.12.1976, Bd. 8, Bl. 17 f.

- Strafbar gemäß § 106 Abs. 1 Ziff. 1, 2 und 3, Abs. 2 StGB
- V. m. § 22 Abs. 1 und § 22 Abs. 2 Ziff. 2. StGB“[269]

Erweitert war Pannachs Ermittlungsverfahren um Absatz 1 Ziffer 3 und Abs. 2, ein Vorwurf, der gegen Jürgen Fuchs von Anfang an bestanden hatte. Absatz 1 Ziffer 3 und 4 besagte, wer „Repräsentanten oder andere Bürger der Deutschen Demokratischen Republik oder die Tätigkeit staatlicher oder gesellschaftlicher Organe und Einrichtungen diskriminiert [...,] wird mit Freiheitsstrafe von einem bis fünf Jahren bestraft.“ Absatz 2 des § 106 lautete: „Wer zur Durchführung des Verbrechens Publikationsorgane oder Einrichtungen benutzt, die einen Kampf gegen die Deutsche Demokratische Republik führen oder das Verbrechen im Auftrage derartiger Einrichtungen oder planmäßig durchführt, wird mit Freiheitsstrafe von zwei bis zehn Jahren bestraft.“[270]

Alle drei hatten in den Verhören zugegeben, die Verfasser des „Leipziger Tonbandes“ zu sein. Das reichte dem MfS nicht: Nun musste noch ein phonetisches Gutachten den juristisch verwertbaren Beweis erbringen, dass die Stimmen der aufgezeichneten Sendung des Hessischen Rundfunks mit denen auf einer beschlagnahmten Kopie des Bandes und denen der drei verhafteten Künstler tatsächlich identisch waren. Mitarbeiter der MfS-Abteilung 32 fertigten zu diesem Zwecke Vergleichstonbandaufnahmen im Gefängnis an.

Das Stimmgutachten

> „Durch die von der Hauptabteilung IX/2 in Ermittlungsverfahren wegen staatsfeindlicher Hetze bearbeiteten Beschuldigten

269 BStU MfS AU 14674/77 Gerulf Pannach, Verfügung vom 21.12.1976, Bd. 1, Bl. 25.
270 Strafgesetzbuch der DDR 1968/1974, S. 70.

Jürgen F U C H S
Gerulf P A N N A C H
und Christian K U N E R T

wurde am 17.10.1976 in Leipzig mit dem Ziel der Verbreitung eine Tonbandaufzeichnung mit hetzerischen Texten gefertigt, die bisherigen Feststellungen zufolge am 24.11.1976 vom Hessischen Rundfunk gesendet wurde.
Im Verlaufe des Ermittlungsverfahrens wurde eine von den Beschuldigten gefertigte Kopie der genannten Aufzeichnung sowie der vom Rundfunkkomitee der DDR erfolgte Mitschnitt der Sendung des Hessischen Rundfunks sichergestellt.
Es wird um die Erstattung eines Sachverständigengutachtens zu folgenden Fragestellungen gebeten:

1. Welche Texte enthalten die beiden als Beweismittel vorliegenden Tonbänder und wurden die Aufzeichnungen von ein und demselben Geschehen gefertigt?
2. Welcher der Beschuldigten hat welche Texte gesprochen bzw. gesungen?
3. Entsprechen die Aufzeichnungen auf den Tonbändern der vorliegenden maschinenschriftlichen Übersicht und den sogenannten biografischen Angaben?

Das Gutachten wird zum Zwecke der Beweisführung in 6facher Ausführung benötigt.

Leiter der Hauptabteilung IX/2

Liebewirth
Oberstleutnant

Anlagen
2 Tonbänder
4 Blatt schriftliche Aufzeichnungen“[271]

271 BStU MfS AU 14674/77 Gerulf Pannach, Bd. 9, Bl. 185.

An die Verhöre zum „Leipziger Tonband“ erinnert sich Christian Kunert so:

> „Von unserem Leipziger Band habe ich erst wieder gehört, als mir der Vernehmer im Knast mitteilte, dass es im Westradio gesendet worden sei und dass deshalb mein Verfahren vom Verdacht auf asoziales Verhalten erweitert wird auf § 106, staatsfeindliche Hetze im schweren Fall.
> Eines Tages Ende Dezember kam der Vernehmer plötzlich mit einer Gitarre, ließ mich eine Weile spielen und nahm sie mir wieder weg. Er legte sie auf den Schrank und teilte mir mit, dass für heute eine Sitzung geplant sei, auf der ich dort vor Stasis zur Gitarre singen soll.
> Das Band war im Hessischen Rundfunk gelaufen und jetzt wollten sie beweisen, dass wir diejenigen sind, die im Westradio gesungen haben. Natürlich habe ich gesagt: ‚Da brauchen Sie nicht so viel Heckmeck zu machen, das sage ich Ihnen, da bin ich stolz drauf, das ist eine gute Sache und so.‘ Nein, nein, alles musste seine Ordnung haben. ‚Wir machen das so, und Sie singen uns das mal hier bei uns auf Band. Dann können wir das mit dem Mitschnitt vergleichen.‘ Das hat nicht jeder Häftling in der DDR gehabt, ein Grüppchen von Stasis, die da mit ihrem Tonbandgerät sitzen, und man bekommt eine Gitarre und singt denen in Sträflingskleidung so einen Song wie ‚Glaubensfragen‘ vor, in dem es heißt: ‚Du woran glaubt der, der seinen Hintern quer zu der Fahne dreht?‘
> Das hat großen Spaß gemacht. Aus meiner Stasiakte weiß ich, vielleicht wurde das irgendwann auch verkündet, das weiß ich nicht, dass es einen hundeteuren Stimmvergleich über die Technische Untersuchungsstelle des MfS gab. Sie haben das dann per Kurven bestätigt, dass der, der im Stasikeller mit der Gitarre sitzt und ‚Glaubensfragen‘ singt, identisch ist mit dem, der im Hessischen Rundfunk den Song ‚Glaubensfragen‘ gesungen hat.“[272]

Christian Kunerts Gesang wurde am Nachmittag des 29. Dezember 1976 aufgenommen. Pannach musste getrennt von Kunert singen, die beiden durften

---

272 Interview mit Christian Kunert, Juni 2019.

sich während der Haft nicht sehen. Auch von Jürgen Fuchs müssen Sprachaufnahmen zu Vergleichszwecken gemacht worden sein.
Die Gefängnisaufnahmen wurden von der Technischen Untersuchungsstelle des MfS mit der beschlagnahmten Kopie des „Leipziger Tonbandes" und der aufgezeichneten „Transit"-Sendung des Hessischen Rundfunks abgeglichen. Das Gutachten mit der „Exp.-Nr. 761.709" vom 25. Januar 1977 beschrieb auf 104 Seiten neben Sprach- und Wortanalysen „Gesamteindruck, Klangfarbe, Tonhöhe, Spannungsgrad, Sprechtempo, Artikulation, Stimmfülle, Lautstärke und Akzentuierung" der Stimmen auf den Bändern. Das „Leipziger Tonband" wurde in dem Gutachten als 1.1.1., ein Magnetband mit dem Mitschnitt der „Transit"-Sendung des Hessischen Rundfunks vom 24. November 1976, 20.05 Uhr, als 1.2.1. und die in der U-Haft Hohenschönhausen auf Magnetband aufgezeichneten „Sprachmodulationen" von Gerulf Pannach und Christian Kunert als 1.2.2. bzw. 1.2.3. bezeichnet. Dazu hieß es: „Bei dem Ausgangsmaterial 1.1.1. und den Vergleichsmaterialien 1.2. handelt es sich um auf Magnetband aufgezeichnete Schallereignisse. Das Ausgangsmaterial 1.1.1. wurde im Zweikanal-Viertelspurverfahren mit einer Aufzeichnungsgeschwindigkeit von 9,53 cm/sec. angefertigt. Beim Vergleichmaterial 1.2.1. handelt es sich um eine Einkanal-Halbspurenaufzeichnung mit einer Aufzeichnungsgeschwindigkeit von 9,53 cm/sec. Die Vergleichsmaterialien 1.2.2. und 1.2.3. wurden im Einkanal-Viertelspurverfahren mit einer Aufzeichnungsgeschwindigkeit von 9,53 cm/sec. angefertigt."[273]

Folgende Fragen sollte die Technische Untersuchungsstelle beantworten:

> „2.5. Ist der Sänger des Vergleichsmaterials 1.2.2. mit einem der Sänger der Lieder
> ‚Überholen ohne einzuholen'
> ‚Ballade vom schlechten Schlaf'

273 BStU MfS AU 14674/77 Gerulf Pannach, Gutachten Exp.-Nr. 761.709, Bd. 12, Bl. 38.

‚Vom Vertrauensmann, der kein Vertrauen hat'
‚Friedenslied'
‚Vom Rot, das brennt'
‚Für uns, die wir noch hoffen'
des Ausgangsmaterials 1.1.1. identisch?

2.6. Ist der Sänger des Vergleichsmaterials 1.2.3. mit einem der Sänger des Liedes ‚Glaubensfragen' des Ausgangsmaterials 1.1.1. identisch?
2.7. Wurden die gesprochenen Texte des Ausgangsmaterials von einer oder von mehreren Personen vorgetragen? [...]"

Unter Punkt 3.3.5. wurden die Ergebnisse der Höranalyse zu Pannach zusammengefasst. Sie lauteten:

„Im ersten Teil der Höranalyse wurde die Singstimme des Pannach (VM 1.2.2.) mit den Singstimmen der Sänger folgender Titel des Ausgangsmaterials 1.1.1. verglichen:
1. ‚Überholen ohne einzuholen'
2. ‚Ballade vom schlechten Schlaf'
3. ‚Vom Vertrauensmann, der kein Vertrauen hat'
4. ‚Friedenslied'
5. ‚Vom Rot, das brennt'
6. ‚Gegen die Angst'
7. ‚Für uns, die wir noch hoffen' (1)

(1) Von diesem Titel wurden lediglich die Passagen in die Untersuchung einbezogen, die im Ausgangsmaterial 1.1.1. von einem Sänger gesungen wurden. Der Refrain dieses Liedes, den zwei Personen singen, gestattet weder auditiv noch meßanalytisch einen exakten Vergleich, da nicht immer eindeutig geklärt werden kann, welche Parameter welchem Sänger zuzuordnen sind.
Als Beurteilungsparameter wurden herangezogen:
Gesamteindruck, Tonhöhe, Klangfarbe, Stimmfülle und Lautstärke.

33

MINISTERRAT
DER DEUTSCHEN DEMOKRATISCHEN REPUBLIK
MINISTERIUM FÜR STAATSSICHERHEIT
Technische Untersuchungsstelle

Berlin, 25. Januar 1977
Exp. Nr. 761.709 (Bei Zuschriften stets angeben)

2 Exemplare
1. Exemplar

Gutachten

1. Untersuchungsobjekte

1.1. Ausgangsmaterial

1.1.1. Magnetband mit Aufzeichnungen von Liedern und Prosatexten

1.1.2. Maschinenschriftlich abgefaßter Textteil, bestehend aus 4 Blatt, DIN A 4, bezeichnet als "Tonbandmitschnitt vom 17.10.76 in Leipzig"

1.2. Vergleichsmaterial

1.2.1. Magnetband mit dem Mitschnitt einer Rundfunksendung des Rundfunksenders "Hessischer Rundfunk II. Programm" vom 24.11.76, 20 Uhr 5 Minuten

1.2.2. Auf Magnetband aufgezeichnete Sprachmodulationen von der, vom Auftraggeber als P a n n a c h , Gerulf bezeichneten Person

1.2.3. Auf Magnetband aufgezeichnete Sprachmodulationen von der, vom Auftraggeber als K u n e r t , Christian bezeichneten Person

2. Aufgabenstellung

2.1. Wie lauten die Texte der Aufzeichnungen des Ausgangsmaterials 1.1.1. und des Vergleichsmaterials 1.2.1?

2.2. Wurden die Aufzeichnungen von Liedern und gesprochenen Texten, die sowohl im Ausgangsmaterial 1.1.1. als auch im Vergleichsmaterial 1.2.1. vorliegen, von ein und demselben akustischen Ereignis gefertigt?

T - 026 Ag 146/58/75 536 875 5.0

Erste Seite des Gutachtens vom 25. Januar 1977, Fragestellungen (BStU MfS AU 14674/77 Bd. 12, Bl. 37)

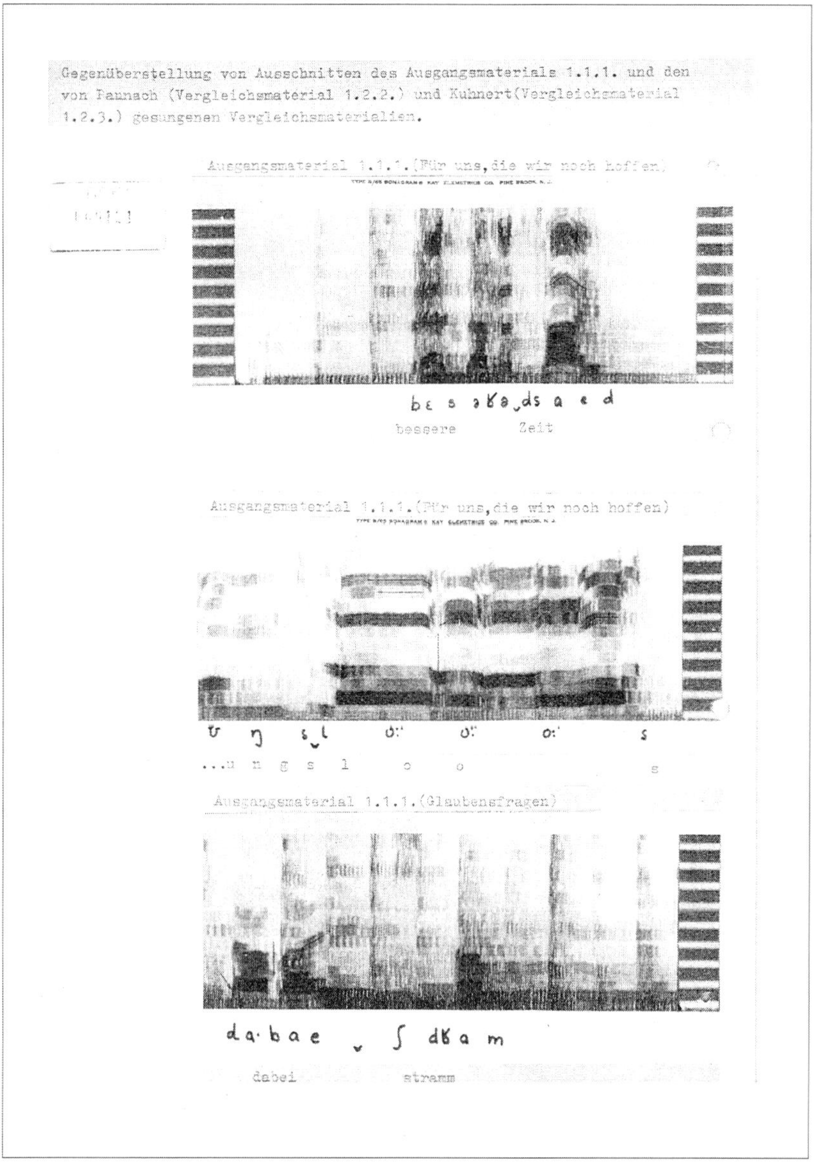

Audioanalyse zu den Stimmen von Pannach und Kunert im Gutachten vom 25. Januar 1977 (BStU MfS AU 14674/77 Bd. 12, Bl. 121)

In allen diesen Parametern konnte zwischen dem Sänger des Vergleichsmaterials 1.2.2. und den Sängern der genannten sieben Titel des Ausgangsmaterials 1.1.1. weitgehende Übereinstimmung festgestellt werden.

Im einzelnen wurden Parameter im Ausgangs- und Vergleichsmaterial übereinstimmend wie folgt beurteilt:

Gesamteindruck: profiliert, selbstbewußt
Tonhöhe: mittel
Klangfarbe: warm, eher dunkel, leicht rauh
Stimmfülle: mittleres bis großes Volumen
Lautstärke: Tendenz zu lautem Singen

Im zweiten Teil der Höranalyse wurde die Interpretation und musikalische Begleitung der vorgenannten sieben Titel im Ausgangs- und Vergleichsmaterial verglichen.
Im Ergebnis dieses Vergleiches, bei dem Phrase für Phrase der einzelnen Titel verglichen wurden, stellte sich heraus, daß der Sänger des Vergleichsmaterials 1.2.2. in der überwiegenden Mehrzahl der Fälle die gleichen Intonations-, Realisations- und Akzentuierungsmuster verwendete, wie die Sänger der genannten sieben Titel im Ausgangsmaterial 1.1.1., und das, obwohl ihm weder Text, Melodie noch Vortragsweise in irgendeiner Form vorgegeben wurde.
Ganz ähnlich verhält es sich hinsichtlich der musikalischen Begleitung bei den einzelnen Titeln. Auch hier lassen sich sehr viele Übereinstimmungen finden, obwohl das Vergleichsmaterial 1.2.2. ohne Notenvorlage entstand. […]“[274]

Eine Messanalyse u. a. zur Frequenzlage und des Frequenz-Zeit-Verlaufs ergab folgendes Ergebnis: „Die meßanalytisch ausgewiesenen Übereinstimmungen dokumentieren die bereits auditiv festgestellten Gleichheiten hinsichtlich der Phonemrealisation, der Intonation und Akzentuierung sowie

274 Ebd., Bl. 47 f.

die Übereinstimmungen im sprecher- bzw. sängerspezifischen Stimmklang und der Instrumentalbegleitung."

Aus allen Aspekten ergab sich folgende Schlussfolgerung:

> „Auf Grund der Vielzahl von Übereinstimmungen in den stimmlichen und sprachlich-realisatorischen Parametern, die zwischen dem Sänger des Vergleichsmaterials 1.2.2., vom Auftraggeber als Pannach, Gerulf bezeichnet, und den Sängern der Titel
>
> ‚Überholen ohne einzuholen'
> ‚Ballade vom schlechten Schlaf'
> ‚Vom Vertrauensmann, der kein Vertrauen hat'
> ‚Friedenslied'
> ‚Vom Rot, das brennt'
> und ‚Gegen die Angst'
>
> bestehen, kann kategorisch geschlußfolgert werden, daß alle diese Titel im Ausgangsmaterial 1.1.1. von Pannach gesungen wurden.
> Weiterhin kann kategorisch ausgesagt werden, daß Pannach alle Passagen des Titels ‚Für uns, die wir noch hoffen' gesungen hat, die nur von einer Person vorgetragen werden.
> Gestützt werden diese Aussagen zusätzlich sowohl durch die Übereinstimmungen hinsichtlich der Art und Weise der Interpretation der einzelnen Titel als auch der musikalischen Begleitung."[275]

Ähnliche Ausführungen gab es zu Christian Kunert, die mit folgenden Schlussfolgerungen endeten:

> „Auf Grund der Übereinstimmungen in den stimmlichen und sprachlich-realisatorischen Parametern, die zwischen dem Sänger des Vergleichsmaterials 1.2.3. und dem Sänger, der einige Passagen des Titels ‚Glaubensfragen' allein singt, be-

---

275 Ebd., Bl. 49.

> stehen, sowie auf Grund der Vielzahl von Übereinstimmungen in der Interpretation dieser Abschnitte im Ausgangsmaterial 1.1.1. und im Vergleichsmaterial 1.2.3. kann kategorisch ausgesagt werden, daß der vom Auftraggeber als Kunert bezeichnete Sänger des Vergleichsmaterials 1.2.3. identisch ist mit dem Sänger des Ausgangsmaterials 1.1.1., der in dem Titel ‚Glaubensfragen' die Passagen singt, die nur von einer Person gesungen werden."[276]

Schließlich wurden auch zu Jürgen Fuchs' Stimme mehrere Beurteilungsparameter wie „Gesamteindruck, Klangfarbe, Tonhöhe, Spannungsgrad, Sprechtempo, Lautstarke, Schlüsse und Akzentuierung" herangezogen.

> „Im einzelnen wurden diese Parameter übereinstimmend bei allen Sprechern des Ausgangsmaterials 1.1.1. [beschlagnahmte Kopie des Leipziger Tonbandes] wie folgt beurteilt:
>
> Gesamteindruck: Sprecher wirkt reif, profiliert und ist um eine gute Aussprache bemüht
> Klangfarbe: weich, warm, klar, eher dunkel
> Tonhöhe: mittel
> Spannungsgrad: gelöst bis gehalten
> Sprechtempo: meist mittel bis gemessen
> Artikulation: gut bis sehr gut (bei unkontrolliertem oder schnellem Sprechen Vernachlässigung der Artikulation und Auftreten starker Reduktionserscheinungen
> Stimmfülle: mittleres Volumen
> Lautstärke: mittel
> Schlüsse: wenig Vollschlüsse, meist Halbschlüsse
> Akzentuierung: Relativ wenig melodischer Akzent, Akzentsetzung vorwiegend durch temporalen und dynamischen Akzent […]

---

276 Ebd., Bl. 51 f.

> Schlußfolgerung: Auf Grund der Vielzahl von Übereinstimmungen in den stimmlichen und sprachlich-realisatorischen Parametern der Sprecher aller im Ausgangsmaterial 1.1.1. aufgezeichneten gesprochenen Texte kann kategorisch ausgesagt werden, daß alle diese Texte von ein und demselben Sprecher gesprochen wurden. [...]"[277]

Schließlich waren alle Texte sowohl des „Leipziger Bandes" abgetippt und angefügt (als Anlage 1), ebenfalls der gesamte Wortlaut der „Transit"-Sendung des Hessischen Rundfunks (Anlage 2). Eine Anlage 3 enthielt eine Kopie der vier Begleitblätter, die Jürgen Fuchs verfasst hatte. Die Zeitangaben zu den einzelnen Liedern wurden vom MfS noch einmal neu gestoppt, bei einigen Titeln ergab sich eine Differenz von wenigen Sekunden. Die Anlagekarten 1 bis 13 stellten schließlich die Tonvergleiche anhand von akustischen Kurven dar.[278]

Das Stimmgutachten wies aufgrund der wissenschaftlichen Untersuchung des „Leipziger Bandes", der Gefängnisaufnahmen und der aufgezeichneten Sendung des Hessischen Rundfunks eindeutig nach, dass die beiden Gefangenen Pannach und Kunert jene waren, die die Lieder im Hessischen Rundfunk gesungen hatten, und dass die Prosatexte von ein- und demselben Sprecher – Jürgen Fuchs – gelesen worden waren. Das Gutachten stellte zudem fest, dass alle drei Stimmen bei „ein und demselben akustischen Ereignis" aufgenommen wurden. Unterzeichnet war es von einem Ingenieur für Tontechnik (Vogel, Hauptmann) und einem Diplom-Kriminalisten (Temler, Oberleutnant). Das Gutachten der Technischen Untersuchungsstelle kostete den Arbeiter-und-Bauern-Staat viel Geld: sagenhafte 16.558 DDR-Mark.

Eine anscheinend überflüssige Arbeit mit unnötigen Kosten: Alle drei Künstler hatten von Anfang an ausgesagt, dass sie es waren, die auf dem „Leipziger

277 Ebd., Bl. 52–54.

278 Ebd., Bl. 58–140.

Tonband“ gesungen und gesprochen hatten. Auch Karl Corino hatte in der „Transit“-Sendung des Hessischen Rundfunks die Namen aller Beteiligten klar und deutlich genannt. Aber dem Klassenfeind war grundsätzlich nicht zu trauen.

Denkbar ist ein Verdacht, der beim MfS bestand und den dieses Gutachten bestätigen oder ausräumen sollte: Das MfS hatte genau beobachtet, dass auch der ehemalige Renft-Sänger Thomas „Monster“ Schoppe und der ehemalige Renft-Gitarrist und -Sänger Peter „Cäsar“ Gläser bei den Aufnahmen des „Leipziger Bandes“ zugegen waren. Wieso sollten ausgerechnet diese beiden landesweit bekannten Sänger nicht auch Lieder gesungen haben? Hätte sich der Verdacht bestätigt, hätte dies strafrechtliche Konsequenzen auch gegen die beiden nach sich gezogen.

Die Gefängnisaufnahmen wurden bis heute nicht gefunden.

Zusätzlich zu dem Stimmgutachten der Technischen Untersuchungsstelle des MfS wurden Gutachten zum ästhetischen und politischen Gehalt der Texte der drei Künstler von namhaften DDR-Germanisten erbeten und von diesen erstellt. Es handelte sich um 11 Liedertexte von Christian Kunert, 39 Liedertexte von Gerulf Pannach und 63 Texte von Jürgen Fuchs. Erwartungsgemäß fielen die Gutachten negativ aus. Das MfS hatte schon von vorherein festgelegt, was in ihnen zu stehen habe:

> „Die Aufgabenstellung der Gutachterkommision besteht darin, nachzuweisen, daß die Schriften
>
> • inhaltlich offen oder teilweise verbrämt gegen die sozialistische Staats- und Gesellschaftsordnung in der DDR gerichtet und geeignet sind, als konzeptioneller Bestandteil in die gegnerische Verleumdungskampagne gegen die DDR u. a. sozialistische Staaten einzufließen;
>
> • auf Grund angewandter pseudomarxistischer und pseudosozialistischer Darstellungsweisen besonders geeignet sind, um insbesondere auf junge und politisch ungefestigte Menschen einen zersetzenden und aufwiegelnden Einfluss auszuüben;

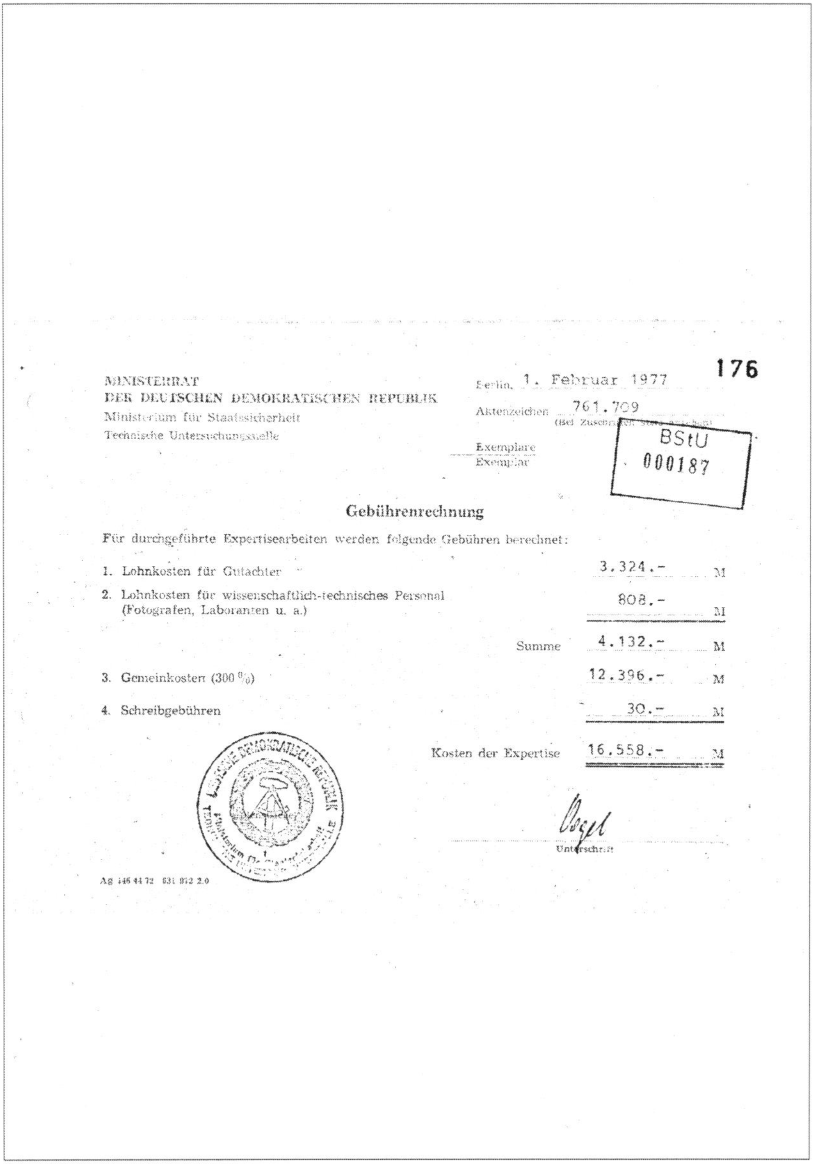

176

MINISTERRAT
DER DEUTSCHEN DEMOKRATISCHEN REPUBLIK
Ministerium für Staatssicherheit
Technische Untersuchungsstelle

Berlin, 1. Februar 1977

Aktenzeichen 761.709

Exemplare
Exemplar

BStU
000187

Gebührenrechnung

Für durchgeführte Expertisearbeiten werden folgende Gebühren berechnet:

1. Lohnkosten für Gutachter	3.324.-	M
2. Lohnkosten für wissenschaftlich-technisches Personal (Fotografen, Laboranten u. a.)	808.-	M
Summe	4.132.-	M
3. Gemeinkosten (300 %)	12.396.-	M
4. Schreibgebühren	30.-	M
Kosten der Expertise	16.558.-	M

Vogel
Unterschrift

Ag 146 44 72 631 952 2.0

Verschwendung von DDR-Volkseigentum: die Kosten des Stimmgutachtens (BStU MfS AU 14674/77 Bd. 9, Bl. 187)

- sowie darin
- den moralisch-ästhetischen Grundgehalt und den künstlerischen Wert der Schriften einzuschätzen."[279]

Alle drei Gutachten zu den Texten von Pannach, Fuchs und Kunert sind unterschrieben vom Direktor des Instituts für Literatur „Johannes R. Becher" Prof. Max Walter Schulz, von Prof. Dr. Anneliese Löffler, Sektion Germanistik/Literaturwissenschaft der Humboldt-Universität, und von Ruth Glatzer, Cheflektorin des Aufbau-Verlages Weimar.[280]

Maßnahmepläne

Ein MfS-Maßnahmeplan im Ermittlungsverfahren gegen Pannach und Kunert vom 15. Dezember 1976 umfasste 29 Punkte. Am 18. März 1977 wurde er noch um zahlreiche weitere Punkte ergänzt – ein arbeitsintensives Unterfangen für das MfS.

Neben dem schon erwähnten phonetischen Gutachten und der „Einsetzung einer Sachverständigenkommission zur Begutachtung der von Pannach und Kunert verfassten Texte" umfasste der Maßnahmeplan die Erstellung eines Schriftgutachtens über die Urheber der Texte, die in Pannachs Wohnung beschlagnahmt wurden, die „Einholung einer offiziellen Bestätigung des Staatlichen Komitees für Rundfunk über eine Sendung des Hessischen Rundfunks, zweites Programm, am 24.11.1976, 20.05 Uhr", die „Durchführung einer

279 BStU MfS AU 14674/77 Gerulf Pannach: Aufgabenstellung zur Erarbeitung von Gutachten über Schriften von FUCHS, PANNACH, MARKOWSKI u. a., Bd. 9, Bl. 17.

280 BStU MfS AU 14974/77 Christian Kunert, Gutachten über 11 Texte von Christian Kunert, 05.04.1977, Bd. 8, Bl. 211–214. Eine Kopie des Gutachtens zu 39 Texten von Gerulf Pannach, ebenfalls vom 05.04.1977, befindet sich in BStU MfS AU 14974/77 Christian Kunert, Bd. 3, Bl. 159–165. Das Gutachten über 63 Texte von Jürgen Fuchs befindet sich in BStU MfS AU 11554/78 Jürgen Fuchs, Bd. 6, Bl. 72–89.

Überprüfung, inwieweit am 22.10.1976 gegen 15.00 Uhr vom NDR II eine Sendung ausgestrahlt wurde, in der unter anderem über die ‚Klaus-Renft-Combo' und PANNACH berichtet wurde und Beschaffung eines Mitschnittes dieser Sendung", eine Analyse des operativen Materials zu Biermann und Havemann und inwieweit sich daraus Belastungen für Pannach und Kunert ergäben, die Erarbeitung einer Aufstellung, welche Personen vom 16. bis 21. November 1976 während des Aufenthaltes von Pannach und Kunert auf das Grundstück von Havemann kamen, die Feststellung des Zeitpunktes der ersten Meldung in den „BRD-Massenmedien" über die Festnahme von Jürgen Fuchs, die Einholung einer offiziellen Bestätigung der KGD Leipzig über die Ablehnung des von Pannach und Kunert eingereichten Programms im Rahmen des Förderungsvertrages, Vernehmungen verschiedener namentlich aufgeführter Personen als Zeugen, darunter Pannachs Mentor Dr. Zoppeck, die Einholung von Beurteilungen bei der GHG Obst/Gemüse/Speisekartoffeln Leipzig, „in denen konkrete Angaben über die Zeitdauer des Arbeitsrechtsverhältnisses, der gezeigten Arbeitsleistungen und -disziplin sowie die Höhe des Einkommens enthalten sind", Verbindungen zu „Beatgruppen" und die „operative Aufklärung" von elf namentlich aufgeführten Leipzigern, die als Zeugen vernommen werden sollten sowie die Überprüfung weiterer namentlich genannter Personen und deren Aktivitäten gegen die Biermann-Ausbürgerung.[281]

Zu Jürgen Fuchs wurde ein „Allgemeiner Vernehmungsplan zu Zeugenvernehmungen im EV [Ermittlungsverfahren] Fuchs" festgelegt. Er liest sich wie ein Regieplan, an den sich die jeweiligen Vernehmer von anderen Personen – etwa den acht verhafteten Jenaern – halten sollten: „In welchem Verhältnis standen Sie zu dem Genannten? Gemeinsame Interessen? Postalische Korrespondenz? Welche Kenntnis erlangten Sie über die persönliche Entwicklung des Genannten? Was wurde Ihnen über Absichten des Fuchs bekannt, von

281 BStU MfS AU 14674/77 Gerulf Pannach, Maßnahmeplan in den Ermittlungsverfahren PANNACH, Gerulf/KUNERT, Christian vom 15. Dezember 1976, Bd. 9, Bl. 2–11.

ihm gefertigte Texte im westlichen Ausland veröffentlichen zu lassen? Beisein weiterer Personen? Aus welchen Gründen verfolgte er derartige Absichten – Zielstellungen?“[282]

Als Handreichung für die Vernehmer war auch gleich noch eine Aufstellung von Veröffentlichungen in den Westmedien beigefügt:

> „September 1976 — Deutsches Allgemeines Sonntagsblatt, Prosa
>
> Oktober 1976 — Beitrag in dem ‚rororo‘ Taschenbuch ‚W. Biermann –Liedermacher und Sozialist‘, ‚Gedächtnisprotokoll einer Befragung‘
>
> 16./17.10.76 — Tonbandaufzeichnung in Leipzig durch Fuchs, Pannach, Kunert, Schoppe, Gläser – sollte über westl[iche]. Rundfunkanstalten gesendet werden –
>
> 31.10.1976 — Lesung von Texten des Fuchs im RIAS
>
> 11.11.1976 — Lesung von Texten des Fuchs im Deutschlandfunk
>
> 24.11.1976 — (nach Festnahme) teilweise Sendung der Tonbandaufzeichnung im Hessischen Rundfunk
>
> 27.11.1976 — Abdruck von Texten des Fuchs in der ‚Frankfurter Allg. Zeitung‘
>
> 29.11.1976 — Abdruck von Texten des Fuchs im ‚Spiegel‘ Heft Nr. 49 […]“[283]

Gefragt werden sollte in den Vernehmungen:

> „Welche Texte erhielten wann und unter welchen Umständen welche Personen? Welche Texte leitete Jürgen Fuchs Ihnen zu (freiwillige Herausgabe erreichen). Welche Kenntnis haben Sie über von Fuchs in der Öffentlichkeit vorgenommene Lesungen seiner Texte? Weshalb in der Jungen Gemeinde in Jena? Welche Kenntnis erlangten Sie über Aktivitäten des Jürgen Fuchs, die er im Zusammen-

282 Ebd., Bl. 12–16.

283 Ebd.

> hang mit der Aberkennung der Staatsbürgerschaft des Wolf Biermann entwickelte?
> 16.11. Interview des Fuchs gegenüber DPA gesendet im SFB
> 17.11. Zusammentreffen mit Markowski [richtig: Markowsky], Pannach und Kunert in Grünheide mit Havemann, Fuchs und Journalisten aus der BRD
> Fuchs bringt Brief d. Havemann an Generalsekretär der SED zum Versand.
> Unterfragen, welche weiteren Aktionen geplant oder organisiert?
> Möglichkeit: diesen Komplex – Rolle Havemann und Wirken westl. Journalisten einarbeiten."[284]

Die Ermittlungen gingen in alle Richtungen, jedes einzelne biografische Detail, jeder noch so kleine Umstand von Veröffentlichungen war Gegenstand von stunden- und tagelangen Vernehmungen. So erklärt sich auch die Länge der Untersuchungshaft von insgesamt 281 Tagen: Sie war nicht nach drei Monaten abgeschlossen, wie es das DDR-Strafgesetzbuch vorsah. Viermal wurde die Frist verlängert, bei Gerulf Pannach mit Antrag vom 10. Februar 1977, vom 29. März 1977, vom 26. Mai 1977 und vom 30. Juni 1977 (bis 30. September 1977), da angeblich immer wieder neue Untersuchungshandlungen und Beschuldigtenvernehmungen vonnöten waren.[285]
Dass das „Leipziger Tonband" dabei so in den Fokus des MfS rückte, lag möglicherweise daran, dass geplant war, das Verfahren gegen die drei Inhaftierten auf „staatsfeindliche Gruppenbildung" auszuweiten. Dies legt eine Passage in Jürgen Fuchs' Dokumentarroman „Magdalena" von 1998 nahe. Das Buch entstand, als der Schriftsteller Anfang der 1990er Jahre zeitweise in der neu gegründeten Behörde des Bundesbeauftragten für die Unterlagen des Staatssicherheitsdienstes der ehemaligen DDR (BStU) tätig war, sich mit Stasiakten und MfS-Richtlinien auseinandersetzte und ihm dabei verschiedene Situationen seiner Haftzeit einfielen:

284 Ebd.
285 Ebd., Bl. 160–162.

„Haben Sie schon Gruppenbildung dazubekommen, hatte Professor Doktor Vogel gefragt, nicht weit von hier, im gegenüberliegenden Gebäude, im Besucherzimmer des Knastes Magdalenenstraße, als anwaltlicher Vertreter im Rahmen eines *Untersuchungsvorgangs … […]* Nein, hatte ich Vogel geantwortet, *Gruppenbildung* noch nicht … *‚staatsfeindliche Hetze‘* ja, aber *Gruppenbildung …*
In der Zelle hämmerte es: *Gruppenbildung, Gruppenbildung, Gruppenbildung,* hier kommst du nie wieder raus … *Haben Sie schon Gruppenbildung dazubekommen?* Tolle Fragen stellte der Superanwalt und Stasimitarbeiter … halt, das ahntest du nur, wußtest es aber nicht … was sollte er sonst sein, der Staranwalt, wie sollte er sonst hier hereinkommen … Tolle Fragen stellte er an den Untersuchungshäftling, Rätselfragen, Grübelfragen, nette Denkaufgaben.“[286]

Wie Jürgen Fuchs war auch Gerulf Pannach in der langen Haftzeit kreativ. Er komponierte ohne Stift, Papier und Instrument sein düsteres „Gefängnislied“. Es erschien nach der Ausbürgerung nach West-Berlin 1979 auf der LP „Pannach & Kunert“ bei CBS.

---

286 Jürgen Fuchs: Magdalena. MfS, Memfisblues, Stasi, Die Firma, VEB Horch & Gauck – ein Roman, Berlin 1998, S. 71 f. Der dokumentarische Roman entstand nach Recherchen des Schriftstellers in den 1990er Jahren in der BStU. – Rechtsanwalt Wolfgang Heinrich Vogel (1925–2008) vertrat politische Häftlinge in der DDR. Seit 1963 war er Beauftragter der DDR für den Freikauf politischer Häftlinge, seit 1965 für die Zusammenführung getrennter Familien, seit 1969 offizieller „Bevollmächtigter der DDR für humanitäre Fragen bei der Bundesregierung“, seit 1973 „persönlicher Beauftragter des Staatsratsvorsitzenden für die Lösung humanitärer Probleme“. Vogel vermittelte den Freikauf von 33.775 Häftlingen, die Ausreise von über 250.000 DDR-Bürgern in die Bundesrepublik und den Austausch von ca. 150 Agenten. Vogel war auch als IM des MfS tätig.

Gefängnislied[287]
(Musik/Text: Gerulf Pannach)

Der Amselhahn um viere früh
Schreit mir sein schrilles Tirili
Vom Luftschacht in die Zelle
Schon machen meine Jalousien
Die Augen rauf
Draußen wird es helle

Und ich lieg hier, lebendig tot
Schön eingemachtes Knastkompott
Im Einweckglas aus Ziegeln
Der Amselhahn singt wie ein Gott
Ach, Brüderchen
Pump mir deine Flügel

Ich flöge schneller als ein Jet
Und – schwupp – zu meiner Frau ins Bett
Mit den gestreiften Sachen
Ich weiß nicht, wie ich landen tät
Doch eins ist klar
Sie würde Augen machen

Doch Augen macht mir hier im Knast
Der Posten nur, der gut aufpaßt
Auf mich, den wohlverwahrten
Unfreiwilligen Dauergast
Und bis sich da was ändert, du
Da kannste lange warten

---

287 Pannach: Als ich wie ein Vogel war (wie Anm. 8), S. 136 f.

Die Amsel schluchzt ihr Freiheitslied
Und mir vergeht der Appetit
Selbst auf ne Zigarette
Wie einer, der vorm Richtblock kniet
Häng ich den Hals
Über die Toilette

Was sonst! Mir kommt die Wut hoch, Mann
Auf den dreimal verfluchten Kahn
Und die am Ruder drehn
Das schwimmt als Dreck im Ozean
Der Menschheit rum
Und will nicht untergehn

Der Amselhahn, mich trift der Schlag
Ist fort, vielleicht zum nächsten Park
Auf eine grüne Hecke
Und ich kriech vor dem neuen Tag
Bis an das Kinn
Nochmal unter die Decke

Verhöre

Was wirklich in den Verhören ablief, wie viele Drohungen, Erpressungen, Gewalt, Demütigungen, Verletzungen, Lügen und psychologische Tricks absichtlich eingesetzt wurden, um die Gefangenen zu Geständnissen zu bringen, verschweigen die Vernehmungsakten. Jürgen Fuchs schildert in seinem Buch „Vernehmungsprotokolle" die aggressiven und beleidigenden Angriffe der Vernehmer und sprach nach der Haft von „psychischer Folter": „Einsetzen von Lautstärke, Einsetzen von Versprechungen, Einsetzen von Drohungen, Einsetzen des sympathischen Vernehmers, der Versprechungen macht und die Beendigung der Haft verspricht, der andere, der brüllt und widerruft; das Einsetzen auch von negativen und schlechten Äußerungen über Bezugspersonen wie die eigene Ehefrau, zum Beispiel unterstellt, das zeitgleich, wenn ich verhört wurde, mit Havemann Geschlechtsverkehr stattfindet in Grünheide, und das zu beschreiben versucht. Einen Menschen in eine Ausnahmesituation zu bringen versucht, in der er durchdreht, in der er suizidale Neigungen hat und Gedanken entwickelt, und er psychisch in seiner eigenen Person, in seiner eigenen Identität zusammenbrechen soll."[288] Er beschrieb außerdem, dass er mehrfach die Wirkung von Psychopharmaka an sich beobachten konnte, die ihm ohne sein Wissen verabreicht worden waren.

Die Protokolle sind von den Vernehmern sachlich abgefasst, sie täuschen eine Art Rechtsstaatlichkeit vor. Über Zellen-IMs und Verwanzungen, die bei Pannach und Fuchs zum Einsatz kamen, sind nur wenige beiläufige Informationen zu finden.[289] Auch kein einziger Satz über fingierte Telefongespräche in Gegenwart eines Häftlings taucht auf, in denen falsche Sachverhalte vorgespielt wurden, wie es Jürgen Fuchs in seinem Buch „Vernehmungsprotokolle" schildert. Solche fingierten Gespräche, etwa über die Verhaftung von Angehörigen, sollten den Gefangenen beunruhigen und verunsichern. Auch wenn Jürgen Fuchs mit seinem psychologischen Wissen das falsche Spiel durchschaute, kreisten seine Gedanken später, zurück in der Zelle, immer wieder um die Absicht solcher Darbietungen der MfS-Vernehmer. Den beiden anderen Künstlern ging es nicht anders. Schon zu Beginn der Haft verfasste Jürgen Fuchs eine persönliche Erklärung, aus der die bedrohliche Atmosphäre abzulesen ist:

> „Ich bin nicht in der Lage, unter Bedingungen von massivem psychischen Druck Aussagen zu machen.

288 „Landschaften der Lüge" (wie Anm. 240), S. 24, 28.

289 Ausführlichere zusätzliche Informationen und Beweise zum vom MfS beabsichtigen „Zellenkrieg" führt Jürgen Fuchs in seinem Dokumentarroman „Magdalena" an, siehe S. 366 ff.

Zur Erläuterung möchte ich folgendes angeben:
Ich sehe mich nicht in der Lage, in der Atmosphäre verbaler Herabsetzung und Entwürdigung: ‚Schwindler', ‚Lügner', ‚Sie wollen ein gebildeter Mensch sein', ‚Sie ziehen Ihre ganze Familie mit hinein' und Bewertung ‚Größenwahn', ‚Hochstapler' usw., nonverbaler Druckmethoden: Erhöhen der Lautstärke der gesprochenen Worte in den Bereich der massiven Drohung – ich sehe mich nicht in der Lage, unter solchen Bedingungen Aussagen zu machen. [...]
Nachdem mir am Nachmittag des heutigen Tages die Frage ‚nach den Personen, die ich im Hause von Robert HAVEMANN kennengelernt habe' in einer Art und Weise gestellt wurde, wie ich sie verstehen konnte, und auf obengenannte Äußerungen und Wertungen verzichtet wurde, bin ich bereit, die Frage nach den ‚Personen, die ich im Hause HAVEMANN kennengelernt habe, und die in der DDR wohnhaft sind' zu beantworten."[290]

Wie sehr die Haft die Gesundheit der Gefangenen angriff, lässt sich ebenfalls nur aus wenigen Dokumenten erahnen. In einem Aktenvermerk vom 16. Februar 1977 über einen am Vormittag durchgeführten einstündigen „Sprecher", einen Besuch der Rechtsanwälte Dr. Vogel und Starkulla in der U-Haft, findet sich diese Passage: „FUCHS erwähnte, daß es ihm gesundheitlich nicht gut gehe, da er psychisch stark belastet und wegen eines Kreislaufzusammenbruchs im Krankenrevier behandelt worden sei. Als er bemerkte, in Vernehmungen ständigen Demütigungen ausgesetzt zu sein, wurde er vom Unterzeichner [Eberl, Hauptmann] unterbrochen, diese Unterstellung zurückgewiesen und FUCHS zur Sachlichkeit ermahnt."[291]
In den Akten aus den Folgemonaten finden sich wiederholte Hinweise darauf, dass Fuchs gesundheitliche Beschwerden und Herz-Kreislauf-Probleme hatte. Als Rechtsanwalt Vogel bei einem „Sprecher" am 20. Juni 1977 fragte,

290 Privatarchiv Lilo Fuchs sowie BStU MfS AU 11554/78 Jürgen Fuchs, Persönliche Erklärung vom 7.12.1976, Bd. 14, Bl. 267–269.
291 BStU MfS AU 11554/78 Jürgen Fuchs, Aktenvermerk vom 16.02.1977, Bd. 2, Bl. 134.

ob er sich um eine Verlegung in das Haftkrankenhaus Leipzig-Meusdorf bemühen solle, lehnte Jürgen Fuchs „heftig ab, stationär behandelt werden zu wollen".[292]

Trotz aller Beschwerden der Verhafteten folgte eine penetrante, ermüdende Wiederholung aller Fragen vonseiten der Vernehmer, eine litaneihafte, ständig wiederholte Aufforderung zur Interpretation der eigenen Arbeiten. Die drei konnten ihre Aussagen vor der Haft nicht absprechen, also war damit zu rechnen, dass es Ungereimtheiten und Abweichungen geben würde. Selbst die kleinste Unstimmigkeit zog erneutes Nachbohren der Vernehmer nach sich. So ging es monatelang, bis zur Ausbürgerung. Bei den Hausdurchsuchungen bei Pannach und Kunert waren verschiedene Aufzeichnungen gefunden worden, auch Liedertexte, Entwürfe mit handschriftlichen Korrekturen, die anders als in der Endfassung lauteten – jedes abweichende Wort davon war Gegenstand neuer Verhöre. Auch Christian Kunerts Liedtexte, die er während seiner Zeit bei der Renft-Combo geschrieben hatte, wurden negativ bewertet: „Es wurde eingeschätzt, dass in 7 von 11 Texten allgemeine Tendenzen gegen den real existierenden Sozialismus in der DDR enthalten sind. Ihm entgegen gestellt werden Auffassungen revisionistischen Charakters, die der Plattform des sogenannten wahren Sozialismus nahe stehen bzw. ihm entstammen. Viele Textfassungen stellen den realen Sozialismus in der DDR als Gesellschaft hin, die dem Individum feindlich entgegentritt."[293] Dazu zählten Texte wie „Für unsere Freunde", „Gegen den Wind" und seine Nachdichtung von Neil Youngs „Helpless" („Hilflos").

Im Mai 1977 gab Jürgen Fuchs auf dringendes Anraten seines Rechtsanwaltes Dr. Wolfgang Vogel sein Schweigen auf. Vogel hatte ihm klargemacht, dass er durch seine Aussageverweigerung das Ermittlungsverfahren verlängern würde.

---

292 BStU MfS AU 11554/78 Jürgen Fuchs, Aktenvermerk vom 20.06.1977, Bd. 2, Bl. 231.

293 BStU MfS AKK 9686/85 B, Bd. 1 Christian Kunert, Erfassungsverhältnis Archiv vom 07.07.1980, Bl. 62.

Auch bei Fuchs spielte das „Leipziger Tonband“ nach der Sendung im Westen eine zentrale Rolle in den Verhören. Am 13. Mai 1977 antwortete er auf die Frage, welche Pläne er mit der Aufnahme verfolgt habe:

> „Hierbei sind zwei Seiten zu sehen. Zum einen stellte dieses Band eine zu publizierende Abfolge dar, falls in der DDR Einrichtungen bereit sein sollten, unsere künstlerischen Arbeiten zumindest zu akzeptieren. Zum anderen hatten wir durchaus die Absicht, das erstellte Band als eine mögliche Vorstellung unserer Personen im westlichen Ausland zu betrachten. Ich persönlich war der Ansicht, daß zwar noch Mängel in der künstlerischen und technischen Realisierung in akustischer Hinsicht vorlagen, war aber durchaus der Meinung, daß zumindest Teile des produzierten Bandes zu senden waren. Das von mir nach Grünheide mitgenommene Original des Bandes wurde von mir Ende Oktober Wolf Biermann mit nach Berlin gegeben, versehen mit der Bitte, möglichst mehrere, zumindest eine, Kopien dieser Aufnahme anzufertigen. Ich hatte ihn weiterhin gebeten, Freunden, die ihn in Berlin besuchten, unser Band vorzuspielen und mir Nachricht zukommen zu lassen, wie unsere Arbeiten eingeschätzt werden. Des weiteren habe ich Wolf BIERMANN gebeten, während seiner Reise in die BRD unsere Arbeiten interessierten Menschen vorzuspielen. Ich war davon ausgegangen, daß der Künstler Wolf Biermann als DDR-Bürger in der BRD auftreten kann und hatte es als selbstverständlich empfunden, daß ein Bürger unseres Staates, der zu einer Konzertreise im westlichen Ausland weilt, ungehindert in die DDR zurückkehren darf.“[294]

Als Jürgen Fuchs dies sagte, war das Buch „Gedächtnisprotokolle“ mit den authentischen Berichten über seine Erfahrungen in der DDR, mit allen acht Liedtexten des „Leipziger Tonbandes“ von Gerulf Pannach und der Einführung von Wolf Biermann schon bei Rowohlt in der Bundesrepublik er-

---

294 BStU MfS AU 11554/78 Bd. 11 Jürgen Fuchs, Vernehmungsprotokoll vom 13.5.1977, Bl. 143. Zeit: 9–13 und 14.00 bis 15.30 Uhr.

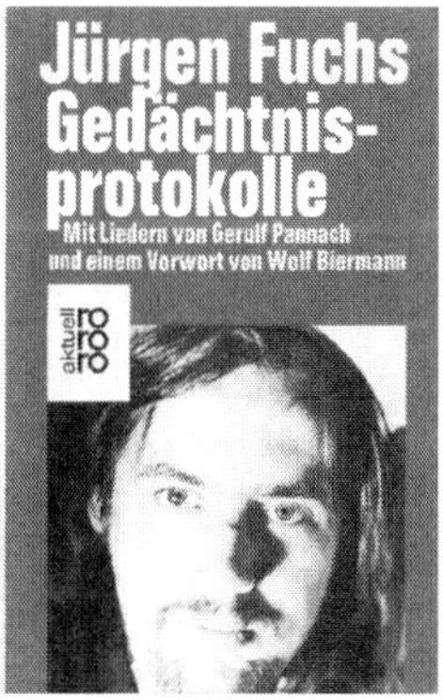

Cover des Buches „Gedächtnisprotokolle“, das während der Untersuchungshaft von Jürgen Fuchs und Gerulf Pannach 1977 beim Rowohlt Verlag erschien (Rowohlt Verlag, Foto: Margret Frosch)

schienen. Zahlreiche Medien reagierten darauf, veröffentlichten Rezensionen, druckten Auszüge. Fuchs erhielt für dieses Buch im Mai 1977 den mit 5.000 DM dotierten „Internationalen Pressepreis“ der Buchmesse in Nizza.[295]

Die Solidaritätsaktionen für die Verhafteten, im Wesentlichen organisiert vom 1976 gegründeten „Schutzkomitee Freiheit und Sozialismus“ in West-Berlin, zeigten Wirkung.

Pannachs „Ballade vom schlechten Schlaf“

Nach Wochen und Monaten quälender, penetranter Verhöre war Gerulf Pannach zermürbt und am Ende seiner Kraft. So sehr, dass er Ende Juli 1977 nach einem Besuch seiner Frau (in der Magdalenenstraße) wegen Herzbeschwerden ausnahmsweise auch tagsüber „Liegeerlaubnis“ erhielt, ihm eine Verlängerung der Freistunde zugesichert wurde und er in das Haftkranken-

295 Sehr wohl bemerkt vom MfS, siehe: BStU MfS AU 11554/78 Jürgen Fuchs, Bd. 12, Bl. 196, und MfS-ZAIG 30 689, Bl. 014. Die Tageszeitung „Die Welt“ berichtete am 9. Mai 1977 über die Preisverleihung: „Inhaftierter Dichter Fuchs erhält den Nizza-Preis“. Die Jury setzte sich aus sieben Journalisten der Zeitungen „L'Espresse“ (Italien), „Newsweek“ (USA), „Politika“ (Jugoslawien), „Triunfo“ (Spanien), „The Observer“ (Großbritannien), „Tagesanzeiger“ (Schweiz) und „Le Nouvel Observateur“ (Frankreich) zusammen.

haus[296] gebracht werden musste. „Als Ursache, so teilte Pannach mit, vermute er ein Unwohlsein, das ihn aufgrund des Transports zurück in die UHA I befiel. Der Herzanfall sei von einer solchen Schwere gewesen, daß seine Arme und Hände völlig verkrampft gewesen seien. Nach Ankunft in der UHA I habe er sofort vom Sanitäter Herztropfen erhalten, worauf hin sich sein Zustand verbesserte."[297]

Mindestens 41 stunden- und tagelange Vernehmungen drehen sich bei ihm fast ausschließlich um das „Leipziger Tonband". Die letzte Vernehmung fand am 19. August 1977 statt.

Als „staatsfeindlichste" Lieder wurden in den Verhören die nachfolgend aufgeführten angesehen:

Ballade vom schlechten Schlaf
Glaubensfragen
Vom Rot, das brennt
Vertrauensmann
Gegen die Angst
Für uns, die wir noch hoffen

Pannach wurde mit jeder Zeile, jeder Strophe, jeder Textvariante auf beschlagnahmten Zetteln, jedem geänderten Wort wieder und wieder konfrontiert. Dass drei davon ursprünglich von dem katalanischen Liedermacher Raimon stammten, spielte keine Rolle und war keine Entlastung. Auch der Einfluss Wolf Biermanns auf die Texte wurde untersucht und nach seinen handschriftlichen Korrekturen auf den Blättern gesucht.

Ende Mai 1977 versuchte Pannach nicht mehr zu taktieren, zu widersprechen, auszuweichen. Dieser Eindruck entsteht beim Lesen der MfS-Akten.

---

296 In seinem Buch „Vernehmungsprotokolle" erwähnt Jürgen Fuchs, dass am 29. Juli 1977 ein Vernehmer Gerulf Pannach im Haftkrankenhaus besuchte, in: Fuchs: Vernehmungsprotokolle (wie Anm. 244), S. 215.

297 BStU MfS AU 14674/77 Gerulf Pannach, Vermerk vom 25.7.1977, Bd. 7, Bl. 321.

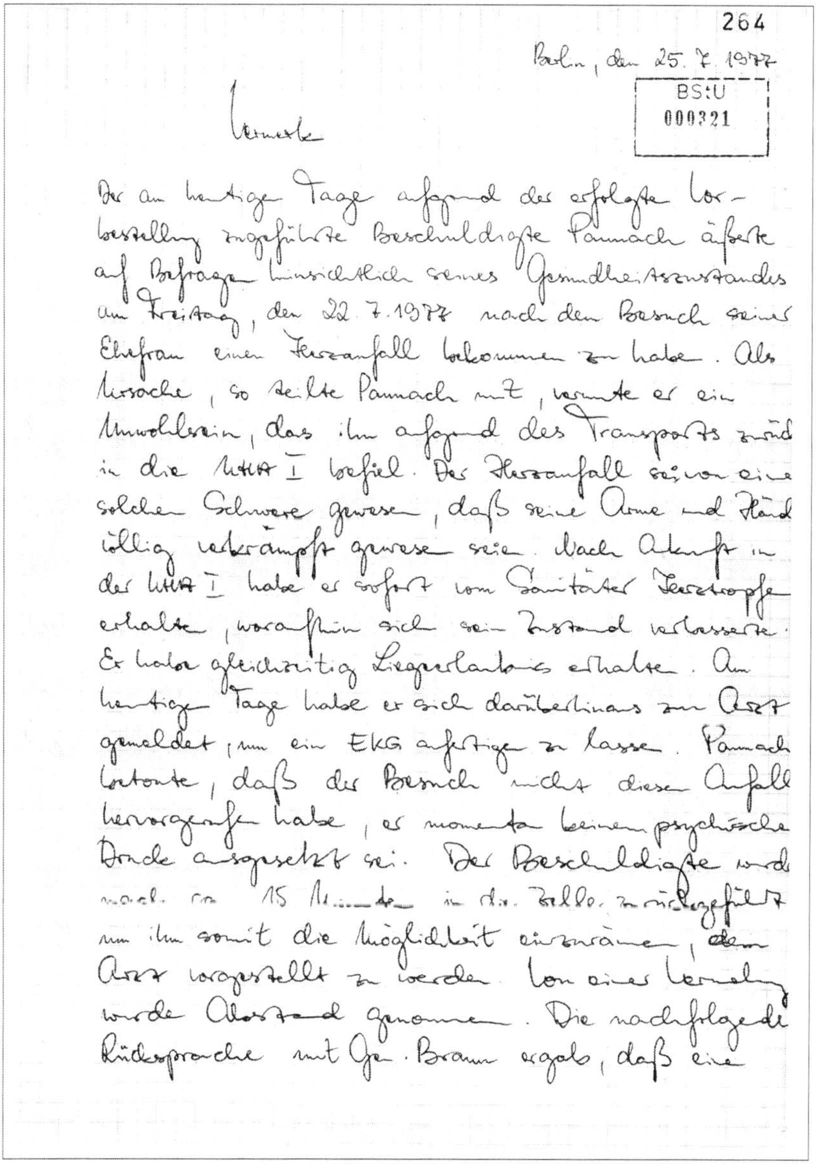

264

Berlin, den 25.7.1977

BStU 000321

Vermerk

Der am heutigen Tage aufgrund der erfolgten Vorbestellung zugeführte Beschuldigte Pannach äußerte auf Befragen hinsichtlich seines Gesundheitszustandes am Freitag, den 22.7.1977 nach dem Besuch seiner Ehefrau einen Herzanfall bekommen zu haben. Als Ursache, so teilte Pannach mit, vermute er ein Unwohlsein, das ihn aufgrund des Transports zurück in die UHA I befiel. Der Herzanfall sei von einer solchen Schwere gewesen, daß seine Arme und Hände völlig verkrampft gewesen seien. Nach Ankunft in der UHA I habe er sofort vom Sanitäter Herztropfen erhalten, woraufhin sich sein Zustand verbesserte. Er habe gleichzeitig Liegeerlaubnis erhalten. Am heutigen Tage habe er sich darüberhinaus zum Arzt gemeldet, um ein EKG anfertigen zu lassen. Pannach betonte, daß der Besuch nicht diesen Anfall hervorgerufen habe, er momentan keinem psychischen Druck ausgesetzt sei. Der Beschuldigte wurde nach ca. 15 Minuten in die Zelle zurückgeführt um ihm somit die Möglichkeit einzuräumen, dem Arzt vorgestellt zu werden. Von einer Vernehmung wurde Abstand genommen. Die nachfolgende Rücksprache mit Gen. Braun ergab, daß eine

a–b MfS-Bericht über einen schweren Herzanfall Gerulf Pannachs während der Untersuchungshaft (BStU MfS AU 14674/77 Bd. 7 Bl. 321 f.)

-2-

265

Vorstellung beim Arzt erst am 26.7.77 erfolgen kann. Eine Verlängerung der Freistunde wurde zugesichert. Von Gen. Meier u. Gabbe wurde mitgeteilt, daß Pannach vermutlich am 26.7.77 ins HKH verlegt wird; mit Vernehmungen sei erst am 1.8.77 wieder zu beginnen.

Mascher, Oltn.

Vermerk 2.8.1977

Rücksprache mit Gen. Meier ergab, daß die Absicht, am 3.8.1977 den Beschuldigten in der HKH vernehmen zu können, nicht zu realisieren ist. Der geplante Termin einer Rückführung von Pannach aus dem HKH sei aufgrund weiterer ärztlicher Maßnahmen am Mittag des 2.8.77 nicht gewährleistet. Mit einer Rückführung sei nunmehr erst am 5.8.77 zu rechnen.

Mascher, Oltn.

Vermerk 8.8.77

Da am Freitag am 5.8.77 eine Dienstreise nach Potsdam erfolgte und am 8.8.77 Dienstsport angesetzt war, wurde erst für den 9.8.77 der Beschuldigte zur Vernehmung vorgestellt.

Mascher, Oltn.

In einem ganztägigen Verhör am 27. Mai 1977 (9–13 Uhr, 14–16.40 Uhr) über die „Ballade vom schlechten Schlaf“ machte Pannach Aussagen, die ihn schwer belastet hätten.
Zum x-ten Mal ging es im Verhör um das „Leipziger Tonband“, diesmal vor allem darum, unter welchen Umständen er die „Ballade vom schlechten Schlaf“ verfasst hatte. Das MfS hatte sieben verschiedene Textfassungen auf A4-Blättern bei Pannach beschlagnahmt. Nach Pannach sollte der Song ursprünglich „Ballade vom Traum“ heißen. Ungefähr im Oktober 1974 hätte er mit der Arbeit daran begonnen, sagte er, und das Lied zum ersten Mal bei einem Geburtstag von Robert Havemann vorgespielt. Wolf Biermann, der zugegen war, hätte das Lied gut gefunden, aber einige Veränderungen vorgeschlagen. Auf die Frage, was der Anlass für die Ballade war, erwiderte Pannach:

„Zum einen träumte ich tatsächlich häufig davon, daß nachts die Polizei in meine Wohnung kommt, um mich festzunehmen. Zum anderen war es in der Vergangenheit noch vor der Abfassung des Textes vorgekommen, daß ein Funkstreifenwagen vor meinem Haus hielt und ich den Eindruck bekam, daß dieser Aufenthalt meiner Person galt, ohne daß ich jedoch konkret mitbekam, was die Polizisten wollten. Meine Auffassung, daß das einen Versuch der Einschüchterung darstellte, teilte auch Biermann. Das war der Anlaß diesen Text zu schreiben. […]“[298]

Ballade vom schlechten Schlaf
(Musik/Text: Gerulf Pannach)

Mit meiner herrlich heißen
Mit meiner weiblich weißen
Mit meiner Frau Ami

298 Hier und folgende Vernehmungszitate: Privatarchiv Amrei Pannach sowie BStU MfS AU 14674/77 Gerulf Pannach, Vernehmungsprotokoll vom 27.05.1977, Bd. 2, Bl. 202 ff.

BStU
000010

9

GEGEN DIE ANGST

Nun denn, ich nenn
Die Sache gleich beim Namen:
Brechen wir nicht des Schweigens Wände
Werden wir im Schweigen enden!

Gegen die Angst, seid nicht stille!
Gegen die Angst, kommt hervor!
Gegen die Angst, wir sind doch Viele!
Gegen die Angst, ohne Angst!

All jene, von den Behörden
Blutig verhörten
Die Brot-und-Wasser-Insassen
Wissen was von der Angst
Und wissen: Schwer ists heut
Zu sagen, daß das Gute
Nicht von Oben kommt

Gegen die Angst, seid nicht stille!
Gegen die Angst, kommt hervor!
Gegen die Angst, wir sind doch Viele!
Gegen die Angst, ohne Angst!
Ohne Angst, ohne Angst!

Raimón
(Nachd. G. Pannach)

Beschlagnahmter Pannach-Songtext „Gegen die Angst" (BStU MfS AU 14674/77, Bd. 5, Bl. 10)

Lag ich die Nacht wie immer
In unserm dunklen Zimmer
Im kleinen Eislogis

Da träumte ich wie neulich
Der Traum war grau und greulich
Ne Fuhre Polizei
Flau, flau wurd mir, abscheulich
Ich stöhnte: Frau, nu heul nich
Da ist noch nischt dabei

Unter den Stiefeln biegen
Sich knarrend unsre Stiegen
Schon rummst es an die Tür
Im Hals die Zigarette
Sprach Ami: Du, ich wette
Die Schweine wolln zu dir

Vor mir stand stramm, mit Orden
Schon bißchen fett geworden
Ein Hauptmann der VP
Dann rührte sich der Mann, sprach:
Sind Sie der Sänger Pann-ach?
Da fing ich an zu flehn:

Nein, nein, mich nicht einlochen!
Nie nischt hab ich verbrochen!
Bin noch so jung und rein
Wie ist das Leben bitter!
Jetzt komm ich hinter Gitter
Frau, pack mir Wäsche ein!

Vor uns mußt du nicht zittern!
Heut wolln wir nicht gewittern!
Grunzt der Polyp kulant
Das ist grad dein Verhängnis
Mensch, Pannach, im Gefängnis
Steckt bloß dein Unverstand

Komm mit in die Kaserne
Wir fangen, sprach er, gerne
Gleich mal beim Anfang an
Komm, steig in unsre Karre
Nimm mit auch die Gitarre
Vor drei mal tausend Mann

Sollst du paar Lieder singen
Licht in das Dunkel bringen
Damit die Polizei
Die Kurve kriegt und ungestört
Endlich auch mal was Schönes hört
Und denkt auch noch was bei!

Herr Hauptmann, ja, Herr Hauptmann!
Herr Hauptmann, ja, Herr Hauptmann!
Drauf kommt's ja überhaupt an!
Freiheit kommt nie zu spät!
Der Pannach kommt, die Wahrheit
Die Fröhlichkeit, die Klarheit!
Da fiel ich aus –
Plumps, fiel ich aus –
Rumms, fiel ich ausm Bett

Weg waren die Gespenster
Die Sonne stand im Fenster

Es roch nach frischem Tee
Und Ami rief im Scherze
Komm frühstücken, mein Herze
Sonst hol ich die VP[299]

Der Vernehmer fragte laut Vernehmungsprotokoll weiter, was Pannach mit diesem Text ausdrücken wollte? Er antwortete:

> „Ich wollte meine Angst, die ich davor hatte, aufgrund meiner verfaßten und verbreiteten Liedtexte festgenommen zu werden, darstellen. Es spielte das Wunschdenken dabei eine Rolle, daß die Polizei nicht kommen würde, um mich festzunehmen, sondern um mich zu holen, damit ich vor ihnen auftrete und singe. Hinter diesem Text steht im Prinzip meine Abneigung gegenüber der Polizei und der Sicherheitsorgane überhaupt. Ich empfand diese Organe lediglich als den schützenden Arm, die Exekutive einer sich verselbständigten Machtgruppe, wie sie sich meiner damaligen Ansicht nach in der DDR darstellte."

Frage:

> „Die in dem von Ihnen verfassten Text gebrauchten Formulierungen wie:
>
> ‚… der Traum war grün und greulich,
> ne Fuhre Polizei,
> flau, flau wurd mir, abscheulich …'
> sowie
>
> ‚… sprach Amie, Du ich wette,
> die Schweine woll'n zu Dir'

299 Text nach Pannach: Als ich wie ein Vogel war (wie Anm. 8), S. 122 f. Erschienen auf der LP „Für uns, die wir noch hoffen" (wie Anm. 5).

> stellen eine Diskriminierung staatlicher und gesellschaftlicher Verhältnisse in der DDR, insbesondere der Tätigkeit der Volkspolizei, der Schutz- und Sicherheitsorgane überhaupt, dar. Äußern Sie sich dazu!"

Antwort:

> „Diese von mir gebrauchten Formulierungen spiegelten die zum Zeitpunkt der Abfassung und Verbreitung dieses Textes tatsächlich vorhandenen Auffassungen zu den Sicherheitsorganen wider, was sich in tiefer Verachtung über deren Tätigkeit äußerte. Es ist natürlich zutreffend, daß es sich bei den angegebenen Formulierungen um eine Diskriminierung der staatlichen Organe handelt. Meine Auffassung bestand zum damaligen Zeitpunkt darin, die ‚Wahrheit' über diese Organe zu sagen, was ich mit diesen Formulierungen bezweckte."

Weiter wurde Pannach vorgeworfen, die Sicherheits- und Schutzorgane lächerlich zu machen, etwa mit den Zeilen: „Vor mir stand stramm mit Orden / Schon bißchen fett geworden / Ein Hauptmann der / VP", oder: „Vor uns mußt du nicht zittern / Grunzt der Polyp kulant …", sowie: „Sollst du paar Lieder singen / Licht in das Dunkel bringen / Damit die Polizei / Die Kurve kriegt und ungestört / Endlich auch mal was Schönes hört / Und denkt auch noch was bei".
Pannach sollte „erneut Stellung" zu dem Text nehmen und antwortete:

> „Meine Formulierungen waren auch so abwertend gemeint, wie sie von mir verwendet wurden. Ich wollte meine Verachtung zum Ausdruck bringen, indem ich diese Begriffe wählte. Was die letzte zitierte Passage angeht, so sollten die Sicherheitsorgane, im weitesten Sinne die Staatsorgane, überhaupt getroffen werden. Ich meinte damit, daß ich als Agitator auftrete und die Polizei dazu bringe, von einem meiner Ansicht nach bestehenden Dogma der Ideologie abzugehen. Nämlich insofern, als sie nicht stur Befehle ausführt, also im Prinzip auch nur selbst ‚unterdrückter Unterdrücker' ist, sondern bewußter handelt und menschlicher wird. Ich war einer solchen Auffassung, daß die Polizei erst zu

> einer wirklichen Volkspolizei sich hätte entwickeln müssen. Dies glaube ich in dem genannten Text hintergründig zum Ausdruck gebracht zu haben."

Auf die Frage, welches Ziel er mit der „Ballade vom schlechten Schlaf" verfolgt habe, antwortete er:

> „Ich beabsichtigte mit der Herstellung des Textes, diesen zu singen und auf diese Weise den Zuhörern meine Angst zu vermitteln, die ich ständig davor hatte, festgenommen zu werden. Ich hoffte Zuspruch, zumindestens eine unterstützende Haltung, in einer solchen Situation zu finden. Hinter allem stand im Prinzip meine Absicht, die Gefahr und das Vorhandensein einer Polizeistaatpraxis, was meiner Ansicht nach gegeben war, deutlich zu machen."

SOLIDARITÄT IM WESTEN

Das Schutzkomitee „Freiheit und Sozialismus“

Zu den Hauptaktivisten der Kampagne für die Freilassung der drei verhafteten Künstler zählte das Schutzkomitee „Freiheit und Sozialismus“, das sich aus verschiedenen Intellektuellen und Künstlern zusammensetzte. Christian Kunert erinnert sich:

> „Wir waren ein Vierteljahr in dem Gefängnis und es gab einige Aktivitäten in West-Berlin und in West-Deutschland, Sympathisanten, die bemüht waren, dass irgendwas passiert, was diese Jungs, die da singen und Texte schreiben, aus dem Gefängnis herausbringt. Dazu gehörte Amnesty International, die sich bemüht haben, und dazu gehörte eine Berliner Truppe von 68ern, die sich zu einem Komitee ‚Freiheit und Sozialismus‘ zusammenschlossen. Hannes Schwenger war federführend. Ich muss mich immer bei ihm bedanken, es war einfach toll. Sie haben dafür gesorgt, dass Berühmtheiten, das muss ja immer so sein, sich als Mitglieder dieses Komitees eingetragen und gegen die Verhaftung von Fuchs, Pannach und Kunert protestiert haben. Das Komitee wurde dann auf einer Pressekonferenz vorgestellt, und das Schöne war, dass mir das bei einer Vernehmung berichtet wurde. Warum, weiß ich nicht so genau, jedenfalls hatte ich einen Tag mit viel Grund zur Freude. Yves Montand stand als Unterschreibender da, Romy Schneider, Heinrich Böll und Pfarrer Heinrich Albertz … Es war eine illustre Gesellschaft, die sich für meine Freiheit einsetzte. Da kann man eigentlich nicht meckern.“[300]

---

300 Interview mit Christian Kunert, Juni 2019. – Heinrich Albertz (1915–1993) war Pfarrer und Politiker (SPD). Er war u. a. 1966/67 Regierender Bürgermeister von Berlin.

Es gab zudem verschiedene Initiativen von im Westen lebenden Einzelpersonen, die an die Staatsführung der DDR schrieben und die Freilassung der drei Künstler forderten. Der „Welt"-Journalist Andreas W. Mytze, der Robert Havemann mehrfach besucht hatte, schrieb an MfS-Generalmajor Markus Wolf und forderte die Freilassung von Jürgen Fuchs.[301] Kopien seines Briefes schickte Mytze an Willy Brandt, Herbert Wehner, die KPF, die KPI und andere. Mit seinem Schreiben erklärten sich zahlreiche Schriftsteller und Journalisten solidarisch, etwa Günter Grass, Ernst Bloch, Horst Bienek, Siegmar Faust, Walter Jens, Heinz Brandt, Jean Améry, Ossip K. Flechtheim und Manfred Rexin.

Wolf Biermann gab dem ZDF ein Interview über Jürgen Fuchs und stellte das Buch „Gedächtnisprotokolle" vor,[302] und der ehemalige Renft-Leader Klaus Jentzsch, der im Mai 1976 nach West-Berlin ausgereist war, spielte im RIAS Pannach-Lieder von einem Tonband, das er bei seiner Ausreise mit in den Westen genommen hatte.[303]

Die größte internationale Resonanz erzielte jedoch das schon genannte „Schutzkomitee Freiheit und Sozialismus". Es gründete sich im Dezember 1976 in West-Berlin und verstand sich ausdrücklich als ein Komitee der Linken. Mit dem Namen reagierte man unmittelbar auf die damalige CSU-Wahlkampagne „Freiheit statt Sozialismus". Initiatoren des Schutzkomitees waren der Soziologe Manfred Wilke, die Filmemacherin Margret Frosch, der Publizist Hannes Schwenger, damals Vorsitzender des Schriftstellerverbandes in der IG Druck und Papier in West-Berlin, und der SPIEGEL-Korrespondent

---

301 Privatarchiv von Andreas W. Mytze sowie BStU MfS AP Archiv der Zentralstelle 56874/92 Brief von Andreas W. Mytze an Markus Wolf vom 20.11.1976, Bl. 29. Auch erschienen in: Andreas W. Mytze (Hg.): Texte aus der DDR (Europäische Ideen, 26), Berlin 1977. Dort ist auch ein ähnliches Schreiben von Andreas W. Mytze an Erich Honecker abgedruckt.

302 ZDF, 15. Februar 1977, 22.00 Uhr.

303 Klaus Renft [Jentzsch]: „Da sieht der Marx wie Moritz aus", RIAS II Literatur, 16. Februar 1977.

VS verband deutscher schriftsteller in der industriegewerkschaft druck und papier landesbezirk berlin

Kontaktadresse für diese Initiative

Dr. Hannes Schwenger
1 Berlin 31
Pommersche Str. 12 a
Tel. 030 - 8 61 26 11

Sehr geehrte Damen und Herren,
liebe Freunde,

auf Initiative des Verbands deutscher Schriftsteller (VS) in der IG Druck und Papier Berlin wird sich dieser Tage ein Komitee zum Schutz der aufgrund ihrer Meinungsäußerung beruflich, politisch und persönlich bedrohten DDR-Bürger bilden. Der VS selbst hat eine Patenschaft für den Schriftsteller Jürgen Fuchs übernommen. Wir und die Unterzeichner des Aufrufs laden Sie ein, als Korrespondierende Mitglieder das Komitee zu unterstützen; wir werden Sie dann von Fall zu Fall um ideelle und materielle Unterstützung bitten.

Zu den Erstunterzeichnern gehören unter anderem

Heinrich Albertz	Heinrich Böll	Otto Schily
Friedrich Dürrenmatt	Prof. H. Gollwitzer	Jakob Moneta
Prof. Fritz Eberhard	Marianne Koch	Peter Schneider
Prof. Fr. Edding	Prof. Robert Jungk	Romy Schneider
Hans Magnus Enzensberger	Prof. A. Mitscherlich	Alice Schwarzer
Max Frisch	Volker Ludwig	Prof.T.v.d. Vring

Das Komitee soll den Namen "Schutzkomitee Freiheit und Sozialismus" führen.

Es geht um gefährdete Bürger der DDR

Die Schutzabsicht dieser Initiative schließt jede propagandistischen oder in anderer Weise Interessen Dritter verpflichteten Aktivitäten aus. Sie versteht sich in Einklang mit den Beschlüssen von Helsinki und der Menschenrechtsdeklaration der Vereinten Nationen. Es geht ihr um den Schutz der Staatsbürgerschaftsrechte, freie Wahl des Aufenthalts, ungehinderte Publikation von Literatur, auch um den Schutz vor leichtfertiger oder mißbräuchlicher Gefährdung durch westliche Publikationsmedien. Im Fall von Berufsverboten und Inhaftierungen sollen die Betroffenen und ihre Angehörigen unterstützt werden.

Diese Initiative geht von West-Berlin aus, dessen Schriftsteller mit Berufsverboten (Peter Schneider), mit politischer Zensur für inhaftierte Autoren (Peter Paul Zahl), mit der Entfernung mißliebiger Literatur aus Öffentlichen Büchereien (Yaak Karsunke) eigene Erfahrungen besitzen und das häufig auch erste Zuflucht exilierter Autoren der DDR ist. An diesem Ort darf sich eine solche Initiative weder von Feindseligkeit gegenüber den sozialistischen Ländern noch von Illusionen über die Situation im Westen leiten lassen. Diese nüchterne Einsicht muß ihre Arbeit bestimmen.

Eine Information über Jürgen Fuchs und weitere gefährdete Bürger der DDR liegt bei, dazu ein Revers, um dessen Rücksendung wir bitten.

Mit freundlichen Grüßen
VS in der IG Druck und Papier Berlin

Hannes Schwenger, Vorsitzender

bank für gemeinwirtschaft a.g. konto: 107 200 29
städtische girokasse stuttgart konto: 200 96 29
postscheckkonto stuttgart 74517 02

3

Schreiben von Hannes Schwenger über die Gründung des West-Berliner „Schutzkomitees Freiheit und Sozialismus" (Privatarchiv Hannes Schwenger)

Jörg R. Mettke. Mettke war 1975 wegen angeblicher Verleumdung aus der DDR ausgewiesen worden, weil er über Zwangsadoptionen berichtet hatte. Das „Schutzkomitee" übernahm die Patenschaft über Jürgen Fuchs, Gerulf Pannach, Christian Kunert und die acht verhafteten Jenaer, die im Kaßberg-Gefängnis Karl-Marx-Stadt in Untersuchungshaft saßen: Kerstin Graf, Thomas Auerbach, Wolfgang Hinkeldey, Gerd Lehmann, Bernd Markowsky, Walfred Meier, Marian Kirstein und Uwe Behr. Außerdem über die Erfurter Gabriele Kachold (heute Stötzer) und Thomas Wagner, den Leipziger Michael „Salli" Sallmann und den aus Dresden stammenden Theologen Günther „Aljoscha" Schau.

Es gelang dem Komitee, eine internationale Presse- und Unterschriftenkampagne ohnegleichen zu organisieren: Max Frisch, Romy Schneider, Otto Schily, Friedrich Dürrenmatt, Heinrich Böll, Yves Montand, Peter Schneider, Yaak Karsunke und viele andere Prominente gehörten ihm an oder unterstützen es. Klaus Staeck gestaltete das Plakat und Postkarten für das Schutzkomitee: Das Motiv war ein Eisberg, der symbolisch für das DDR-Kulturministerium stand. Besonders ärgerlich für die DDR war, dass auch dort angesehene Eurokommunisten wie der Italiener Lucio Lombardo Radice oder der Franzose Jean Elleinstein gegen die Verhaftungen protestierten.

Am 10. Dezember 1976 fand die erste Pressekonferenz des Schutzkomitees in der West-Berliner Akademie der Künste statt. Wolf Biermann flog dazu eigens nach West-Berlin, um sich für die Freilassung seiner Freunde einzusetzen. Die Pressekonferenz wurde vom RIAS mitgeschnitten und Ausschnitte daraus einen Tag später zusammen mit dem „Leipziger Tonband" ausgestrahlt. In seiner Anmoderation erklärte RIAS-Literaturredakteur Hans-Georg Soldat:

> „Ein Komitee zum Schutz von aufgrund ihrer Meinungsäußerung beruflich, politisch und persönlich bedrohten DDR-Bürgern hat sich am Freitag in West-Berlin konstituiert und in der Akademie der Künste der Öffentlichkeit vorgestellt. Die Initiative ist vom Berliner Verband deutscher Schriftsteller in der IG Druck & Papier ausgegangen, der selbst die Patenschaft für den inhaftierten DDR-Schriftsteller Jürgen Fuchs übernommen hat.

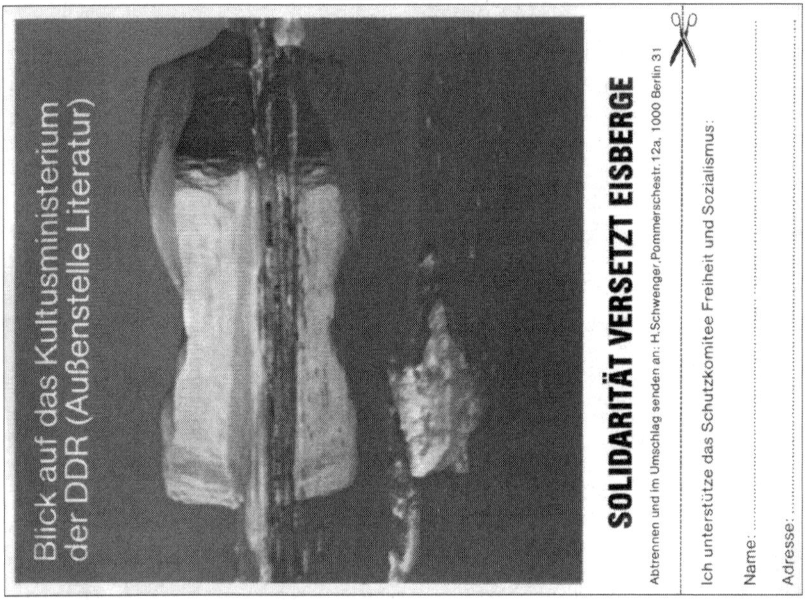

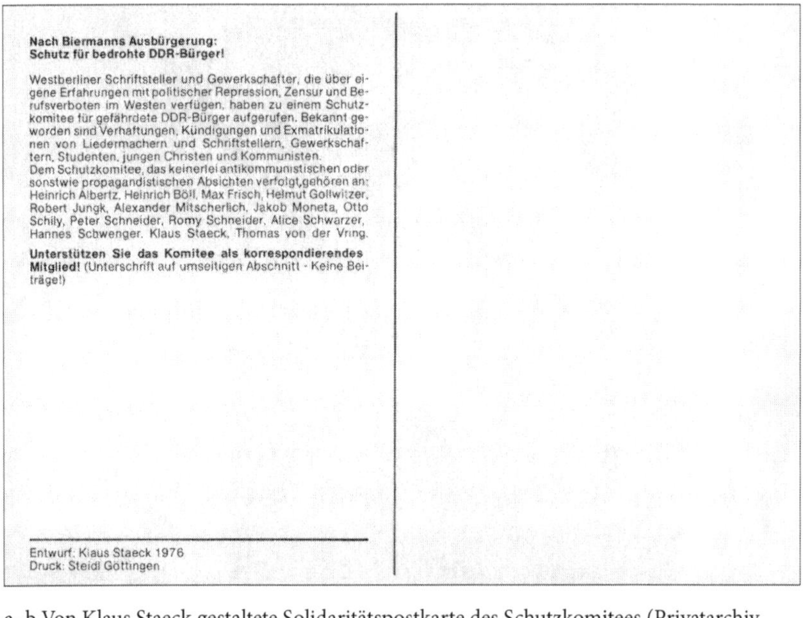

Nach Biermanns Ausbürgerung:
Schutz für bedrohte DDR-Bürger!

Westberliner Schriftsteller und Gewerkschafter, die über eigene Erfahrungen mit politischer Repression, Zensur und Berufsverboten im Westen verfügen, haben zu einem Schutzkomitee für gefährdete DDR-Bürger aufgerufen. Bekannt geworden sind Verhaftungen, Kündigungen und Exmatrikulationen von Liedermachern und Schriftstellern, Gewerkschaftern, Studenten, jungen Christen und Kommunisten.
Dem Schutzkomitee, das keinerlei antikommunistischen oder sonstwie propagandistischen Absichten verfolgt,gehören an: Heinrich Albertz, Heinrich Böll, Max Frisch, Helmut Gollwitzer, Robert Jungk, Alexander Mitscherlich, Jakob Moneta, Otto Schily, Peter Schneider, Romy Schneider, Alice Schwarzer, Hannes Schwenger, Klaus Staeck, Thomas von der Vring.

Unterstützen Sie das Komitee als korrespondierendes Mitglied! (Unterschrift auf umseitigen Abschnitt - Keine Beiträge!)

Entwurf: Klaus Staeck 1976
Druck: Steidl Göttingen

a–b Von Klaus Staeck gestaltete Solidaritätspostkarte des Schutzkomitees (Privatarchiv Hannes Schwenger)

> Dem international zusammengesetzten Komitee gehören unter anderen Heinrich Albertz, Max Frisch, Alexander Mitscherlich, Otto Schily, Romy Schneider, Robert Jungk, Helmut Gollwitzer und Heinrich Böll an. Korrespondierende Mitglieder sind unter anderen Friedrich Dürrenmatt, Hans Magnus Enzensberger und Yves Montand.
> Das Komitee versteht sich, wie es im Gründungsaufruf heißt, im Einklang mit den Beschlüssen von Helsinki und der Menschenrechtserklärung der Vereinten Nationen, und seine Schutzabsicht schließt propagandistische oder in anderer Weise Interessen Dritter verpflichtete Aktivitäten aus."[304]

Hannes Schwenger erläuterte während der Pressekonferenz die Ziele des Schutzkomitees:

> „Mit dem, worum es hier geht, haben Berliner Schriftsteller ihre eigenen Erfahrungen. Mit Berufsverboten, ich nenne als Beispiel Peter Schneider, mit politischer Zensur für inhaftierte Autoren, z. B. Peter Paul Zahl, mit der Unterdrückung politischer Literatur in öffentlichen Institutionen, so Yaak Karsunke. Ich erwähne dieses Motiv unserer Initiative ‚Eigene Erfahrungen im eigenen Land' deshalb ausdrücklich vorab, weil wir uns häufig wünschen, eine gleiche Öffentlichkeit wie heute auch für die Gefährdung westdeutscher Bürger durch Berufsverbote und andere Repressalien zu haben. West-Berlin schien uns der richtige Ort für diese Initiative, weil man sich hier weder Feindseligkeit gegenüber den sozialistischen Ländern noch Illusionen über die Situation im Westen leisten kann. Beides ist nicht unsere Sache, und ich wäre froh, wenn dies auch der anwesende Vertreter von ADN zur Kenntnis nehmen und zur Kenntnis geben könnte. Wir haben uns und andere in Ost und West vor dem Aufruf zu diesem Komitee auch gefragt, ob die Öffentlichkeit, die wir für die Sache der bedroh-

---

304 Zitiert nach: „Für uns, die wir noch hoffen". Ein Tonbanddokument mit Liedern und Prosa der inhaftierten DDR-Schriftsteller und -Sänger Jürgen Fuchs, Christian Kunert und Gerulf Pannach. Ausstrahlung: RIAS II, 11. Dezember 1976, 22.00 bis 23.05 Uhr.

> ten DDR-Bürger schaffen, den Gefährdeten nicht mehr schadet als nutzt. Lassen Sie mich dazu zweierlei sagen: Wir haben uns Zeit gelassen, zu warten, ob nicht Einsicht und vielfache diskrete Interventionen die Behörden der DDR zur besonnenen Milderung oder Revision der ergriffenen Maßnahmen veranlassen würden. Wir kennen ja auch bei uns Fälle hektischer polizeilicher Aktivitäten, ja sogar Verhaftungen, bei denen sich die Verantwortlichen nach 48 Stunden besinnen. Diese Hoffnung hat sich leider nicht bestätigt. Viel mehr zeigt sich, dass zwar gegen einige Namen nur behutsam vorgegangen wird, mit Maßnahmen zwischen Hausarrest und Parteirügen, wo andere inhaftiert oder aus der Partei ausgeschlossen werden, dass aber die vermeintlich nicht-prominenten Fälle mit aller Härte behandelt werden. Diesen Fällen gilt unsere allererste Sorge. Was ihnen fehlt, Schutz durch eigene internationale Bekanntheit, muss ihnen die Öffentlichkeit ersetzen, die wir für sie schaffen können. Deshalb hat der Verband deutscher Schriftsteller in der IG Druck & Papier Berlin die Patenschaft für den jungen Kollegen Jürgen Fuchs übernommen, der in der DDR noch immer in Haft ist. Man muss wissen, dass wir nach ihm künftig fragen werden, auf jedem Treffen mit Kollegen und Vertretern der DDR, das die Möglichkeit dazu ergibt. Das muss, und damit komme ich zum zweiten Punkt, nicht immer laut geschehen. Wir suchen die Öffentlichkeit nur dort, wo sie helfen kann.“[305]

Nach Hannes Schwenger kam Wolf Biermann zu Wort:

> „Nun ist klar, dass mein sogenannter Fall vergleichsweise unbedeutend geworden ist, gemessen an der skandalösen Kampagne, die jetzt gegen die Unterzeichner der Solidaritätserklärung in der DDR veranstaltet wird. Es sind eine Reihe Freunde betroffen, die ich gut kenne, eine Reihe sogenannter berühmter Leute, und es sind sehr viele Menschen betroffen, die niemand in der Öffentlichkeit kennen kann. Und wenn ich bedenke, wenn ich sehe, aus den Hiobsbotschaften, die mich täglich erreichen über neue, traurige Heldentaten der verängstigten Monopolbürokratie in der DDR, wenn ich bedenke, was mit diesen sogenann-

---

305 Ebd.

ten berühmten Leuten jetzt passiert, dann kann ich mir an einem Finger ausrechnen, was mit den weniger bekannten, mit den Arbeitern von Jena, mit den Studenten, mit den unbekannten Bürgern der DDR gemacht wird. Ich bewege mich in der West-Gesellschaft noch sehr unsicher. Ich habe, als ich im Flugzeug saß, darüber nachgedacht, ob nicht a) solch eine Kampagne, solch eine Solidaritätsgeschichte mit diesen Bürgern der DDR überhaupt nützlich sein kann. Ob sie nicht die Herrschenden noch mehr in diese verzweifelte Brutalität treibt. Ob ausgerechnet West-Berlin, diese bestgehasste Insel, der richtige Ort ist, so etwas zu machen. Ich weiß das alles nicht. Ich weiß nur, dass das Falscheste, was man tun kann, ist: nichts zu tun. Und ich weiß, dass das Beste, was man tun kann, ist: dafür zu sorgen, dass die fortschrittlichen Kräfte in diesem Land, die linken Kräfte, was auch immer man darunter versteht, es sind, die sich solidarisieren mit den verfolgten Kommunisten der DDR."[306]

Auf das „Leipziger Tonband" wurde bei der Pressekonferenz ebenfalls hingewiesen, am Ende wurde auch auszugsweise daraus vorgespielt. Wolf Biermann stellte zuvor Jürgen Fuchs und Gerulf Pannach vor:

„Fuchs ist ein ganz besonders aufrichtiger, leidenschaftlicher und vielleicht etwas zu bescheidener junger Schriftsteller. Wenn es Sie nicht langweilt, will ich gerne etwas über ihn erzählen, damit sie nicht immer mit so einem Phantom umgehen müssen. Fuchs stammt aus einer Arbeiterfamilie, er ist ein hochgebildeter Mann, den ich aber nicht als einen Intellektuellen bezeichnen würde. Er hat die Haltung eines Arbeiters und den Kopf eines Intellektuellen. Er hat Sozialpsychologie studiert in Jena an der Universität, und seine allerletzte Prüfung durfte er nicht mehr machen. Weil inzwischen beschlossen worden war,

306 Die vollständige, frei gehaltene Rede von Wolf Biermann wurde vom MfS aufgezeichnet, eine Schriftfassung fand sich Anfang der 1990er Jahre in den MfS-Akten. Sie ist abgedruckt in: Hannes Schwenger (Red.): Das Schutzkomitee Freiheit und Sozialismus in Selbstzeugnissen, Dokumenten, Briefen und im Zerrspiegel der MfS-Akten (Europäische Ideen, Sonderheft), Berlin 1995, S. 57–60. Der hier wiedergegebene Wortlaut entstand nach der Tonaufzeichnung des RIAS (wie Anm. 304).

dass er exmatrikuliert wird. Exmatrikuliert wegen seiner kleinen Prosastücke, die er sich erlaubt hat zu schreiben. Und die er bei Gelegenheit wirklich winziger Veranstaltungen in winzigen Thüringer Orten sich erlaubt hat vorzulesen, und das auch nur wenige Male, ich weiß es nicht, zwei, drei, vier Mal vielleicht. Sie werden, falls es zu einer Veröffentlichung seiner Texte kommt, soweit wir sie überhaupt haben – ich glaube beim Rowohlt-Verlag soll ein Buch erscheinen –, Sie werden entdecken, dass der Jürgen Fuchs eine gewisse Ähnlichkeit mit Reiner Kunze hat, aber Sie werden auch eine interessante und erfreuliche Unähnlichkeit entdecken. Fuchs kritisiert die Zustände in der DDR aus einer sehr festen, linken Position. Fuchs ist in diesem Punkt mit mir und meinen engeren Freunden und Genossen identisch, als er fest davon überzeugt ist, dass nur die sozialistische Kritik an den Verhältnissen in der DDR nützlich und richtig ist. Und dass nur eine sozialistische Entwicklung das ist, was die Menschheit befähigen wird, mit den Problemen fertig zu werden, auf die sie zurast. Pannach, der Liedermacher ist das Gegenstück dazu. Er ist ein ganz vorzüglicher Schreihals. Das hängt auch mit der Gattung zusammen, in der er sich bewegt, die im guten Sinne des Wortes ‚niedriger' ist. Pannach schlägt um sich, wie eben so ein jugendlicher Held es tut. Auch dafür, zu Ihrer Muße heute Abend, ein Gedicht aus meiner Drahtharfe. Ich muss immer aus diesem alten Gedichtband zitieren, weil nämlich die gerade in der Phase sind, in der ich damals war. Nämlich: ‚Die rücksichtslose Schimpferei', ein Gedicht, das sehr ungeformt ist und dessen einzige Kunst in der Schroffheit besteht. Von dieser Haltung ist der Pannach. Er hat sehr schöne Lieder geschrieben, die ich bewundere und liebe, gerade wegen der guten Wildheit. Als ich ihn kennenlernte, spielte er mir ein Lied vor, das ich bis heute für eines seiner besten halte. Vielleicht haben sie es auch auf dem Band hier, ich würde Ihnen wünschen, dass Sie es hören können. In dem Lied heißt es: ‚Eigene Leute sind keine Meute, die man nach Belieben dirigieren und disziplinieren kann.'"[307]

---

307 Zit. nach: Tonaufzeichnung des RIAS (wie Anm. 304).

Zusammen mit dem Bericht von der Pressekonferenz strahlte der RIAS am 11. Dezember 1976 das „Leipziger Tonband“ aus. Am 16. Dezember 1976 gab es spätnachmittags in der RIAS-Sendung „Treffpunkt“ eine Wiederholung. In der DDR hörten es viele Fans, nahmen es auf Tonband auf und gaben die Bänder weiter – noch heute wissen sie um diese beeindruckende Sendung. Lilo Fuchs erinnert sich so: „Ich denke schon, dass der eine oder andere sich durch die Sendungen seine eigenen Gedanken gemacht hat, dass Jürgen Fuchs, Christian Kunert und Gerulf Pannach keine Verbrecher sind, sondern junge Menschen, die sich innerhalb der DDR für offenere Verhältnisse in Kunst, Kultur, Politik und dem Äußern von Meinungen einsetzen wollten. Wir hatten gut gelernt in der Schule und im Studium. Aber das war zu dieser Zeit so nicht gewünscht, und deshalb haben wir ein paar auf den Deckel bekommen.“[308]
Hannes Schwenger schrieb Amrei Pannach in Leipzig einen Brief und informierte sie von der Gründung des Schutzkomitees:

> „22. Dezember 1976
>
> Sehr geehrte Frau Pannach,
> da ich annehmen muß, daß Ihr Mann noch immer in Haft ist und Sie noch eine Reihe sehr trüber Tage vor sich haben, möchte ich Ihnen mit diesen kurzen Zeilen berichten, wie viele Menschen sich in den letzten Tagen an mich gewandt haben, um ein Schutzkomitee für Ihren Mann, Christian Kunert und Jürgen Fuchs und andere zu [gründen und sie zu] unterstützen. Diesem Komitee, das ich als Vorsitzender des Schriftstellerverbandes in der IG Druck und Papier Westberlin angeregt habe, gehören bekannte und wegen ihrer politischen Haltung auch in der DDR respektierte Persönlichkeiten an wie die Schriftsteller Max Frisch und Heinrich Böll, die Professoren Mitscherlich, Gollwitzer, die Schauspielerin Romy Schneider, der Rechtsanwalt Otto Schily, Pfarrer Heinrich Albertz u.a.

308 Interview mit Lilo Fuchs, Juli 2019.

> Obwohl wir uns bewusst sind, wie wenig Konkretes wir im Moment für Ihren Mann und seine Freunde unternehmen können, hoffen wir, daß allein die internationale Aufmerksamkeit – u. a. haben sich auch französische Kulturschaffende wie Yves Montand, Simone Signoret und M. Piccoli für die Sache eingesetzt – einen gewissen Schutz darstellt. Wir haben uns auch vorgenommen, so weit das möglich sein wird, materielle Hilfe zu leisten. Wie das möglich ist, wissen Sie möglicherweise besser als ich.
> Ich hoffe, daß dieser Brief Sie erreicht und ich darüber auch Nachricht erhalten kann.
> Viele Menschen haben in den vergangenen Tagen im Rundfunk die Lieder Ihres Mannes gehört, und besonders junge Gewerkschaftskollegen haben sich sehr begeistert darüber geäußert, gerade weil hier auch Probleme von jungen Arbeitern behandelt werden.
>
> Mit guten Wünschen für Sie und Grüßen für Ihren Mann bin ich
> Ihr H. Schwenger[309]

Anfang 1977 erschien durch Initiative des Rowohlt-Lektors und Publizisten Freimut Duve, der dem „Schutzkomitee" ebenfalls nahestand, und vermittelt von dessen Mitgliedern, das schon erwähnte Buch „Gedächtnisprotokolle" in der Reihe rororo im Rowohlt-Verlag. Das Vorwort hatte Wolf Biermann geschrieben.[310]
Auch davon berichtete Hannes Schwenger Amrei Pannach.

> „19.1.77
> Liebe Frau Pannach,
> also, da schreibe ich Ihnen wieder mal. Das ist so ein ekelhafter kalter trüber Januartag, an dem Ihr Mann kaum was versäumt hat – wenns wärmer wird, auch

309 Privatarchiv Hannes Schwenger sowie BStU MfS AU 14674/77 Gerulf Pannach, Bd. 7, Bl. 94.
310 Fuchs: Gedächtnisprotokolle (wie Anm. 19).

in Ihrem kleinen Eislogis aus der schönen Ballade vom schlechten Schlaf, und es wird Frühling, ist er hoffentlich wieder draußen, und Jürgen und die anderen. Heute kriegte ich vom Rowohlt Verlag das Buch auf den Tisch, es heißt ‚Jürgen Fuchs, Gedächtnisprotokolle, mit Liedern von Gerulf Pannach'. Das Vorwort hat einer geschrieben, der Ihren Mann und die anderen gut kennt. Von Gerulf sind die Lieder drin: Überholen ohne einzuholen, Ballade vom schlechten Schlaf, Vom Vertrauensmann, Glaubensfragen, Friedenslied, Vom Rot, das brennt, Gegen die Angst, Für uns, die wir noch hoffen. Es kommt auch eine Schallplatte raus, mit diesen und anderen Liedern, von denen es hier Aufnahmen gibt. Die Honorare gehn fein säuberlich auf ein Konto.
Ich schicke in einem Extrabrief die Texte aus dem Buch, die Ihren Mann angehen, hoffend, daß sie ankommen.
Ich versuche mir vorzustellen, wie es jetzt bei Ihnen geht – ich hoffe, da sind Freunde genug, die mal nach Ihnen sehen, und ich hoffe, es gibt keine Geldprobleme. Wir sind schon am Überlegen, auf welche Weise in Ernstfällen auch materielle Hilfe zu Ihnen und anderen Angehörigen gelangen kann. Alle warten auch auf diese Schallplatte, weil die Lieder auf den Tonbändern so großartig sind! Sie sind schon viel über die Rundfunksender gegangen, auch im Ausland, z. B. in Österreich.
Grüßen Sie Leipzig, ich war lange nicht da, und nie in der Vollhardtstraße, aber auch was ich gesehen habe, hat mir gefallen. Ich war mal zur Messe da, bin viel rumgelaufen, habe im Antiquariat gestöbert, schöne Biere in Hinterstuben getrunken – außerdem war das so ein Tag zwischen Winter und Frühling, an den grünen Ecken schon ein bißchen grün, und noch ein bißchen Schnee. Noch ein, zwei Monate, dann ist es da wieder so.

Alles Gute, und bessere Tage!
Ihr H. Schwenger"[311]

311 Privatarchiv Hannes Schwenger sowie BStU MfS AU 14674/77 Gerulf Pannach, Bd. 7, Bl. 111.

Die angekündigten Kopien der Liedertexte von Gerulf Pannach aus dem Buch „Gedächtnisprotokolle“ schickte Hannes Schwenger mit einem kurzen Anschreiben an Amrei Pannach. Ob sie angekommen sind, ist nicht bekannt.

Das Leipziger Tonband erscheint als Langspielplatte bei CBS

Etwa zeitgleich mit der Rowohlt-Publikation „Gedächtnisprotokolle“ bereitete CBS seit Anfang 1977 eine Schallplatte mit dem „Leipziger Tonband“ vor. Sie erschien erst nach der Ausbürgerung der drei Künstler unter dem Titel „Pannach, Fuchs und Kunert. Für uns, die wir noch hoffen. Lieder und Prosa aus der DDR“. Wolf Biermann hatte als Vermittler bei CBS gewirkt und die Veröffentlichung durchgesetzt. Sibylle Havemann, die Tochter Robert Havemanns und ehemalige Kommilitonin von Jürgen und Lilo Fuchs an der Universität Jena, die nach der Ausbürgerung Biermanns ebenfalls in die Bundesrepublik ausgereist war, schrieb für die Rückseite des Covers einen Text über die Künstler und die Geschichte des Bandes.[312] Sie erinnerte in diesem Zusammenhang an eine Diskussion mit Pannach und Fuchs im Weimarer Studentenklub „Kasseturm“ im Frühjahr 1975 und zitierte Äußerungen von Studenten: „Was ihr da lest und singt, glaube ich euch ja, es ist sicher vollkommen wahrhaftig. Ich erlebe es ja zum Teil selbst. Aber wo ist eine Alternative? Ist ja alles nur negativ bei euch. Wie soll's denn weitergeh'n, was soll man denn machen?“ Eine andere Stimme antwortete auf diese Frage: „Daß diese beiden hier den MUT haben, uns ihre Sachen ÖFFENTLICH vorzutragen, ist eine ganz enorme Alternative.“ Allerdings, so schreibt sie, hielten manche den Mut von Fuchs und Pannach für „ÜBERMUT“ und bezeichneten sie als „idealistische Revoluzzer und Märtyrer“. Sybille Havemann war

312 Sibylle Havemann: Covertext der Schallplatte „Für uns, die wir noch hoffen“ (wie Anm. 5).

überzeugt, dieser Mut habe schon frühere Haft verhindert, weil Fuchs und Pannach ihre politischen Auseinandersetzungen „offensiv, offen und öffentlich“ führten, so dass es schwieriger wurde, sie mit Haft zu verfolgen. „Alle anderen Stufen der Verfolgung hatten sie allerdings erleben dürfen: bei Fuchs FDJ- und Parteirausschmiß und Exmatrikulation kurz vor dem Diplom, damit Berufsverbot als Psychologe. Bei Pannach ging es vom partiellen zum totalen Auftrittsverbot.“

Die Verhaftung der drei Künstler im Herbst 1976 stehe nur in einem „Scheinzusammenhang“ mit der Unterschrift gegen die Biermann-Ausbürgerung,

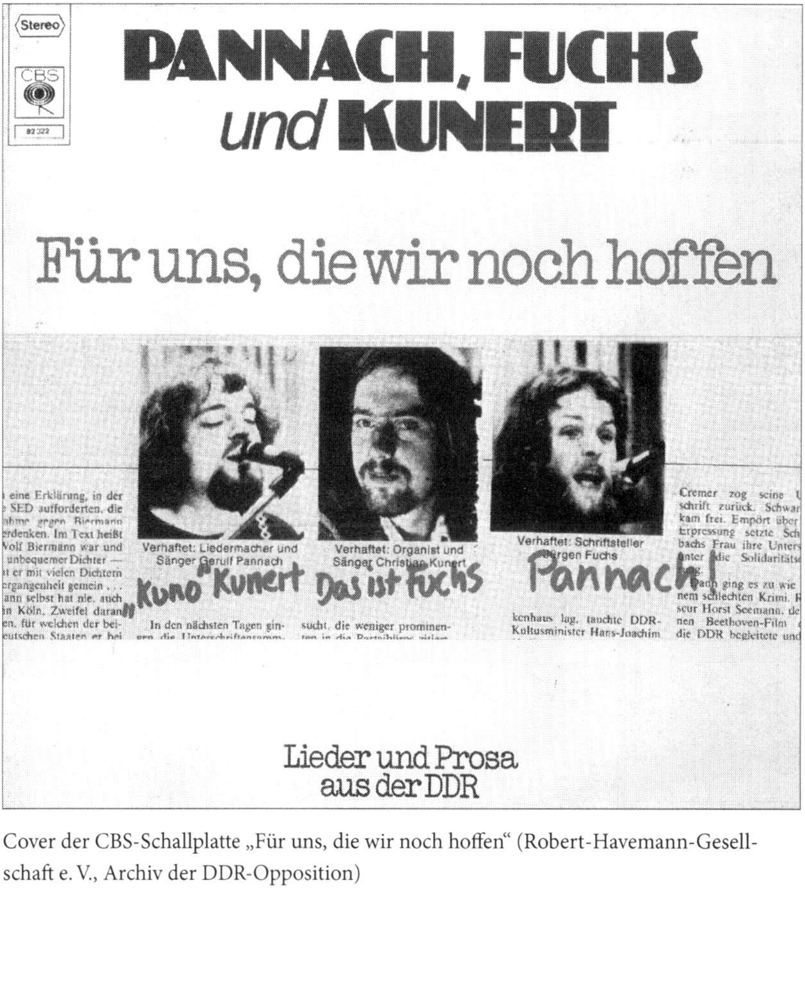

Cover der CBS-Schallplatte „Für uns, die wir noch hoffen“ (Robert-Havemann-Gesellschaft e. V., Archiv der DDR-Opposition)

fuhr sie fort: „Sicher hatten sie sich den Haß unserer feudalsozialistischen Fürsten im Politbüro, wie Biermann sagt, redlich verdient." Doch seien sie verhaftet worden, weil die DDR-Mächtigen nach der Ausbürgerung Biermanns damit rechnen mussten, dass die drei nicht schweigen würden, dass sie bedeutend mehr Leute ermutigt hätten, ihren Protest ebenfalls öffentlich zu machen. „Die Anlässe zur Ausbürgerung Biermanns und zur Verhaftung von Fuchs, Pannach und Kunert sind also nicht identisch, aber der Grund: die innenpolitische Unsicherheit und Schwäche des SED-Politbüros läßt die ÖFFENTLICHKEIT solcher Leute wie Fuchs, Pannach, Kunert und Biermann nicht zu, da durch sie tatsächlich die ‚Ideen zur materiellen Gewalt' werden könnten."[313]

313 Alle Zitate ebd.

AUSBÜRGERUNG NACH WEST-BERLIN

Bäume im August

Den internationalen Protest- und Pressekampagnen des „Schutzkomitees Freiheit und Sozialismus" ist es zu verdanken, dass es zu keinem Prozess kam. Es wäre eine Blamage für die DDR geworden, wenn sie junge Leute, die sich ausdrücklich als Sozialisten, als „demokratische Sozialisten" verstanden, verurteilt hätte. Nach fast zehn Monaten Untersuchungshaft wurden Christian Kunert, Gerulf Pannach und Jürgen Fuchs ohne Prozess aus der Untersuchungshaftanstalt nach West-Berlin ausgebürgert. Ein Tag, der Christian Kunert gut in Erinnerung geblieben ist:

> „Man wurde immer aus der Zelle geholt, ohne dass einem gesagt wurde, warum und wohin. Man bekam dann Zivilklamotten ausgehändigt für irgendwelche Fahrten in die Welt. Es kamen nur Besuche meiner Frau infrage oder des Anwalts, den ich nicht gewollt hatte, der aber mein Anwalt wurde: Vogel. Ich weiß nicht, wie oft er in das Gefängnis kam, zwei-, dreimal vorher, alle vier Wochen, das kann ich nicht so genau sagen. Er sagte immer nur: ‚Wir können nicht über das Verfahren reden, halten Sie sich fit, sehen Sie zu, dass Sie gesund bleiben.' Dann bekam man immer eine Tafel Westschokolade geschenkt und eine Schachtel Westzigaretten. Das andere waren die Besuche meiner Frau, auch so alle vier Wochen, wenn ich mich recht entsinne. Einmal war meine Mutter da. Man bekam Zivilklamotten, um mit einem Auto vom Gefängnis Hohenschönhausen zu dem alten Gefängnis Magdalenenstraße gefahren zu werden. Das weiß ich aber auch jetzt erst, damals wusste ich nie, wo ich bin und wo ich hingefahren werde. Wenn ich das richtig sehe, war in der Magdalenenstraße das alte Gefängnis, gleich in der Nähe von Mielkes Dienstsitz.

Eines Tages wieder das beliebte: ‚Komm' Se!' Zivilklamotten, Handschellen und ab ins Auto, zu einem anderen Gefängnis. Es war im August, es war wunderschönes Wetter, und die Fenster in Hohenschönhausen und in diesem anderen Gefängnis standen offen. Es war das erste Mal, dass ich in diesem Dreivierteljahr offene Fenster und Bäume draußen gesehen habe. Ein wunderschöner Anblick für jemanden, der ein Dreivierteljahr kein Grün gesehen hat.
Da wusste ich noch nicht, worum es ging. Ich wurde wieder eingesperrt, dann wurde ich endlich in einen Raum zum Anwalt geholt, der zusammen mit einem mir nicht bekannten Stasi-Offizier gekommen war. Beide redeten auf mich ein, dass ich übermorgen in West-Berlin sein kann, ich müsse als kleine Gegenleistung nur einen Ausreiseantrag stellen, sonst klappt das nicht. Ich wollte aber nicht in den Westen. Dann wurde eben geredet: ‚Was wollen Sie denn hier noch? Sie haben doch hier keine Chance mehr', und was weiß ich alles so, und die zehn angedrohten Jahre standen immer mit im Raum. Dann wurde ich wieder auf meine Zelle geführt und in einen Raum geholt, in dem meine Frau stand. Es hieß: ‚Sie können sich jetzt frei unterhalten', die Stasileute verließen den Raum. Ich war mit meiner Frau vermeintlich allein. Wir haben uns kurz ausgetauscht, und ich habe ihr gesagt, was die mir gesagt hatten: übermorgen West-Berlin. Und, was machen? Bleiben, gehen? Es gab da eine kleine Erpressung am Rande, abgesehen von der Strafandrohung war das Gefängnis zu verlassen natürlich eine sehr feine Aussicht. Die Erpressung war, dass Anwalt Vogel sagte: ‚Wenn Sie den Ausreiseantrag nicht unterschreiben, gefährden Sie die Entlassung von weiteren 70 Häftlingen. Das geht nur im Paket. Sie drei und diese 70 Häftlinge.' Also habe ich dann irgendwann den Ausreiseantrag unterschrieben, da sollte man noch eine Begründung reinschreiben. ‚Ich will nicht in den Westen, was soll ich da reinschreiben?' – ‚Schreiben Sie: persönliche Gründe.' Ich habe ‚persönliche Gründe' geschrieben, und damit war das Ding gegessen.
Der Witz ist: Meine Schwester war SED-Genossin. Sie hat sich, als ich verhaftet wurde, zu Recht aufgeregt. Als ich dann ausgebürgert wurde, hat sie sich noch mehr aufgeregt und beim Zentralkomitee der Partei beschwert, mein Bruder gegen Bananen und so, das führe jetzt mal ein bisschen zu weit. Daraufhin wur-

de sie nach Berlin bestellt, man war sehr freundlich zu ihr, und ihre Argumente waren natürlich in dem Moment erschöpft, als man ihr meinen Ausreiseantrag zeigte. Da konnte sie nichts mehr sagen, denn sie wusste nicht, wie er zustande gekommen war.

Der Tag, an dem ich ausgereist bin, war wieder ein schöner Augusttag, der 26. August 1977. Ich war nochmal ein paar Tage wieder in Haft. Erzählenswert ist auch, als ich von diesem Anwaltsgespräch mit gesenktem Kopf in die Zelle zurückkam und sagte: ‚Jetzt habe ich einen Ausreiseantrag unterschrieben, ich wollte den nicht unterschreiben.' Auf der Zelle waren zwei Kollegen, die beide wegen verschiedener Delikte hohe Haftstrafen zu erwarten hatten. Die haben nur mit dem Kopf geschüttelt: ‚Was bist denn du für ein Idiot? Freu dich, das ist doch das Größte, was dir passieren kann.' Ich war aber nicht glücklich.

Es war also ein schöner Augusttag, rausgeholt aus der Zelle, am späten Vormittag, glaube ich, und zu einem Auto geführt. In Hohenschönhausen gibt es eine Schleuse, wo die Autos reinfahren, von da geht man direkt in den Zellenbau. Das ist wie eine Garage, und da stand ein Pkw mit zwei Stasis vorne drin, ein Fahrer und noch einer. Ich habe mich ins Auto gesetzt, und da saßen bereits Jürgen Fuchs und Gerulf Pannach. Großes Hallo. Dann haben sie uns durch ganz Berlin zum Rechtsanwalt Vogel gefahren. Man konnte plötzlich wieder ein bisschen gucken, eine Straßenbahn sehen. Vogel wohnte ein bisschen außerhalb, er hatte da sein Haus. Wir haben dort Kaffee getrunken und wurden wieder mit Westzigaretten versorgt. Dann fuhr seine Frau uns drei im Mercedes gleichzeitig über die Grenze nach West-Berlin, ohne dass da noch irgendetwas kontrolliert worden wäre. Dieser Mercedes hat nicht einmal am Grenzübergang Invalidenstraße gehalten. Das war eine diplomatisch abgesicherte Aktion. Wir sind einfach nach West-Berlin gefahren zum Pendant von Rechtsanwalt Vogel, das war der Rechtsanwalt Stange in der Berliner Straße. Dort gab es wieder Kaffee und wieder Westzigaretten, und dann waren wir keine DDR-Bürger mehr.

Im Büro Stange rief Bundeskanzler Helmut Schmidt an, fragte, ob alles gut gelaufen sei. Er hatte nicht viel Zeit, er fragte nur, ob alles okay sei: ‚Grüßen Sie schön', dann wurden wir gegrüßt, alles sehr nett. Dann bekamen wir 100 Mark

> zur Begrüßung. Davon habe ich mir eine Zahnbürste gekauft. Dann sind wir die erste Pizza unseres Lebens am Wannsee essen gegangen. Wunderschön."[314]

Auch Jürgen Fuchs berichtete von der Erpressungssituation, um seine Ausreise zu erzwingen. Fuchs nennt zwanzig Mitgefangene, deren Freilassung angeblich von seiner Zustimmung zur Ausreise abhängig war. Er erinnerte sich: „Ich muss sagen, dass ich mit dieser Erpressung drei Tage in der Zelle gelebt habe. Es war eine sehr schwere Entscheidung für mich, zur Inhaftierung oder Freilassung anderer Menschen beizutragen oder nicht beizutragen. Ich habe die Erpressungssituation, die gesetzten Umstände durch die Stasi- und SED-Täter, schon gesehen. Aber als Einzelner, noch dazu als Häftling, mit so einer Geschichte konfrontiert zu sein, ist schwer. [...] Ich habe dann aber, als ich merkte, dass sie Ernst machen und zur Gewalt entschlossen sind, innerhalb so einer Erpressungskonstellation gedacht: okay, jetzt weg, und sofort veröffentlichen und thematisieren, worum es hier ging."[315]
Wenige Tage nach der Ausbürgerung der drei Künstler konnten ihre Frauen und Kinder – Lilo und Lili Fuchs, Amrei Pannach und Karin und Denise Kunert – nach West-Berlin ausreisen.

„Die sozialistische Gesellschaft hat sich entwickelt". Einstellung der Ermittlungsverfahren

In einem Stasidokument vom 22. Januar 1979, also rund eineinhalb Jahre nach der Ausbürgerung verfasst, heißt es über Gerulf Pannach:

> „Am 26.08.1977 wurde das Ermittlungsverfahren gegen Pannach eingestellt und er aus der Haft nach Westberlin abgeschoben. Die Entscheidung darüber, daß Pannach nach Westberlin abgeschoben wurde, wurde durch den Minister [für

314 Interview mit Christian Kunert, 2019.
315 „Landschaften der Lüge" (wie Anm. 240), S. 25 f.

Staatssicherheit] gefällt. Eine Verurteilung des Pannach wäre möglich gewesen und mit einer mehrjährigen Freiheitsstrafe sanktioniert worden."[316]

Erich Mielke höchstpersönlich war es also, der die Entscheidung über die Ausbürgerung fällte. Die sozialistische Gesellschaft habe sich entwickelt, heißt es lapidar als Begründung, um den Ablauf in den Akten zu dokumentieren, daher könnten die drei Inhaftierten freigelassen werden. Der Schriftwechsel zwischen MfS, Generalstaatsanwalt und Stadtgericht wurde fortgeführt, um einen pseudodemokratischen Schein zu wahren. Ausdrücklich wird auf das „Leipziger Tonband" verwiesen: Es war offenbar der einzige Punkt, der die Haft zuletzt noch rechtfertigte.

> „Ministerrat Berlin, den 26.08.1977
> Der Deutschen Demokratischen Republik
> Ministerium für Staatssicherheit
> Hauptabteilung Untersuchung
> Leiter
>
> Generalstaatsanwalt
> der Deutschen Demokratischen Republik
> Abteilung I
>
> B e r l i n
>
> Antrag auf Einstellung des Ermittlungsverfahrens gegen PANNACH, Gerulf
>
> Am 22.11.1976 wurde gegen
>
> PANNACH, Gerulf [...]

316 BStU MfS AKK 3179/84 Bd. 5, Gerulf Pannach, Aktenvermerk vom 22.1.1979, Bl. 19.

Bestätigt: *Mielke*

BStU 000311

Beurteilungsblatt

Name PANNACH Vorname Gerulf

geb. am 24. 06. 1948 in Arnsdorf

wohnhaft in 703 Leipzig, Vollhardtstraße 10

Soziale Herkunft Angestellter Beruf Kühlanlagenbauer

Letzte Tätigkeit ohne Beschäftigung

Parteizugehörigkeit keine (Partei) (von – bis) (Funktion)

Festgenommen am 21.11.76 verurteilt am durch (Angabe des Gerichtes)

Strafmaß Strafbeginn Strafende

Strafminderungen 26. 8. 77 WB

Straftat

EV gemäß § 106 (1) 1 StGB i.V.m. § 22 (2) 3 StGB, § 249 (1) StGB eingeleitet am 22. 11. 1976, erweitert nach § 106 (1) 1, 2, 3 (3) StGB i.V.m. § 22 (1) (2) 2 StGB am 21. 12. 1976

PANNACH stellte am 16. und 17. 10. 1976 gemeinsam mit FUCHS, KUNERT und weiteren Personen in Leipzig zum Zwecke der Verbreitung durch BRD- oder Westberliner Rundfunkstationen eine Tonbandaufnahme mit Texten her, die von PANNACH und FUCHS verfaßt, die sozialistische Staats- und Gesellschaftsordnung der DDR diskriminieren. Die bezeichnete Tonbandaufnahme wurde in die BRD verbracht und von dortigen Rundfunkanstalten verbreitet.
Von PANNACH und KUNERT wurde bereits Anfang Oktober 1976 eine weitere Tonbandaufnahme, ebenfalls mit Texten vonPANNACH, die die Staats- und Gesellschaftsordnung der DDR diskriminieren, zum Zwecke der Veröffentlichung in der BRD oder Westberlin hergestellt und dem Westberliner "Rotbuch-Verlag" zugänglich gemacht.

Mittäter

FUCHS, Jürgen
KUNERT, Christian

Besondere Bemerkungen

Vorschlag

Form 553 411 474 20.0

Von MfS-Minister Erich Mielke unterzeichnetes Beurteilungsblatt von Gerulf Pannach am Tag der Ausbürgerung von Gerulf Pannach, Christian Kunert und Jürgen Fuchs (BStU MfS HA IX 16568 Bl. 311) ein Ermittlungsverfahren mit Haft wegen Beihilfe zur staatsfeindlichen Hetze und Gefährdung der öffentlichen Ordnung durch asoziales Verhalten gemäß §§ 106 Abs. 1 Ziff. 1, 2 Abs. 2 Ziff. 3, 249 Abs. 1 StGB eingeleitet und am 21.12.1976 die Erweiterung des Ermittlungsverfahrens gemäß § 106 Abs. 1 Ziff. 1, 2 und 3, Abs. 2 StGB i. V. m. § 22 Abs. 1 und 2 Ziff. 2 StGB verfügt.

Der Beschuldigte PANNACH nimmt eine ablehnende Haltung zu wesentlichen Teilbereichen der sozialistischen Staats- und Gesellschaftsordnung der DDR ein, zu deren Herausbildung maßgeblich seine persönlichen Kontakte zu HAVEMANN und BIERMANN beitrugen. Ausgehend von dieser Haltung sowie im Rahmen seiner Betätigung als Liedermacher und Songinterpret fertigte PANNACH am 16. und 17. Oktober 1976 in Leipzig gemeinsam mit den Beschuldigten Jürgen FUCHS und Christian KUNERT ein Tonband mit Aufnahmen von Texten an, deren Inhalt verschiedene Bereiche der gesellschaftlichen Verhältnisse in der DDR herabwürdigt und die zur Veröffentlichung in Publikationsorganen bestimmt war [anders als bei Fuchs fehlt hier das Wort „westlichen", D. L.]. Infolge der Entwicklung der sozialistischen Gesellschaft hatte diese Straftat keine schädlichen Auswirkungen.

Im Verlaufe der Bearbeitung des Ermittlungsverfahrens trug PANNACH durch seine Aussagen maßgeblich zur umfassenden Aufklärung des Sachverhaltes bei.

Der Verdacht einer Straftat der Gefährdung der öffentlichen Ordnung durch asoziales Verhalten gemäß § 249 Abs. 2 StGB bestätigte sich nicht.

Ausgehend von diesem Sachverhalt wird vorgeschlagen, das Ermittlungsverfahren gegen PANNACH gemäß § 148 Abs. 1 Ziff. 3 StPO i. V. m. § 25 Ziff. 2 StGB einzustellen und die Aufhebung des Haftbefehls zu beantragen.

V. Dr. Pyka
Oberst"
[handschriftlich Pyka 26.8.77]"[317]

317 BStU MfS AU 14674/77 Gerulf Pannach, Antrag auf Einstellung des Ermittlungsverfahrens gegen PANNACH, Gerulf vom 26.08.1977, Bd. 9, Bl. 316.

Fast identisch lauten die Begründungen bei Jürgen Fuchs[318] und bei Christian Kunert. Bei Kunert hieß es außerdem wie bei Pannach, der Verdacht auf asoziales Verhalten habe sich nicht bestätigt. „Übereinstimmenden Aussagen der genannten Beschuldigten zufolge bestand Kunert's Anteil des weiteren lediglich in der teilweisen musikalischen Gestaltung der Texte Pannach's. Aufgrund der fortgeschrittenen Entwicklung der sozialistischen Gesellschaft hatte diese Straftat keine schädlichen Auswirkungen."[319]
Am gleichen Tag, als Staatsanwalt Gläßner beim Stadtbezirksgericht Berlin-Mitte die Aufhebung der Haftbefehle beantragte, waren Fuchs, Pannach und Kunert schon aus der Haft nach West-Berlin entlassen worden.[320]

Erklärung gegen die Ausbürgerung

In der Wohnung von Hannes Schwenger in West-Berlin gaben die drei Künstler dem ZDF eine Erklärung gegen die Ausbürgerung ab. Jürgen Fuchs las sie ernst und konzentriert vor:

> „Wir sind nicht freiwillig nach West-Berlin gekommen. Über ein Dreivierteljahr hinweg versuchten wir, den widerlichen Methoden der Staatssicherheit unsere feste Absicht entgegenzusetzen, in der DDR zu leben, um dort als Künstler mitzuhelfen, eine menschenwürdige Gesellschaft zu verwirklichen. Ich wiederhole: in der DDR zu leben und nicht im Gefängnis zugrunde zu gehen. Da wir weder bereit waren, unsere künstlerischen Arbeiten zu widerrufen und als Hetze im verschärften Falle zu begreifen noch Gemeinheiten gegenüber unseren engsten Freunden zu begünstigen, wurde uns eine Haftstrafe bis

318 BStU MfS AU 11554/78 Jürgen Fuchs, Antrag auf Einstellung des Ermittlungsverfahrens, Bd. 13, Bl. 149.
319 BStU MfS AU 14974/77 Christian Kunert. Vorschlag zur Einstellung des Ermittlungsverfahrens gegen KUNERT, Christian vom 26.08.1977, Bd. 7, Bl. 115.
320 Ebd., Bl. 151

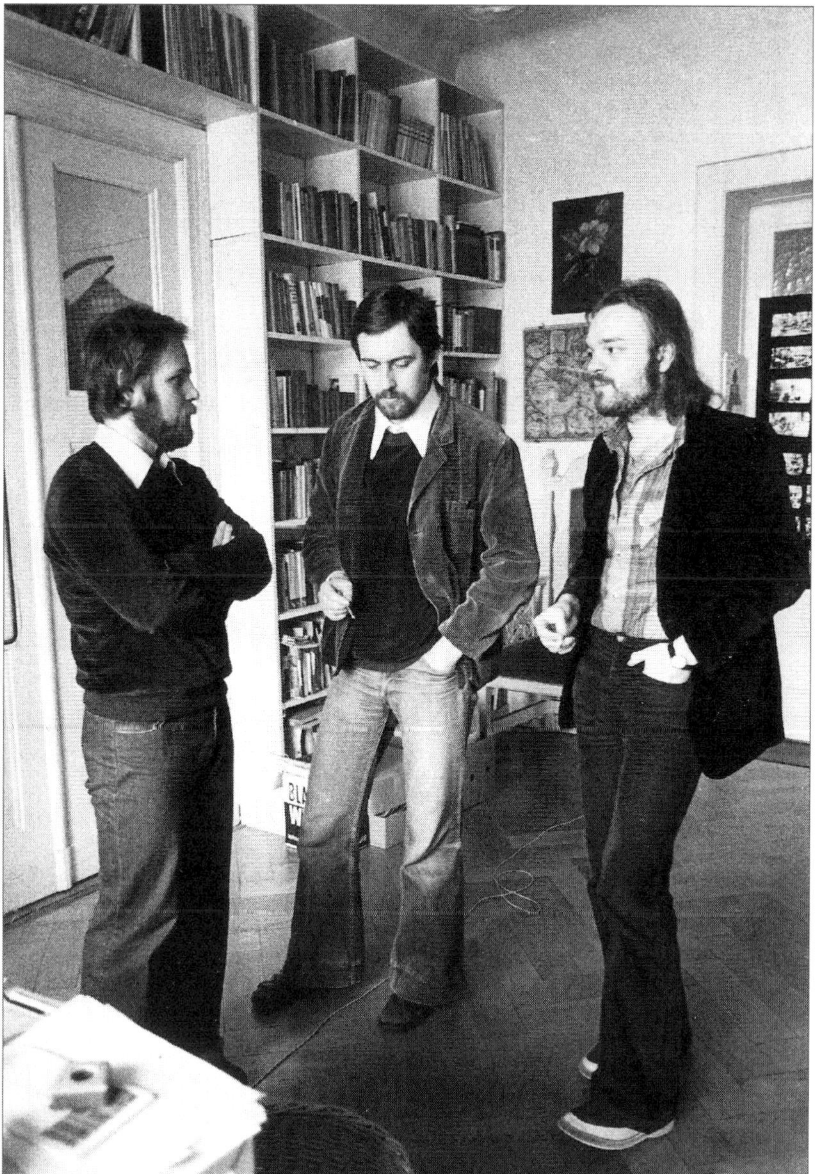

Gerulf Pannach, Jürgen Fuchs und Christian Kunert nach der Ausbürgerung in West-Berlin (Foto: Johanna Elbauer, Robert-Havemann-Gesellschaft e. V., Archiv der DDR-Opposition)

zu zehn Jahren nachdrücklich versprochen. Wir sind froh, nicht mehr im Untersuchungsgefängnis zu sein, und wir danken allen in Ost und West, die sich mit uns solidarisierten.
Gleichzeitig sind wir in großer Sorge um unseren Freund und Genossen Robert Havemann, weil wir die Abscheulichkeit und die Absichten des Geheimapparates, der unser Land beherrscht und es noch fester in den Griff bekommen möchte, unverhüllt kennengelernt haben und der Ansicht sind, dass sein Leben bedroht ist. Ganz besonders deshalb, weil Robert Havemann den gegen ihn und seine Familie gerichteten hektischen und brutalen Schikanen gelassen und kompromisslos entgegentritt und sich keinem Psychoterror beugen wird.
Das Gleiche trifft unseres Erachtens für Rudolf Bahro zu, der sich jetzt dort befindet, woher wir kommen, und der in diesen Tagen ein äußerst bedeutungsvolles Buch im Westen veröffentlicht, denn die Alternative der Staatssicherheit besteht möglicherweise in dem Versuch, die Persönlichkeit des Autors mit wissenschaftlicher Akribie zu vernichten.[321]
Wir wissen, wovon wir sprechen. Diese Einschätzung beruht nicht auf der Unkenntnis der Umstände. Wohin treibt unser Land, und wer treibt es wohin?
Dabei gibt es doch zu den Absichten der Staatssicherheit nur eine Alternative: eine menschenfreundliche, fortschrittliche, sozialistische Gesellschaft, in der jeder Mensch atmen kann, kein Polizeistaat, der seine Bürger bespitzelt, einsperrt, ausbürgert oder aus ihrem eigenen Lande drängt."[322]

---

321 Der Philosoph Rudolf Bahro war am 23. August 1977 verhaftet und in die MfS-Untersuchungshaftanstalt Berlin-Hohenschönhausen gebracht worden, nachdem am Tag zuvor der SPIEGEL einen Auszug aus seinem DDR-kritischen Buch „Die Alternative" veröffentlicht hatte.

322 Erklärung gegen die Ausbürgerung, ZDF-heute-Sendung vom 3.9.1977, 19.00 Uhr, zitiert nach CD „Für uns, die wir noch hoffen" (wie Anm. 5), Bonus-CD 3.

„Für uns, die wir noch hoffen". Der erste Auftritt des Duos Pannach & Kunert in der West-Berliner Akademie der Künste

Am 31. Oktober 1977 standen Pannach & Kunert nach langer Zeit wieder auf einer Bühne. Es war ihr erstes Konzert im Westen und ihr allererstes Konzert als Duo. Es fand in der völlig ausverkauften West-Berliner Akademie der Künste im Hansaviertel statt.

„Pannach und Kunert, der erste Auftritt im Westen", erinnert sich Christian Kunert, „das ging auch über das Schutzkomitee, sie haben das organisiert. Die Akademie der Künste war rappelvoll, weil wir noch Gesprächsthema waren, es war ein Ereignis für die Leute, auch die Kritiken, die da kamen. All die Leute staunten, dass sie auch ein bisschen lachen können ab und zu. Es war ein toller Abend. Die Gesänge sind bestimmt nicht besonders, aber alles inklusive, die Atmosphäre, die politische Geschichte, die dahinter steckte, machte das zu einem tollen Erlebnis für alle Beteiligten."[323]

Mindestens ein MfS-Spitzel war im Einsatz. Sichtlich beeindruckt notierte er, „daß ca. 500 Interessenten nicht mehr in den Saal gelassen werden konnten. Der Saal war völlig überfüllt, schätzungsweise 1500 Anwesende (geschätzte Zahl, da die genaue Zahl nicht bekannt ist). Es sind sogar die Zuschauerbänke hinter der Bühne voll besetzt gewesen. Das Alter der Besucher dieses Konzertes liegt durchschnittlich bei 25 bis 30 Jahren. Es handelt sich zum größten Teil um Studenten oder ehemalige Studenten, zu einem ganz geringen Teil um junge Arbeiter bzw. Arbeitslose.

Politisch sind die Besucher als tendenziell links einzustufen, auffallend war, wie viele Trotzkisten an dieser Veranstaltung teilgenommen haben […]."[324]

Hannes Schwenger begrüßte das Publikum und die anwesenden Mitglieder des Schutzkomitees, u. a. Margret Frosch, Manfred und Karin Wilke, Helmut

323 Interview mit Christian Kunert, Juni 2019.

324 Gerulf Pannach: Aus einem Interview 1992, in: Wolf Biermann und andere Autoren: Die Ausbürgerung. Anfang vom Ende der DDR, hg. von Fritz Pleitgen, Berlin 2001, S. 95–105, hier S. 99.

SCHUTZKOMITEE FREIHEIT UND SOZIALISMUS

Heinrich Albertz	Jakob Moneta	Hannes Schwenger	Kontaktadresse:
Heinrich Böll	Otto Schily	Klaus Staeck	H. Schwenger
Max Frisch	Peter Schneider	Thomas v.d. Vring	Pommerschestr. 12a
Helmut Gollwitzer	Romy Schneider	Günther Anders	D-1000 Berlin 31
Robert Jungk	Alice Schwarzer	Gustav Korlén	T 030-8612611
		Vercors	

EINLADUNG

Liebe Freunde

Gerulf Pannach und Christian Kunert werden zum ersten mal nach ihrem Auftrittsverbot in der DDR und ihrer neunmonatigen Haft am 31. 10. 77 in der Akademie der Künste öffentlich auftreten. Leider ist es dem Schutzkomitee nicht möglich, wegen der anfallenden Kosten allen Komiteemitgliedern den kostenlosen Eintritt zu diesem Konzert "Für uns, die wir noch hoffen" zu ermöglichen - was die beiden Künstler gewünscht hatten - . Der Eintrittspreis ist so berechnet, daß er gerade eben die Kosten deckt. (5 DM, Schüler, Studenten 3 DM)
Da die Karten nur an der Abendkasse verkauft werden, soll mit diesem Brief sicher gestellt werden, daß jedes interessierte Komiteemitglied dieses Konzert besuchen kann.
Bitte teilen Sie uns auf dem unteren Abschnitt dieses Briefes mit, wieviele Karten wir für Sie zurück legen sollen. Sie können diese dann bis spätestens 15 Minuten vor Beginn der Veranstaltung um 20 Uhr an der Kasse abholen.

Mit freundlichen Grüßen
auch im Namen der beiden Künstler
für das Komitee

i.A. M. Frosch

Hiermit bestelle ich für den 31. 10. 77
.... Karte(n)
Name:...............................
Anschrift:..........................

Frosch-Produktion
1 Berlin 41, Ahornstr. 19
Tel. 030 / 792 19 71

Einladung zum ersten Konzert von Pannach und Kunert in der West-Berliner Akademie der Künste (Privatarchiv Hannes Schwenger)

Gollwitzer und Otto Schily. Er hieß die beiden Liedermacher herzlich willkommen und sprach sie ganz im linken Duktus als „Genossen" an. Jürgen und Lilo Fuchs, Amrei Pannach, Karin Kunert, die wenige Tage nach Pannach, Fuchs und Kunert aus der Stasihaft ausgebürgerten Jenaer sowie Salli Sallmann und Günther „Aljoscha" Schau waren zu dem Konzert gekommen. Hannes Schwenger sagte:

> „Liebe Genossen und Freunde. Die beiden Genossen, die hier neben mir stehen – das ist Christian Kunert, das ist Gerulf Pannach, sehen wir lieber im Friedrichstadtpalast auftreten als hier in der Akademie der Künste. Weder sie noch wir haben uns darum gerissen, ihren ersten Auftritt nach neunmonatiger Haft in West-Berlin zu veranstalten. Trotzdem ist, dass sie hier sind, ein Erfolg. Die Alternative waren jene acht bis zehn Jahre Haft, die, wie sie in ihrer ersten Erklärung mitgeteilt haben, die Staatssicherheit der DDR ihnen nachdrücklich versprochen hatte, ihnen und weiteren neun Genossen, die nach Protesten gegen die Ausbürgerung Wolf Biermanns festgesetzt worden waren und die nun hier noch auf ihre Angehörigen warten, deren Ausreise sich trotz Zusagen der DDR schon über acht Wochen hinzieht. Der Erfolg ihrer Freiheit ist ein Erfolg der vielen, die sich in der Bundesrepublik, in Frankreich, in Italien, in England, in Schweden, in Holland, in Österreich, in verschiedenen Komitees und Organisationen für sie eingesetzt haben. Diese vielen haben ein Beispiel gegeben für das Einfache, was zwischen Ost und West offenbar so schwierig zu machen ist: internationale Solidarität von Sozialisten. Die einen verweigern sich der Solidarität, weil sie, wie sie sagen, sich nicht in die inneren Angelegenheiten sozialistischer Staaten einmischen wollen, nicht einmal dann, wenn diese Sozialisten hinter Gitter bringen. Die anderen möchten unter dem Vorwand der Solidarität am liebsten die Genossen in der DDR als gesamtdeutsche Dekoration ihrer Parteisekten vereinnahmen. Wir meinen, es gibt daraus vor allem eines zu lernen, was der Linken, angefangen von der Sozialdemokratie bis zur KPdSU, offenbar am allerschwersten fällt: ein Internationalismus, der den Sozialisten eines jeden Landes einen eigenen Weg zum Sozialismus zugesteht, eine Solidarität, die nicht gleichzeitig Bevormundung meint. Internationale Solidarität in diesem wohlverstandenen Sinn, die den besonderen Weg der anderen respek-

tiert, ist, meine ich, der beste Dienst für die Besonderheit des eigenen Kampfes. In diesem Bewusstsein haben wir bei der Gründung des Schutzkomitees in der Bundesrepublik gerade Genossen und Freunde angesprochen, die im eigenen Land Erfahrungen mit politischer Repression besitzen, mit Berufsverboten, wie Peter Schneider, mit politischer Zensur in der Haft und mit Gesinnungsjustiz wie Peter Paul Zahl, mit der Unterdrückung politischer Kunst in der Öffentlichkeit wie Yaak Karsunke oder Klaus Staeck. Helmut Gollwitzer ist unter ihnen und hier im Saal und Günther Anders, die sich dieser Tage wegen ihrer Unterstützung für das Russell-Tribunal über Verletzungen der Menschenrechte in der Bundesrepublik öffentlichen und vor allem offiziellen Anfeindungen ausgesetzt sehen. Auch Otto Schily ist unter ihnen, der mit seinen Anwaltskollegen auf fast schon verlorenem Posten für das Recht auch politischer Gewalttäter auf einen fairen Prozess, rechtsstaatliche Verteidigung und menschliche Haftbedingungen steht. Sie alle haben unser Komitee unterstützt, wie 200 andere Bekannte und Unbekannte im In- und Ausland. Mit ihnen freuen wir uns über einen Teilerfolg und solidarisieren uns verstärkt um die aus der Haft befreiten Genossen, mit denen, die noch auf ihre Freilassung warten. Wir meinen damit u.a., deren Namen wir zu ihrem Schutz derzeit nicht nennen wollen und sollen, die folgenden Gefangenen: Rudolf Bahro, zu dessen sozialistischer Gedankenfreiheit die Staatssicherheit der DDR keine andere Alternative mehr wusste als die Festsetzung seiner Person, Günter Dürlich aus Plauen, dessen Proteste gegen Wolf Biermanns Ausbürgerung als staatsfeindliche Hetze mit drei Jahren und drei Monaten Haft beantwortet wurde, Sigrid Günther, Henry Henflin, Reiner Kaufmann, Ingo Urban aus Rudolstadt, deren Eintreten für Menschen- und Bürgerrechte in der DDR den Behörden Urteile bis zu fünf Jahren wert war, Gaby Kachold aus Erfurt, deren mutige Diskussionen, auch im Betrieb, ihr das für eine Sozialistin ehrenvolle gerichtliche Prädikat der Unverbesserlichkeit eingebracht haben, gut die Hälfte ihrer einjährigen Haftstrafe hat sie schon abgesessen, Dr. Klaus Mainz und sein Bruder Rolf Mainz, der sich als Journalist das Recht nahm, Berufsverbote auch im Sozialismus, auch im sozialistischen Staat, Berufsverbote zu nennen. Der Staat hat sich mit viereinhalb und mit vier Jahren Haft für die beiden früheren SED-Mitglieder revanchiert. Beide sind in der Haft ungebrochen. Rolf Mainz hat sich in seinem Verfahren selbst verteidigt, und er ist in der Haft mehrfach in den Hungerstreik getreten. Der über 70-jährige Vater der beiden, Albert Mainz in Düsseldorf, der heute hier angereist ist und in dieser Versammlung unter uns sitzt, und ich begrüße ihn sehr, sehr herzlich, er hat 1933 als Antifaschist mit Carl von Ossietzky im KZ Esterwegen gesessen. Ich denke, ich muss nicht schildern, was er bei der Haft seiner Söhne empfindet. Er hofft auf eine Geste des Antifaschisten Erich Honecker nun schon ein Jahr vergebens. Rudi Moldt und Rupert Schröter aus Berlin, zwei von 35 Unterzeichnern eines offenen Briefes, mit dem sie sich ausdrücklich als Sozialisten gegen einen zynischen Kommentar des ‚Neuen Deutschland' zum Tod von Pfarrer Brüsewitz wandten. Während andere Unterzeichner des Briefes wieder auf freiem Fuß oder im Westen sind, werden sie noch in Strafhaft festgehalten. Barbara Sänger aus Sömmerda, in Untersuchungshaft wegen zweier Theaterstücke, in denen sie eigene Erfahrungen über das Leben in der DDR vor und nach einem Ausreiseantrag schildert. Der Staatsanwalt droht ihr mit fünf bis acht Jahren Haft. Zwei Kinder und ihr Mann warten auf ihre Freilassung. Thomas Steinberger aus Berlin, der nach einem Fluchtversuch ein Buch über dieses Thema schrieb und mit Versprechungen und Druck gedrängt so umschrieb, dass der Held schließlich in die FDJ eintritt. Als er das Manuskript abgeschlossen hatte, wurde er bei einem neuen Fluchtversuch verhaftet. Thomas Wagner aus Erfurt, der wegen einer Unterschriftensammlung unter den Schriftstellerprotest in Sachen Biermann zu 18 Monaten Haft verurteilt wurde; seine Freunde bezeichnete der SSD schriftlich in einer Sprache, die wir auf deutschem Boden nie mehr hören wollten, als ‚asoziale Elemente', die auseinandergetrieben werden müssten.

Dr. Helmut Warmbier aus Leipzig, dort in Untersuchungshaft, bis 1971 Dozent für Marxismus-Leninismus an der Leipziger Universität; nach seiner Entlassung ist er selbst in die Klasse eingetreten, der seine früheren Genossen und heutigen Widersacher dienen sollten, der Arbeiterklasse. Kurz vor seiner Verhaftung hat er mit einigem Stolz seinen Facharbeiterbrief in Empfang genommen.

Und wir erinnern noch einmal an Robert Havemann, dessen Isolierung als eine Art Ersatzhaft kaum falsch beschrieben sein dürfte. Wir kennen nicht von allen hier Genannten ihren politischen Standpunkt und den Anlass ihrer Verfolgung so genau wie von Rudolf Bahro und von Robert Havemann. Wir wissen aber von allen, dass ihre Vergehen in nichts anderem bestehen, als jene Freiheits-

> rechte einzufordern, die für uns unabdingbar zum Sozialismus dazugehören, darunter die Freiheit der Meinungen und die Freiheit der Reise, wozu wir aus gegebenem Anlass auch die Wiedereinreise zählen. Für einen Sozialismus ohne Freiheit lohnt es sich, keine Hand zu rühren. Und im Zweifelsfall ist, wie Rosa Luxemburg gesagt hat, Freiheit die Freiheit der Andersdenkenden. Wir halten sie also für das unveräußerliche Recht auch derjenigen unter den Gefangenen, mit denen wir vielleicht politische Differenzen hätten. Ihre Liste ist sicher länger als die, die wir hier genannt haben und sie endet nicht in der DDR. Auch ihrem Wunsch nach Freiheit gilt unsere Solidarität."[325]

Nach dem Applaus des Publikums ergriff Gerulf Pannach das Wort:

> „Schönen Dank, Hannes Schwenger. Wir möchten euch alle herzlich begrüßen, besonders unsere Freunde, die mit uns hier rübergelangt sind aus Jena, die Mitglieder des Komitees, und wir möchten all den Leuten danken, die sich für unsere Freilassung eingesetzt haben. Natürlich würden wir lieber in Leipzig oder in Ost-Berlin auftreten. Das ist wahrscheinlich jedem verständlich. Deswegen wollen wir aber nicht rumjammern. Die Methoden der Staatssicherheit kann jeder bei Jürgen Fuchs nachlesen, den ich als meinen Freund, unseren Freund, extra begrüßen möchte. Tatsache ist, dass die Staatssicherheit bei allen Anstrengungen ihr Ziel nicht erreicht hat. Sie hat uns nicht kaputtmachen können und nicht zu Antikommunisten, was dasselbe ist. So haben zwar die Monopolbü-

---

325 Das Redemanuskript von Hannes Schwenger mit zahlreichen handschriftlichen Änderungen ist abgedruckt in: Schwenger: Das Schutzkomitee (wie Anm. 306), S. 38–42. Die hier wiedergegebene Fassung entstand nach der RIAS-Tonaufzeichnung am 5. November 1977 (s. Anm. 327). – Die sogenannten Russel-Tribunale gingen auf den britischen Mathematiker, Philosophen und Literaturnobelpreisträger Bertrand Russell zurück. Das 3. Russell-Tribunal über die Situation der Menschenrechte in der Bundesrepublik Deutschland fand in Frankfurt-Harheim (28.3.–4.4.1978) und Köln-Mülheim (3.–8.1.1979) statt und richtete sich vornehmlich gegen den Radikalenerlass von 1972 zur Überprüfung von Beamten auf Verfassungstreue, was in der Folge zu Berufsverboten etwa von Lehrern führte.

rokraten unseres Landes hinbekommen, Wolf Biermann, Reiner Kunze, uns, außer Landes zu zwingen, sie haben Rudolf Bahro, Professor Robert Havemann und die Brüder Mainz mit verschiedenartigen Haftstrafen belegt. Die jüngsten Ereignisse in der DDR zeigen aber, dass damit dem Volk nicht der Appetit auf Freiheit und wirklichen Fortschritt vergangen ist. Ich denke da an die Arbeiterstreiks in Sachsen und an die Jugendrevolte auf dem Berliner Alexanderplatz.[326]
Ich möchte aus dem Lied von Brecht an alle, die verzagen wollen, in Richtung Staatssicherheit und aller ähnlichen Kräfte sagen: ‚Ja, wozu denn? Glauben Sie denn, dass Sie uns kleinkriegen damit?' Ehe sie verschwinden, und das wird bald sein, werden sie gemerkt haben, dass ihnen das alles nicht mehr nützt.
Die Lieder, die wir Ihnen und euch heute Abend hier spielen werden, das möchte ich vorausschicken, waren zum gewaltigen Teil Anklagepunkt gegen uns. Sie wurden als ‚staatsfeindliche Hetze im schweren Fall' bezeichnet, darauf steht bis zu zehn Jahren. Wir haben allerdings Lieder ausgewählt, von denen wir meinen, dass ihr in ihnen auch einiges aus eurer Wirklichkeit erkennen könnt. Wir haben inzwischen auch festgestellt, dass so viel Neues hier gar nicht für uns ist."

Dann sangen und spielten Pannach & Kunert anderthalb Stunden lang. An dem Abend erklangen ihre besten Songs wie „Zwischen Liebe und Zorn", „Sonne wie ein Clown", „Dein Weg bleibt dein Weg", „Glaubensfragen", „Ballade vom schlechten Schlaf", „Lied für meine Frau Ami", „Trommellied", „Der rote Karl", „Da sieht Marx wie Moritz aus". Zwischen den Songs erzählten beide Geschichten über die Entstehung der Lieder oder erklärten Begriffe wie BGLer (Betriebsgewerkschaftsleiter) oder EK (Entlassungskandidat bei der Nationalen Volksarmee). Das Publikum war begeistert. Es gab Standing Ovations und danach mehrere Zugaben.[327]

---

326 Am 7. Oktober 1977, dem Jahrestag der Gründung der DDR, kam es im Zusammenhang mit einem Rockkonzert auf dem Ost-Berliner Alexanderplatz zu Straßenschlachten von Jugendlichen mit der Polizei. Zahlreiche Menschen wurden verletzt, z.T. schwer. Unter anderem hatten die Jugendlichen gerufen: „Honecker raus, Biermann rein!"
327 Der RIAS sendete am 5. November 1977 um 22.00 Uhr einen gekürzten 90-mi-

SCHELTE NACH ALLEN SAITEN

Ernste Töne: Kunert und Pannach in der Akademie

● DONNERWETTER, WIE WAR DAS doch beeindruckend. Was diese beiden Jungs, Gerulf Pannach und Christian Kunert, gestern abend in der Akademie der Künste bei ihrem ersten Auftritt im ach so goldenen Westen dem Publikum vorsetzten, war nicht von Pappe. Da war man — auch als West-Bürger — betroffen. Da lief einem mitunter die Gänsehaut den Rücken runter.

Pannach, ebenso wie sein Freund und Kollege Kunert am 27. August dieses Jahres nach 9monatiger Haft wegen „staatsfeindlicher Hetze" nach West-Berlin abgeschoben, steckt gleich zu Beginn des zweistündigen Konzerts die Fronten ab. „Natürlich würden wir lieber in der DDR auftreten."

Tatsache sei jedoch, daß die DDR-Staatssicherheit ihr Ziel nicht erreicht habe. „Sie konnten uns nicht kaputt- und zu Anti-Kommunisten machen." Und: „Dem Volk in der DDR ist durch die Maßnahmen der Sicherheitsorgane der Appetit auf Freiheit und Fortschritt nicht vergangen."

▶ Aber dann kommt es auch für die Bundesrepublik knüppeldick, bleibt einem der Satz „ja guck mal, die da drüben", im Halse stecken, bekommt man den Spiegel vorgehalten. Denn, erklärt Gerulf Pannach: „So fremd ist es uns hier nicht."

Und so gilt auch das „Lied vom Vertrauensmann, der kein Vertrauen hat", ebenso für die Bundesrepublik wie für die Deutsche Demokratische Republik. Titelfigur ist ein DDR-Gewerkschafter, der nach unten tritt und nach oben buckelt. Refrain: „Vertrauensmann, ach Vertrauensmann, du verkaufst ja unser Vertrauen, wir sehen ja, wie du geil den Aufstieg versuchst am sichren Seil."

Und wenn Pannach und Kunert in eindringlichen Worten die Akkord-Maloche in einem VEB-Betrieb in „Eine Sonne, die unter die Haut geht" beschreiben, dann erkennt wohl auch mancher West-Berliner Arbeiter im Publikum seinen Acht-Stunden-Alltag wieder.

Weiteres Beispiel für die Aktualität der Pannachschen Lieder für bundesdeutsche Verhältnisse: der Song „Hauptsache ist, mit dem Arsch an die Wand". Ein FDJ-Sekretär ist aufstiegssüchtig. Der Text könnte auch so manchem bundesdeutschen Partei-Karrieristen ins Stammbuch geschrieben sein.

▶ Erstaunlich: Es durfte auch gelacht werden gestern abend in der Akademie. Wenn die beiden DDR-Liedermacher — sie waren Mitglieder der in der DDR berühmten und inzwischen verbotenen „Renft-Combo" — in bestem Sächsisch mit einem Bänkelgesang die Leipziger Messe durch den Kakao ziehen, dann ist das schon eine Mords-Gaudi.

In dem Lied steckt übrigens auch die vielen DDR-Bürgern auf den Nägeln brennende Frage: „Warum gibt's die besten Sachen nur in Intershops?"

Insgesamt, so auch der Tenor im Publikum nach dem Konzert, eine nachhaltig beeindruckende Vorstellung. Frenetischer Applaus aus dem überfüllten Saal zum Schluß und vier Zugaben waren Beweis genug.

FRANK THONICKE

Pressebericht über den ersten Auftritt von Pannach und Kunert in West-Berlin in: Der Abend, 1. November 1977

Christian Kunert erinnert sich:

„Ganz einfach war dieses Konzert für uns nicht. Es war natürlich mit viel Angst verbunden, wir waren ja noch nie öffentlich zu zweit aufgetreten. Wir mussten uns verdammt anstrengen, dass ein ordentliches, abendfüllendes Programm entsteht, und haben viel trainiert. Freunde hatten uns einen Raum besorgt, in dem wir sogar mit Klavier proben konnten. Gitarristen wissen, wenn sie lange nicht spielen, schwindet die Hornhaut von den Fingerkuppen, und es tut weh wie beim ersten Mal. Wir waren im Knast gewesen, hatten ein Dreivierteljahr nicht gespielt, und dann gleich volles Programm – es tat sehr weh. Aber irgendwann war die Hornhaut wieder da, und als wir in der Akademie der Künste unser erstes Konzert hatten, waren wir so weit ganz fit, dass man das vertreten konnte, glaube ich.
Gitarre kann man natürlich nicht ohne Instrument trainieren, und im Gefängnis hat mir das Musizieren sehr gefehlt. Um die Beweglichkeit meiner Finger habe ich mir aber keine Gedanken gemacht. Ich war ja Klavierspieler und Posaunist, und Klavier kann man auf dem Tisch trainieren, das habe ich auch gemacht.
Später waren wir als Duo viel besser als bei diesem ersten Konzert in der Akademie der Künste, sehr viel besser, aber dann kamen nicht mehr so viele Leute, weil es kein Presseschlager mehr war.“[328]

Lilo Fuchs hat das Konzert noch gut in Erinnerung:

„Es war natürlich eine Situation für uns, die wir unter ungewöhnlichen Bedingungen in den Westen geraten waren: Wir wollten nicht hierher, aber unter diesem hohen Druck, der Inhaftierung, den Beobachtungen, kamen wir als Angehörige nach West-Berlin, gleichzeitig zahlreiche Freunde, die im Gefängnis gewesen waren. Wir standen natürlich alle unter einem persönlichen Eindruck

---

nütigen Mitschnitt des Konzertes. Das ungekürzte Konzert mit den Begrüßungen und Zugaben ist erschienen auf der CD „Für uns, die wir noch hoffen“ (wie Anm. 5).
328 Interview mit Christian Kunert, Juni 2019.

der Fremde und auch der Stasiverfolgungen, die jeder sehr unterschiedlich erlebt hatte in den letzten Monaten. Umso mehr war es plötzlich etwas sehr Besonderes, Freunde und Musiker wie Gerulf Pannach und Christian Kunert als Künstler auf der Bühne stehen zu sehen. Man dachte, die Stasi hat sie nicht fertig gemacht, sondern sie stehen da und spielen ihre Instrumente.

Es war eine Mischung aus ganz vielen Gefühlen und einer großen Erleichterung und auch Freude darüber, gerettet zu sein, denn es hatte in der DDR eine erhebliche Bedrohung gegeben, der wir als sehr junge Leute in dieser Zeit ausgesetzt waren. Die drei – Jürgen Fuchs, Gerulf Pannach und Christian Kunert – wollten nichts weiter, als ihre Gedanken mit künstlerischen Mitteln, mit Liedern und Texten ausdrücken. Dass wir in dieser Weise behandelt wurden, war ungeheuerlich.

Umso erleichterter waren wir und dachten, es wird eine gewisse Zeit dauern, dann wird sich wieder etwas ändern, und wir können vielleicht zurückkehren. Wir wussten es nicht. Mit diesen Gefühlen saßen wir in dem Konzert von Gerulf Pannach und Christian Kunert. Es waren auch viele Zuhörer und Zuhörerinnen aus West-Berlin da, die wir nicht kannten, einzelne Angehörige des ‚Schutzkomitees', die uns in den ersten Tagen des Ankommens geholfen hatten. Es war eine große Freude, die uns bekannten Lieder zu hören. Dieses erste Konzert hatte eine sehr große Bedeutung für uns junge Leute, die für die Freiheit des Singens und des Wortes eingetreten waren. Es hatte eine große befreiende Wirkung auf uns."[329]

Jürgen Fuchs war an diesem Abend nur Zuschauer. Aber er freute sich über den riesigen Erfolg seiner Freunde.

Der RIAS schnitt das Konzert mit, das ZDF filmte und sendete am nächsten Tag einen Beitrag in der Sendung „Kennzeichen D".[330] Der Moderator der ZDF-Sendung, Hanns Werner Schwarze, verabschiedete sich so von den Fernsehzuschauern: „Schade. Wenn diese jungen Leute Konzerte als offizielle

329 Interview mit Lilo Fuchs, Juli 2019.

330 ZDF-Beitrag von Klaus Wilhelm vom 1. November 1977.

Vertreter der DDR-Kulturszene bei uns geben könnten, sie hätten manches westliche Zerrbild über diesen zweiten deutschen Staat infrage gestellt. Wer sie stattdessen verbietet, einsperrt und abschiebt, der darf sich nicht darüber wundern, dass er bei solchem Verhalten so aussieht, wie viele ihn hier sehen. Guten Abend.“[331]

---

331 Ebd., Abmoderation der ZDF-Sendung „Kennzeichen D“ vom 1. November 1977 von Hanns Werner Schwarze.

RECHT AUF FREIE MEINUNGSÄUSSERUNG

Aufhebung des Ermittlungsverfahrens von 1976/77 gegen Jürgen Fuchs

Nach dem Mauerfall 1989 stellte Jürgen Fuchs Strafanzeige gegen unbekannt wegen Freiheitsberaubung. Das Verfahren wurde ergebnislos eingestellt. Im Zusammenhang damit überprüfte die Generalstaatsanwaltschaft der DDR aber noch einmal das Ermittlungsverfahren gegen den Schriftsteller von 1976/77. In den letzten Tagen der DDR, kurz vor der Vereinigung, hob sie die Einstellung des Ermittlungsverfahrens gegen Fuchs von 1977 auf.
In einer Verfügung, unterzeichnet von einem Justizrat Dr. Müller, lautet die Begründung dafür: „Die getroffene Entscheidung ist fehlerhaft, da die dem Ermittlungsverfahren zugrunde liegenden Handlungen nicht den Verdacht einer Straftat begründen." Nunmehr wurde das Ermittlungsverfahren gemäß § 148 Abs. 1. Ziff. 1 StPO eingestellt, weil der festgestellte Sachverhalt – staatsfeindliche Hetze – keine Straftat gewesen war, „sondern gemäß Artikel 27 der DDR-Verfassung vom 6. April 1968 i[n]. d[er]. F[assung]. vom 7. Oktober 1974 die Handlungen in Wahrnahme des verfassungsmäßig garantierten Rechtes auf freie Meinungsäußerung erfolgten."
Fuchs Schriften übten zwar Kritik an einzelnen Erscheinungen der gesellschaftlichen Entwicklung in der DDR, „sie ist aber berechtigt und eine künstlerische Form des Einwirkens auf hemmende und widersprüchliche gesellschaftliche Verhältnisse und stellt in diesem Sinn keine für die Erfüllung des objektiven Tatbestandsmerkmals erforderliche Diskriminierung gesellschaftlicher Verhältnisse dar. Aber auch die schädigende oder aufwiegelnde Zielsetzung konnte im Verfahren nicht nachgewiesen werden." Daraus wur-

de schließlich gefolgert: „Ein Anspruch auf Entschädigung für die Zeit der Untersuchungshaft ist gemäß § 369 StPO gegeben."[332]
Die Künstler wurden später vom Landgericht Berlin rehabilitiert, weil die Ermittlungsverfahren und Haftbefehle rechtsstaatswidrig und alle drei zu Unrecht inhaftiert waren.

332 BStU MfS AU 11 554/78 Jürgen Fuchs, Verfügung der Generalstaatsanwaltschaft der Deutschen Demokratischen Republik vom 4.9.1990, Bd. 17, Bl. 137.

„EINMAL BRICHT DER KRUG“ – 1989 UND DANACH

Die DDR war nachtragend: Die Einreiseverbote für Gerulf Pannach, Jürgen Fuchs und Christian Kunert waren nach ihrer Ausbürgerung von Anfang an bis Dezember 1999 verhängt worden. Aber ihre Lieder und ihre Texte, ihre Platten und Bücher gelangten dennoch über die Mauer, nun in die entgegengesetzte Richtung, als die, die ihr „Leipziger Tonband“ gegangen war.
Dass zehn Jahre vor Ende des Einreiseverbots die Mauer fallen würde, konnte auch das MfS nicht vorhersehen.

Jürgen Fuchs arbeitete in West-Berlin als Schriftsteller und Psychologe und hielt Kontakte zu Oppositionellen in der DDR und zu Emigranten der Solidarność und der Charta 77. Er gab Informationen über Verhaftungen an westliche Medien weiter und thematisierte immer wieder in Artikeln und Aufsätzen die Menschenrechtsverletzungen in der DDR und im östlichen Europa. Damit stand er auch im Westen wie kaum ein anderer im Visier des MfS. 1982 wurde ein erneuter Haftbefehl, von MfS-Minister Erich Mielke persönlich unterschrieben, gegen ihn ausgestellt und der OV „Opponent“ gegen ihn eröffnet. Eine einzige Transitfahrt von West-Berlin aus in das Bundesgebiet hätte seine sofortige Verhaftung nach sich gezogen.
1990 wurde er von der Friedrich-Schiller-Universität Jena rehabilitiert, 1994 erhielt er nachträglich sein Diplom.
Nach Öffnung der Stasiakten zählte er 40 auf ihn angesetzte IM allein in den drei von 25 Aktenbänden der „operativen Bearbeitung“ aus West-Berliner Zeit, die erhalten geblieben sind.
Trotz dieser Aktenfunde sind viele Fragen bis heute offen. Die wichtigste ist: War der frühe Tod von Jürgen Fuchs und Gerulf Pannach nicht „gottgewollt“, sondern „menschengemacht“? Bis heute besteht der Verdacht, beide könnten vom MfS radioaktiv vergiftet worden sein.
Jürgen Fuchs wurde nur 48 Jahre alt. Er starb am 9. Mai 1999.

Gerulf Pannach und Christian „Kuno" Kunert unternahmen 1978 – betreut von Amnesty International – eine Tour durch Schweden. Daraus entstand die Schallplatte „Gerulf Pannach, Christian Kunert – Sånger Mot Rädslan – Förbjudna Sånger Från Öst-Tyskland" (Lieder gegen die Angst – verbotene Lieder aus der DDR).
1979 erschien bei CBS die LP „Pannach und Kunert". Da sie das Singen von Liedern mit DDR-typischen Texten im Westen als schwierig und unverständlich empfanden, pausierten sie ein Jahr lang und schrieben neue Lieder, in denen sie auch ihr deutsch-deutsches Exil thematisierten. Daraus entstand 1981 bei Mood die LP „Fluche, Seele, fluche". 1991 erschien die LP „Pretty Woman Guck Nich So!" bei Bluesong. Bei BuschFunk erschien 2000 die CD „Gib mir 'ne Hand voll Glück. Pannach & Kunert Live 1977–1993". Gerulf Pannachs Solo-CD „York 17" erschien 1996 bei BMG Ariola. Die CD „Gerulf Pannach: Wer sagt, das kann nicht sein. Live 1969–1975" erschien 2020 bei Marktkram.
Anfang der 1990er Jahre schrieben beide ein Musical nach B. Travens Roman „Das Totenschiff". Nach zahlreichen weiteren Veröffentlichungen und vielen Auftritten trennte sich das Duo Pannach & Kunert 1993. Beide traten weiter solo oder mit anderen Musikern auf, komponierten und schrieben Texte. Die Renft-Band wurde nach dem Mauerfall reaktiviert, beide traten mit ihr auf. Christian Kunert war von 1999 bis 2006 ihr Frontmann.

Gerulf Pannach arbeitete als Sänger, Musiker, Texter, Schauspieler. In Ken Loachs Film „Fatherland" (1986) spielte er die Hauptrolle. Gerulf Pannach starb am 3. Mai 1998 im Alter von 49 Jahren.

Christian „Kuno" Kunert schrieb u. a. Filmmusiken für die Filme „Engel aus Eisen" und „Domino" von Thomas Brasch. In „Domino" hatte er zudem einen kurzen Auftritt, in dem er singend zu sehen ist. 1993 zog er von Berlin nach Hahnenklee bei Goslar, wo er bis heute als Musiker und Schriftsteller lebt. Zuletzt erschien sein Roman „Ringelbeats" (2017).

Beglaubigte Abschrift

Eingegangen
20. AUG. 1993
Hummel · Kaleck · Ratzmann · Rubbert
Rechtsanwälte

LANDGERICHT BERLIN

B e s c h l u ß

- Fassung gemäß §§ 12 Abs. 3, 13 Abs. 2 StrRehaG -

Geschäftsnummer: (552 Rh) 4 Js 461/93 (165/93)

In der Rehabilitierungssache

des Gerulf Siegfried Karl P a n n a c h ,
geboren am 24. Juni 1948 in Arnsdorf/Kreis Dresden,
wohnhaft: Schoelerpark 14, 10715 Berlin,

- Verfahrensbevollmächtigte:
Rechtsanwälte D. Hummel, W. Kaleck, V. Ratzmann,
Schliemannstraße 23, 10437 Berlin -

hat die Strafkammer 52 des Landgerichts Berlin - Rehabilitierungskammer - nach Anhörung der Staatsanwaltschaft bei dem Kammergericht unter Mitwirkung

des Vorsitzenden Richters am Landgericht Falkenberg
als Vorsitzender sowie
des Richters am Landgericht Schmidt und
des Richters Schott
als beisitzende Richter

am 30. Juli 1993 beschlossen:

1. Gegen den am 21. November 1976 in Haft genommenen Betroffenen wurde am 22. November 1976 ein Ermittlungsverfahren wegen Beihilfe zur staatsfeindlichen Hetze und wegen Gefährdung der öffentlichen Ordnung durch asoziales Verhalten

- 2 -

STP 247
Urteilsurschrift (§ 275 StPO) – LG –

a–b Rehabilitierungsurkunde von Gerulf Pannach von 1993 (RHG/Pa 04 Robert Havemann Gesellschaft e. V., Archiv der DDR-Opposition)

- 2 -

(§§ 106 Abs. 1 Ziffer 1 i.V.m. 22 Abs. 2 Ziffer 3, 249 Abs. 1 StGB/DDR) eingeleitet und am selben Tage vom Stadtbezirksgericht Berlin-Mitte - Hs.C.239/76 - Haftbefehl erlassen. Das Verfahren ist mit Verfügung des Generalstaatsanwalts der DDR - Abteilung I - 213/11/76 - vom 26. August 1977 "auf der Grundlage des § 148 Abs. 1 Ziffer 3 StPO/DDR i.V.m. § 25 Ziffer 2 StGB/DDR" eingestellt und der Haftbefehl mit Gerichtsbeschluß vom 27. August 1977 aufgehoben worden.

Die Einleitung und Durchführung des Ermittlungsverfahrens sowie der Erlaß des Haftbefehls waren rechtsstaatswidrig.

Der Betroffene wird rehabilitiert.

2. Der Betroffene hat in der Zeit vom 21. November 1976 bis zum 26. August 1977 zu Unrecht Freiheitsentziehung erlitten.

3. Für die Entscheidung über etwaige soziale Ausgleichsleistungen oder Rückübertragungsansprüche ist die Rehabilitierungskammer nicht zuständig.

4. Dem Betroffenen steht ein Anspruch auf Erstattung der notwendigen Auslagen im Ermittlungsverfahren zu, soweit er diese gezahlt hat.

5. Die notwendigen Auslagen des Betroffenen im Rehabilitierungsverfahren hat die Landeskasse Berlin zu tragen.

Falkenberg Schott Schmidt

Beglaubigt

Justizangestellte

LANDGERICHT BERLIN 404

Interview mit dem Soziologen Prof. Dr. Manfred Wilke über die Gründung des Schutzkomitees „Freiheit und Sozialismus"

Wie habt ihr euch kennengelernt, Margret Frosch, Hannes Schwenger und du, wie ist der Kern des Schutzkomitees entstanden?

Es beginnt am Tisch in Grünheide, als Margret Frosch und ich um den 10. November 1976 herum Robert Havemann besuchten. Am Tisch saß auch Jürgen Fuchs. Er erzählte mir die Geschichte seines Parteiausschlusses in Jena, der Exmatrikulation und von dem Versuch der Universität und Parteileitung, ihm einen Handel vorzuschlagen. Er verzichtet auf das Schreiben von Gedichten und literarischen Texten und wird danach als Psychologe Bauleiter in der DDR schulen und weiterbilden. Das ist mir deswegen so unvergesslich, weil er mir erzählte, nach welchen Materialien die Weiterbildung der sozialistischen Männer erfolgen sollte, und zwar nach den Materialien der Führungsakademie der Deutschen Wirtschaft in Bad Harzburg, die von einem ehemaligen SS-General geleitet wurde. Davon hatte er keine Ahnung. Jedenfalls sprang der Funke zwischen uns über, und ich habe mich an dem Abend viel mehr mit Jürgen Fuchs unterhalten als mit Robert Havemann. Es war das letzte Mal, dass ich Robert Havemann gesehen habe. Dann wurde Jürgen Fuchs aus dessen Auto heraus verhaftet. Da ich mit Margret Frosch bei Robert Havemann war, haben wir uns überlegt, was man jetzt tun könnte. Wir waren uns einig, wir müssen öffentliche Solidarität organisieren. Margret Frosch hatte sehr guten Kontakt zu Jörg R. Mettke vom SPIEGEL, der seinen Dienstsitz in Ost-Berlin verloren hatte, und dann gab es einen Kontakt zwischen mir und Hannes Schwenger aus Zusammenhängen der Gewerkschaften. Es war sozusagen ein Glücksfall, denn Hannes ist ein Multitalent, ein perfekter Bürokrat und ein Schriftsteller, der einen politischen Überblick hatte. Von daher war er derjenige, der die Idee einbrachte, dass man dieses Schutzkomitee im Rahmen des Berliner Schriftstellerverbandes in der IG Druck und Papier ansiedelt und gründet.

Es gab ein paar einfache Festlegungen, die wir trafen. Die erste war: Absolute Priorität hat die Kampagne für die Freilassung. Das heißt, wir wollten keine politische Propaganda für westdeutsche Zwecke machen. Zweitens: der

Name. Die Union hatte 1976 einen Bundestagswahlkampf mit Franz Josef Strauß unter der Überschrift „Freiheit statt Sozialismus" geführt – wir haben das umgekehrt. Wir haben den Wahlkampfslogan der Union übernommen und ihn in unserem Sinne uminterpretiert: „Freiheit *und* Sozialismus".

Das Dritte: Wir waren uns klar, wir brauchten Unterstützer. Wir haben eine Konstruktion gewählt, dass das Komitee de facto von einem informellen Stab geleitet und organisiert wurde, und darum herum bauten wir einen Kreis von Unterstützern auf. Wir haben einen Aufruf geschrieben, den Heinrich Böll sofort unterzeichnete und eine Reihe anderer namhafter Schriftsteller. Wir hatten auch das Vergnügen, dass Romy Schneider und Yves Montand sich für unsere Angelegenheit interessierten. Diese ganze Sache war so weit fertig, dass am 10. Dezember 1976 bereits eine Pressekonferenz und Solidaritätsveranstaltung in der Akademie der Künste stattfand. Jürgen Fuchs hatte vor seiner Verhaftung über Margret Frosch Texte in den Westen bringen lassen und im August, kurz bevor meine Frau Karin und ich von Hamburg nach West-Berlin umzogen, haben Margret Frosch und ich diese Texte Freimut Duve vom Rowohlt-Verlag übergeben. Der Rowohlt-Verlag war noch am Prüfen, als die Verhaftung stattfand, und da Stephan Hermlin verbreitet hatte, es seien keine Schriftsteller verhaftet worden, war unsere Reaktion, dass dieses Büchlein erschien. Damit war die Lüge widerlegt, dass es sich nicht um Schriftsteller und Liedermacher handelte, die verhaftet worden waren. Mittlerweile wurde das Schutzkomitee so etwas wie eine Anlaufstelle, und wir bekamen immer mehr Informationen über Verhaftete und Verfolgte.

Die Idee, Hannes Schwenger als Vorsitzenden des Schriftstellerverbandes von West-Berlin anzusprechen, kam von Margret Frosch, die ihn auch in anderen Zusammenhängen kannte. Er erwies sich in der Tat als ein Glücksfall für das Komitee, denn er vereinte in einer seltenen Mischung den versierten Verbandsfunktionär mit dem Journalisten und Literaten. Diese Kombination war in der Form die beste Repräsentanz, die das Komitee finden konnte, weil er eben sowohl diese technische, apparative Arbeit geräuschlos und unauffällig, aber präzise erledigte und auf der anderen Seite in der Lage war, literarische oder journalistisch hervorragende Texte zu liefern und öffentlich zu vertreten.

Wie lief die erste Pressekonferenz des Schutzkomitees am 10. Dezember 1976 ab?

Unsere Intention war, ein eindeutig linkes Komitee zu organisieren, und das drückte sich natürlich auch in einer Reihe von Persönlichkeiten aus, die wir als öffentliche Repräsentanten gewannen. Dazu gehörte Otto Schily, er war der Rechtsanwalt des Komitees und beriet uns in juristischen Fragen. Das war aber auch die Eingangstür für die Stasi in das Komitee, denn einer seiner Praktikanten hatte sich als IM beim MfS verpflichtet. Es gab dann regelmäßig Berichte über Interna im Komitee, dessen Struktur die Stasi überhaupt nicht verstand. Sie machten aus uns einen gewöhnlichen deutschen Verein mit Vorsitzenden. Als Hannes Schwenger dann aufhörte und ich kurzzeitig die Funktion des Koordinators übernahm, wurde ich zum Vorsitzenden gemacht. Diese Bezeichnung kriegten sie nur auf dieser Ebene überhaupt in den Kopf, während wir gar keine organisatorische Struktur hatten – wir hatten eine informelle Struktur, die Arbeit wurde gewissermaßen per Zuruf unter uns verteilt. Hannes hatte nur diese herausgehobene Funktion in der ersten Phase, als es um die Freikämpfung der Inhaftierten ging. Es ging uns ja nicht nur um Jürgen Fuchs, Gerulf Pannach und Christian Kunert, es ging auch um den Hausarrest von Robert Havemann, und der letzte prominente politische Häftling, um den wir uns gekümmert haben, war Rudolf Bahro. Es ging auch um die vielen Leute, die in Jena und anderswo nach Biermann verhaftet wurden und um die wir uns auch gekümmert haben.

Wer hat denn die Kontakte hergestellt, vor allem zu den westeuropäischen Linken?

Das ist ein Geheimnis, hinter das die Stasi überhaupt nicht gekommen ist – das waren unsere Telefonbücher. Wer kannte wen? Wir haben ein Schneeballsystem organisiert, und über diesen Weg sind Heinrich Böll, Max Frisch, Romy Schneider, Yves Montand und, ganz wichtig, von der evangelischen Kirche Helmut Gollwitzer dazugekommen und haben dieses Anliegen unterstützt. Es war gewissermaßen eine Kopie der Bündnispolitik der Kommunisten, die wir gegen sie gekehrt haben. Denn einige von ihnen hatten nicht, wie ich, dann Einreiseverbot, sie konnten in die DDR fahren, und das konnte Hannes Schwenger auch ziemlich lange noch, bis sie auch ihm die Tür zuschlugen. Über diesen Weg sind auch die Kontakte in die DDR organisiert worden. Nicht zu vergessen der SPIEGEL-Korrespondent Ulrich Schwarz, der Nachfolger von Jörg Mettke, der manches Mal diplomatische Missionen für das Schutzkomitee übernahm, indem er in aller Form im DDR-Außenministerium mitteilte, welche Namen das Schutzkomitee hat und dass wir stillhalten und ihnen die Chance geben, die Leute zu entlassen. Wenn das nicht erfolgt, würden wir das öffentlich bekannt geben.

Da wir das mit einer Resonanz über die deutschen Grenzen hinaus machten, war das in der Zeit von Helsinki, wo die DDR das Abkommen zur Achtung der Menschenrechte unterschrieben hatte, in Europa unangenehm peinlich. Es schädigte den Ruf der DDR. Genau auf diese Rufschädigung zielten wir auch.

Es gab immer die Debatte im Westen: Nutzt Öffentlichkeit oder schadet sie den Betroffenen in der DDR? Wir waren der Überzeugung, sie nutzt, und der Erfolg hat uns auch Recht gegeben. Aber es gab auch eine ganze Reihe von Leuten, die zur Vorsicht rieten. In dem Fall, den ich mit dem RIAS-Literaturredakteur Hans-Georg Soldat kurz darauf hatte, nämlich mit dem Buch „Robert Havemann – Ein deutscher Kommunist“ – die Diktatbänder wurden ja vom RIAS teilweise ausgestrahlt –, war die Vergewisserung im RIAS erstens, ob das im Einverständnis mit Havemann geschieht. Es war schon ein bisschen absurd, von jemandem, der in Insolation sitzt, erfahren zu wollen, ob er damit einverstanden ist, dass der Text, den er zur Veröffentlichung spricht und den er veröffentlichen will, vom RIAS gesendet wird. Das Zweite, worum sich der RIAS gekümmert hat, ist, dass er nicht allein war, sondern der NDR hat das Havemann-Interview ausgestrahlt, der Hessische Rundfunk, glaube ich, auch. Man hatte versucht, eine Form zu finden, wo man sagen kann: Das ist berichterstattender Journalismus, das ist keine Kampagne gegen die DDR. Was ihnen gar nichts geholfen hat, denn die SED hat das nie anders als eine Kampagne gegen ihre Macht verstanden.

Wie lief es auf die Ausbürgerung hin, wie kündigte sie sich an?

Das haben wir erfahren, als sie vollzogen wurde, als wir informiert wurden, dass Jürgen Fuchs, Gerulf Pannach und Christian Kunert am Wannsee angekommen sind, und wir sie dort abgeholt haben. Wie das intern abgelaufen ist, weiß ich nicht. Die Kirche war in diese Angelegenheit involviert, denn es war der Kirchenanwalt Stange, der für die Westseite der Partner von Vogel war. Ich habe noch die Ansprache im Ohr, die Stange pflichtschuldigst im Tagungshaus der Evangelischen Akademie am Wannsee den dreien gehalten hat: „Kein öffentliches Wort über die Ausbürgerung. Schweigen Sie darüber, verbauen Sie nicht anderen die Chance." Ich meine, wenn man weiß, dass die DDR insgesamt dreieinhalb Milliarden DM über den Häftlingsfreikauf bekommen hat, dann kann man diese Reden im Nachhinein nur noch für eine Veralberung des Publikums halten. Aber damals wussten wir das nicht. Durch die Breitenwirkung des Komitees wurden immer wieder auch Debatten über die Entspannungspolitik aufgeworfen. Die Regierenden in Bonn wollten sie nicht unbedingt haben. Sie liebten die Geräuschlosigkeit in der Deutschlandpolitik.

Die drei blieben ungefähr einen Tag in der Akademie, und dann nahm sie Margret Frosch bei sich auf. Als Lilo Fuchs ein paar Tage später ausreisen konnte, zog Jürgen Fuchs ins Hinterhaus. Auch die Frauen von Pannach und Kunert kamen, sie bekamen dann bald eigene Wohnungen.

Das Erste, worum sich Jürgen Fuchs kümmerte, ist, dass er sagte: „Wir müssen jetzt eine Erklärung abgeben." Nach der Vergatterung von Stange sagte er: „Nein, wir müssen uns jetzt erst mal erklären und müssen klarstellen, dass wir nicht freiwillig nach West-Berlin gekommen sind." In dem Kontext des Entstehens dieser Erklärung habe ich dann auch erfahren, wie sie gegeneinander ausgespielt wurden in der Haft, damit jeder unterschrieb. Das war ein Moment, wo Margret Frosch und ich Heinz Brandt gebeten haben, dass er nach Berlin kommt und mit ihnen redet, denn es begann so langsam die Frage: „Wer ist hier der Verräter?" Heinz Brandt hat ihnen gesagt: „Das Schlimmste, was jetzt passiert, ist, wenn ihr das Misstrauen zwischen euch wachsen lasst und anfangt, jeder den anderen zu verdächtigen. Das ist genau das, was die da drüben wollen, dass ihr euch jetzt auseinanderdividiert."

Nachdem Jürgen Fuchs dann die Erklärung gegen die Ausbürgerung verlesen hatte, sagte Heinz Brandt einen Satz, den ich nicht vergessen habe: „Wer nach diesen Monaten der Haft noch in der Lage ist, so eine Erklärung zu verfassen, den haben sie nicht gebrochen." Das war von diesem alten, erfahrenen politischen Häftling, der sowohl in Auschwitz wie auch in Bautzen gesessen hatte, eine ganz wichtige moralische Stütze für die drei.
Die Methoden der Zersetzung waren für Jürgen Fuchs ein Problem für sein eigenes Verständnis von Psychologie. Ich war völlig platt, als er mir sagte: „Weißt du, sie haben eine Waffe entwickelt, die genauso schlimm ist wie die Atombombe, sie haben eine schwarze Psychologie. In dieser Psychologie geht es nicht darum, Menschen zu helfen, sondern sie zu zerstören. Und das systematisch und auf wissenschaftlicher Grundlage." Es war auch ein Erschrecken darüber, was man mit der psychologischen Wissenschaft im Bösen anrichten kann. Denn Jürgen Fuchs war irgendwo ein gläubiger Mensch. Diese zynische Machtpsychologie als Machttechnik, um Menschen zu brechen, war für ihn eine berufsethische Herausforderung. Er hat auch immer wieder über die Stasileute gesprochen, die mit ihm in Jena Psychologie studierten, und dass die Jenaer Universität auch eine Grundlagenausbildung für MfS-Vernehmungsoffiziere gemacht hat. Das gehört mit in das Bild von Jürgen Fuchs, dass er natürlich auch erschüttert war, wie gleichgültig die Zunft und die westdeutsche Gesellschaft über diese Methode der SED-Repressionspolitik hinwegging. Das ist dann die Geschichte nach der Haft.
Der letzte politische Häftling, um den wir uns gekümmert haben, war, wie gesagt, Rudolf Bahro. Nachdem er frei war, hatten wir das Gefühl, dass wir unsere Arbeit erledigt haben. Wir hatten kein Komitee gegründet, das sich dauerhaft um politische Gefangene kümmert. Wir wollten nicht die Konkurrenzorganisation für Amnesty International in der DDR werden. Dann haben wir nochmal bei Schily, daran kann ich mich erinnern, darüber diskutiert, und Jürgen Fuchs war der Meinung, dass man das Komitee nicht wirklich auflösen sollte. So haben wir dann eine Lösung gefunden, die hieß: Wir stellen jetzt erst mal unsere Arbeit ein, wir lösen das Komitee nicht auf. Wenn es nochmal zu so einer Repressionswelle kommt, kann man es wieder aufleben lassen. Das war dann nicht mehr nötig, denn mittlerweile durften

jene Künstler, die unzufrieden waren, ohne große Komplikationen aus der DDR ausreisen.
Aber die SED und das MfS haben das Schutzkomitee ernst genommen. Das lässt sich am Beispiel von Hannes Schwenger sehr genau zeigen, denn ihn haben sie in seiner Abteilung in der West-Berliner SPD in Charlottenburg gezielt – gezielt! – zersetzt. Sein Ruf wurde so zerstört, dass er kein Delegierter mehr werden konnte. Das zeigt, dass sie diese Geschichte, die wir gemacht hatten, schon ernst nahmen und auch nicht bereit waren, das einfach hinzunehmen. Nur lebten wir in West-Berlin und nicht in Ost-Berlin.
Auch gegen mich haben sie jede Menge unternommen. Der Maßnahmeplan gegen mich ist ziemlich eindeutig. Er liegt in meiner Stasiakte vor. „Seine akademische Karriere ist mit allen Mitteln zu verhindern." Einiges haben sie schon unternommen, um das zu schaffen. Aber es war uns klar, dass sie sozusagen nicht noch die linke Backe hinhalten, wenn wir ihnen eins auf die rechte geben.[333]

Interview mit Dr. Hannes Schwenger

Wann hast du Jürgen Fuchs, Gerulf Pannach und Christian Kunert kennengelernt?
Als Personen lernte ich sie in dem Moment kennen, als sie in West-Berlin aus dem Bus stiegen, der sie hergebracht hatte.

Mit dem Bus? Sind sie nicht von der Frau des Rechtsanwaltes Vogel über die Grenze gefahren worden?
Ja, und dann in West-Berlin, in Dahlem, irgendwo zugeliefert worden. Ich glaube, bei der Evangelischen Kirche mit Helmut Gollwitzer. Es könnte auch sein, dass Heinrich Albertz dabei war, da bin ich mir aber nicht ganz sicher,

333 Interview mit Manfred Wilke (1941–2022), zusammen mit Bodo Strecke, im Zusammenhang mit der CD-Produktion „Für uns, die wir noch hoffen" (wie Anm. 5).

wie ja überhaupt die Kirche eine starke Aktie hatte in dem Freiholen der Leute. Es muss ein Kleinbus oder ein Transporter gewesen sein. Ich habe noch eine Szene vor Augen, wie Jürgen Fuchs aus dem Kirchenbus steigt.

Wie ist die Idee entstanden, das Schutzkomitee „Freiheit und Sozialismus" zu gründen? Es hat sich aus Solidarität mit Jürgen Fuchs gegründet, wenn ich das richtig in Erinnerung habe.

Ja, aber nicht nur. Den Anlass dazu gab das Zusammenspiel von dem Soziologen Manfred Wilke, dem SPIEGEL-Korrespondenten Jörg Mettke, der aus der DDR ausgewiesen worden war, und mir. Margret Frosch war als Journalistin in Verbindung mit Robert Havemann und Jürgen Fuchs, und sie hat auch eine Reihe der Tonaufnahmen gemacht. Sie war auch im Besitz der Leipziger Aufnahme von 1976. Sie hatte diese Bänder einerseits hier schon zu Medien gegeben und auch die Manuskripte von Jürgen Fuchs, Gerulf Pannach und Christian Kunert beschafft, die dann bei Rowohlt erschienen. Wir waren in Verbindung mit Freimut Duve, der ebenfalls zu den ersten Konfidenten des Schutzkomitees gehörte. Als Manfred Wilke mich anrief, war ich Vorsitzender des Schriftstellerverbandes in der IG Druck und Papier hier in Berlin. Wilke fragte mich: „Können wir jetzt irgendetwas in dieser Solidaritätssache tun?" Ich sagte ihm: „Ja natürlich, müssen wir, wobei wir uns wahrscheinlich weniger um Wolf Biermann kümmern müssen, der große Popularität hat, sondern es wird jetzt um die Leute gehen, die hier keinen Namen besitzen, drüben namenlos von der Staatssicherheit eingesackt werden und die man schnell verschwinden lassen möchte." Jürgen Fuchs war ein besonders auffälliges Beispiel, wie natürlich auch Gerulf Pannach, weil die DDR-Seite zunächst einmal zu behaupten versuchte, Jürgen Fuchs sei doch überhaupt kein Schriftsteller, was Unsinn war, denn er hatte in der DDR, wenn auch wenig, publiziert. Pannach und Kunert waren durch die Renft-Combo ziemlich bekannte Persönlichkeiten in der DDR. Die DDR hat aber nach außen erst mal so getan: kleine Rockgruppe. Ich habe Wilke gesagt: „Was wir organisieren müssen, wozu ich gerne bereit bin, ist Solidarität mit den Namenlosen, die infolge der Biermann-Ausbürgerung Ärger bekommen werden." Ich kannte dann schon die Unterschriftsliste der Protestler und wusste, dass auch Schriftstellerkollegen mit darauf waren, die Ärger bekommen würden. Ich habe angeboten, dass wir eine Solidaritätsaktion machen würden und dass wir aufrufen, ein solches Schutzkomitee zu bilden, und zwar auf der Basis von gewerkschaftlicher Solidarität. Das muss man sehr deutlich sagen, weil das Schutzkomitee über lange Zeit ein Komitee der westeuropäischen Linken war. Unsere Überlegung dabei war, dass wir die Gewerkschaften einbinden wollten, wobei uns bewusst war, dass unsere eigene Gewerkschaft, die IG Druck und Papier, enge Verbindungen zum FDGB hatte und alle Solidarität mit Verfolgten im Ostblock eher als störend oder problematisch empfand. Ich bin deshalb auf diesen Gedanken gekommen und habe das mit Manfred Wilke und Jörg Mettke erörtert. Der SPIEGEL-Korrespondent Jörg Mettke war einmal aus der Gewerkschaft Druck und Papier geflogen. Wegen einer Solidaritätsaktion mit Streikenden in Westdeutschland sagte die Gewerkschaft: Wo kommen wir denn hin, wenn unsere Mitglieder wilde Solidaritätsaktionen starten können? Nur, was die Gewerkschaft selbst organisiert, tragen wir.

Dieses im Kopf habe ich mir gesagt: Wir werden als West-Berliner Schriftsteller dazu aufrufen, ein solches Komitee zu gründen, und zwar beim Verband, aber nicht als Teil des Verbandes. Das führte dann dazu, dass wir es geschafft haben, in den Gewerkschaften diejenigen anzusprechen, die bereit waren, Kritik an der DDR und Solidarität zu zeigen. Da war sehr hilfreich, dass Gerulf Pannach ein schönes Lied vom Vertrauensmann, der kein Vertrauen hat, gesungen hat. Das haben wir den Gewerkschaftern vorgespielt, und sie haben verstanden, worum es ging. Wir haben dann versucht, die westeuropäischen KPs anzusprechen, die Eurokommunisten, in Italien den sehr engagierten Lucio Lombardo Radice, den Verbindungsmann der KPI zur katholischen Kirche, und Jean Elleinstein, den wichtigsten Reformkommunisten in der KPF. Wir konnten sie für dieses Schutzkomitee gewinnen. Das war wohl für die DDR der Anlass, warum sie völlig irritiert waren und ein halbes Jahr lang jeder Bericht über das Schutzkomitee bei Mielke höchstpersönlich auf dem Schreibtisch landete. Das Komitee war in seinen Anfängen eine Art Staatsfeind Nummer eins, weil die DDR völlig verblüfft war, dass Leute im Westen, die sie bisher für Bündnispartner gehalten hatte, sich plötzlich kritisch zu ihr stellten. Wolf Biermann hat sich in der Sache auch großartig verhalten. Er kam zu der ersten Pressekonferenz des Schutzkomitees und sagte selbst: „Ich habe es nicht nötig, mich muss man nicht groß feiern und schützen, aber die, die jetzt meinetwegen in den Knast kommen und Schwierigkeiten haben, brauchen Schutz.“ Diese Linie haben wir durchgehalten, und das war der erste Einstieg in die Problematik. Ich habe die Inhaftierten, die wir nach einem Dreivierteljahr freibekamen, erst kennengelernt, als sie nach West-Berlin entlassen wurden. Das war sehr ungewöhnlich, weil ausgebürgerte Gefangene sonst in das Notaufnahmelager Gießen kamen. Es war das erste Mal, dass sie nach West-Berlin entlassen wurden, direkt an uns adressiert, an Helmut Gollwitzer und Heinrich Albertz, wobei ich sagen muss: Dass sie freikamen, war zur Hälfte das Verdienst des Schutzkomitees, weil wir ihnen publizistische Flankenhilfe geboten hatten, aber die Kirche hat hinter den Kulissen sehr viel bewirkt, und ich glaube, dass ihr Anteil an der Freilassung der Leute sehr groß war. Darüber haben sie keine großen Worte verloren, aber Gollwitzer und Albertz haben eine wichtige Rolle gespielt, die man würdigen sollte. Bevor die Leute freikamen, hatte ich Verbindung zu ihren Angehörigen. Ami Pannach, die Frau von Gerulf Pannach, traf ich regelmäßig in Ost-Berlin. Sie war immer in Stasibegleitung. Die Kerle waren unheimlich frech und setzten sich im Zug neben sie. Wenn wir uns in einem Lokal trafen, saßen sie am Nebentisch und machten Bemerkungen. Ami war gelassen, sie wusste das richtig zu behandeln. Ich traf verschiedene Leute, z. B. den Vikar Günther „Aljoscha“ Schau, der dann auch mit aus dem Gefängnis Hohenschönhausen ausgebürgert wurde und der eine Rundreise zu vielen Gefängnissen der DDR gemacht, sie fotografiert und beschrieben hatte, wie es da von außen aussieht. Irgendwann haben sie ihn am Bahnhof in Erfurt geschnappt. Persönlich kennengelernt habe ich sie alle erst, als sie West-Berliner Boden erreicht hatten. Aber vorher bestand zu ihren Angehörigen und Freunden schon Kontakt, und wir haben natürlich die Namen von anderen, uns nicht bekannten Verhafteten erfragt und gesucht und dann in dem großen Solidaritätskonzert in der Akademie der Künste, bei dem Pannach und Kunert auftraten, die Namen aller Inhaftierten und Verfolgten genannt, die wir inzwischen wussten.

Manfred Wilke, du, Margret Frosch und Jörg Mettke, ihr kanntet euch schon vorher?
Ja. Manfred Wilke kenne ich schon sehr lange, er war ein engagierter Gewerkschafter, damals noch in Hamburg, er zog dann nach Berlin. Wir waren immer in einer losen Verbindung, wir kannten uns aus den Gewerkschaften. Jörg Mettke kannte ich aus meiner eigenen Gewerkschaft IG Druck und Papier. Es gab eine Verbundenheit mit ihm. Ich ging übrigens auch im SPIEGEL-Archiv und beim SPIEGEL hier in West-Berlin ein und aus, weil ich Kulturchef bei Augsteins Berliner Wochenzeitung war. Augstein wollte in Berlin die Wochenzeitung „Heute" gründen, und ich war damals Leiter des Feuilletons, von daher hatte ich zum SPIEGEL-Büro gute Verbindungen und kannte auch Mettke.

Und Margret Frosch?
Margret Frosch war mit Manfred Wilke bekannt. Sie hielten den Kontakt zu Havemann, und sie organisierte auch den Transport der Tonbänder und der Manuskripte über die DDR-Grenze nach West-Berlin.

Es waren viele Prominente im „Schutzkomitee": Romy Schneider, Yves Montand, Friedrich Dürrenmatt, Max Frisch. Wie kamen die Kontakte zustande?
Wir haben einfach gesammelt. Wer Leute kannte, sprach sie an. Dass Romy Schneider etwas exotisch auf dieser Liste auftauchte, hatte damit zu tun, dass Margret Frosch mit der Berliner Residentin und Freundin von Romy Schneider gut bekannt war. Romy Schneider stieg sofort darauf ein und sagte: „Ja, das mache ich." Sie lebte damals schon in Frankreich, wo Solidarität unter Intellektuellen eine größere Rolle spielt als bei uns. Andere Leute, wie Peter Schneider, Yaak Karsunke oder Peter Paul Zahl, sprach ich an, weil es Schriftstellerkollegen von mir waren. Dasselbe gilt für Günter Grass, mit dem ich zu dieser Zeit ein nicht ganz einfaches Verhältnis hatte und der auch als Mitglied wichtig war. Aber es gab ein Problem: Günter Grass hat bekanntlich das Theaterstück über den 17. Juni geschrieben, in dem er mit Brecht abrechnet: „Die Plebejer proben den Aufstand". Es war klar, dass die DDR das Auftauchen von Grass im Schutzkomitee verstehen würde

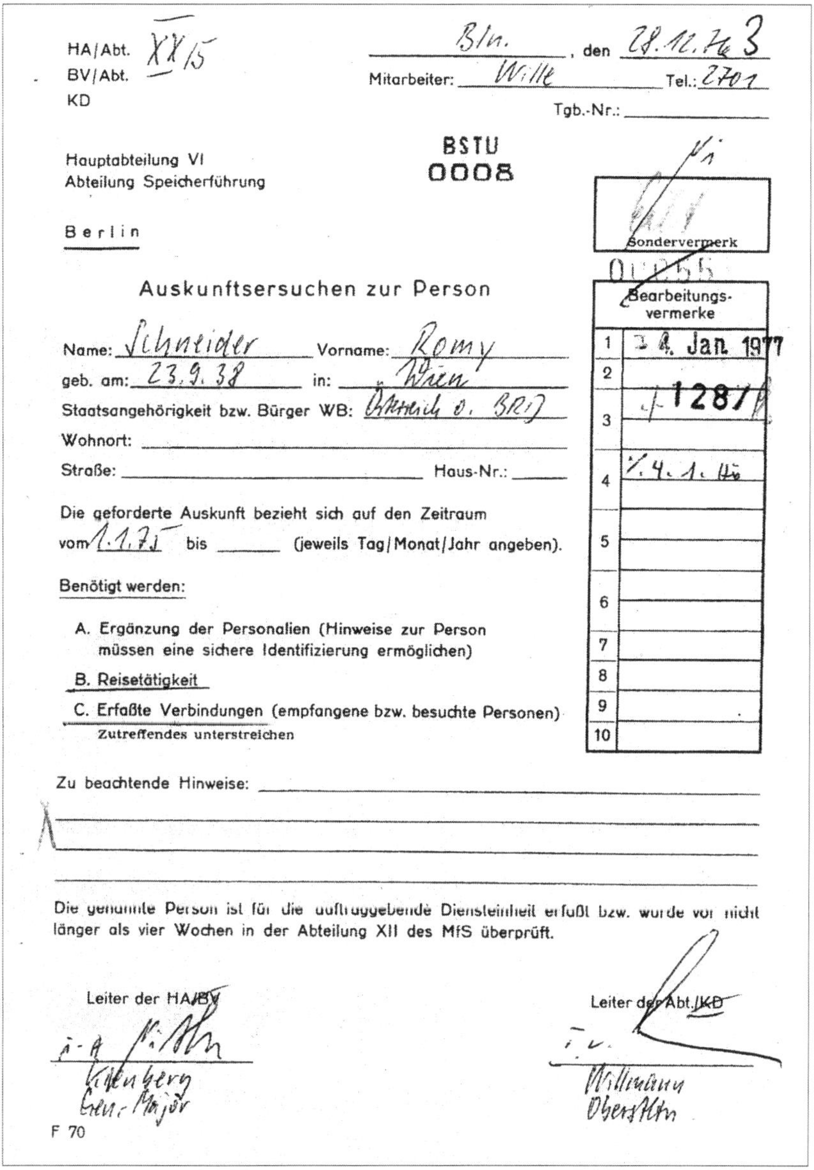

HA/Abt. XX/15
BV/Abt.
KD

Bln., den 28.12.76

Mitarbeiter: Wille Tel.: 2701

Tgb.-Nr.:

Hauptabteilung VI
Abteilung Speicherführung

Berlin

BSTU
0008

Sondervermerk

Auskunftsersuchen zur Person

Name: Schneider Vorname: Romy
geb. am: 23.9.38 in: Wien
Staatsangehörigkeit bzw. Bürger WB: Österreich o. BRD
Wohnort:
Straße: Haus-Nr.:

Die geforderte Auskunft bezieht sich auf den Zeitraum
vom 1.1.75 bis (jeweils Tag/Monat/Jahr angeben).

Benötigt werden:

A. Ergänzung der Personalien (Hinweise zur Person müssen eine sichere Identifizierung ermöglichen)

B. Reisetätigkeit

C. Erfaßte Verbindungen (empfangene bzw. besuchte Personen)

Zutreffendes unterstreichen

	Bearbeitungsvermerke
1	3 4. Jan. 1977
2	
3	1287
4	4.1.77
5	
6	
7	
8	
9	
10	

Zu beachtende Hinweise:

Die genannte Person ist für die auftraggebende Diensteinheit erfaßt bzw. wurde vor nicht länger als vier Wochen in der Abteilung XII des MfS überprüft.

Leiter der HA/BV
i. A. Kienberg
Gen.-Major

Leiter der Abt./KD
i. V. Willmann
Oberstltn.

F 70

Auch die berühmte Schauspielerin Romy Schneider wurde wegen ihrer Unterstützung des West-Berliner Schutzkomitees „Freiheit und Sozialismus“ vom MfS erfasst (Quelle: Romy Schneider Museum, Schloss Klein Loitz)

als: Jetzt kommen Antikommunisten. Wir versuchten, uns als kritisch-solidarisch der DDR gegenüber darzustellen. Ich muss dazu sagen: Wir haben als Grundsatz gesagt, wir machen keine illegale, keine heimliche, auch keine konspirative Arbeit, sondern wir zeigen offen Solidarität, wir verstoßen nicht gegen Gesetze der DDR. Es ist ja nicht einmal verboten, den Angehörigen politischer Gefangener z. B. Geld zu geben, wenn sie in Nöten sind. Genau das haben wir gemacht. Das hat sie zwar geärgert, aber wir haben versucht, an dieser Stelle streng legalistisch vorzugehen, und das funktionierte ganz gut. Auf dieser Schiene sind eine ganze Reihe von Leuten mitgekommen, und dabei waren die, die in der Bundesrepublik zum kritischen Potenzial gehörten. Ich habe schon ein paar Namen genannt. Auch Otto Schily war von Anfang an aktiv mit im Schutzkomitee. Wen hatten wir noch auf der Liste? Heinrich Böll sowieso, der eine lange Tradition der Aufmerksamkeit gegenüber der Entwicklung in Osteuropa hatte. Jakob Moneta, der verstorbene, trotzkistisch orientierte Gewerkschafter, half auch sehr in der IG Metall.

Klaus Staeck gehörte auch zum Schutzkomitee.

Klaus Staeck hat die Postkarte, das Plakat, das Symbol des Schutzkomitees entworfen. Er war auch mit dabei. Was für die DDR schmerzlich gewesen sein muss und mich sehr freute, war, dass sich der alte Vercors sofort bereit erklärte, sich zu solidarisieren. Er war ein Mann aus der französischen Resistance, den viele DDR-Bürger kannten, weil er die Erzählung „Das Schweigen des Meeres“ geschrieben hatte, die erste antifaschistische Erzählung aus der Resistance in der Nachkriegszeit, die sich fair mit der Rolle deutscher Soldaten auseinandersetzte. Er war in der DDR als Antifaschist eine Mythengestalt. Seine Solidarität war auf der DDR-Seite sehr eindrucksvoll und durchschlagend. Es gelang wirklich, eine für mich überraschend breite internationale Unterstützung zu finden. Auch der schon erwähnte Lucio Lombardo Radice legte sich heftig ins Zeug und zog bei Besuchen in Ost-Berlin an einigen Fäden. Ähnlich engagiert war zu meiner Freude Max Frisch, der in einer ganz stillen Art, so in seiner Schweizer Verhaltenheit, sehr viel Gutes tat. Ich entsinne mich, dass ich völlig verblüfft war, als ich eines Morgens in der Post von ihm, nachdem er für eine große Lesung an einem wichtigen Ort 10.000 DM Honorar kassiert hatte, einen Scheck für das Schutzkomitee fand.

Das sind Details, die wir bis heute nicht wissen. Niemand hat die Geschichte bisher richtig aufgeschrieben, oder?

Ja, aber die Unterlagen liegen in der Akademie der Künste in Berlin, und in der Zeitschrift „Europäische Ideen“ habe ich ein Heft über das Schutzkomitee herausgegeben, mit Dokumenten auch aus den Stasiakten. Jürgen Fuchs hat das Nachwort geschrieben.[334] Da kann man schon einiges finden, u.a. so interessante Dinge wie die Visitenkarte von Wolfgang Schnur, der damals als Anwalt einige der Verfolgten nach der Biermann-Ausbürgerung betreute und den alle für einen ganz ordentlichen und tapferen Mann hielten.[335] Er war auch im Gespräch mit uns, er besuchte uns im Westen, gab sich als treuer, evangelischer Anwalt aus, der von der Kirche in seiner Aktivität für die Gefangenen gebremst würde und bat um Hilfe. Wir gaben ihm übrigens auch mal etwas Geld, und er muss wirklich ein doppeltes Gesicht gehabt haben, denn ich entsinne mich eines ganz verblüffenden Vorgangs, dass er uns nämlich vor der Strafrechtsreform der DDR, in der das politische Strafrecht sehr verschärft wurde, ein Dossier gab, in dem er voraussagte, welche Änderungen der Strafgesetze kommen würden. Er hatte sie bewertet und klar zum Ausdruck gebracht, dass es Verfolgungsgesetze sind. Es ist verblüffend zu sehen, dass ein Mann, der Konfident der Staatssicherheit war, in dieser Offenheit darlegte, was die DDR mit ihrem politischen Strafrecht machte. Ich habe hinterher erfahren, dass er dasselbe auch in einem Bonner Ministerium gemacht hatte. Er gab dort dieselbe Expertise ab, die er uns gegeben hatte.

334 Schwenger: Das Schutzkomitee (wie Anm. 306).

335 Schnur war von 1965 bis 1989 IM des MfS. Vgl. zu ihm: Alexander Kobylinski: Der verratene Verräter. Wolfgang Schnur: Bürgerrechtsanwalt und Spitzenspitzel, Halle 2016.

Es ist vielleicht interessant, noch zu sagen, dass es eine zweite Runde für das Schutzkomitee gab oder noch eine dritte. Die erste Runde, die erste Welle von Dingen, mit denen wir uns beschäftigten, waren die nach der Biermann-Ausbürgerung Verfolgten, also Jürgen Fuchs, Gerulf Pannach, Christian Kunert, die Jenaer und alle, die dann kamen. Dann haben wir uns nochmal sehr heftig im Fall von Rudolf Bahro engagiert. Ich gab bei Rowohlt das Solidaritätsbuch für Bahro heraus. Wir haben dann ein drittes Mal, als das Schutzkomitee schon aufgelöst war, aber aus demselben Personenkreis heraus, in diesem Fall Peter Schneider, ich und Jörg Mettke, den offenen Brief, den Adam Michnik aus der Haft in Polen geschrieben hatte, in dem er um die Solidarität der westeuropäischen Linken bat, im SPIEGEL öffentlich beantwortet und haben noch einmal den alten Umkreis des Schutzkomitees mobilisiert und zusammengeholt, um Solidarität mit Solidarność zu organisieren. Das führte u.a. dazu, dass Jürgen Fuchs und ich nach dem Tod von Heinrich Böll eine stillschweigende Aktion in die Wege leiteten bei all den Freunden, die wir noch kannten, Geld zur Unterstützung zu sammeln. Als die Solidarność verboten war, haben wir die Familien der Inhaftierten und in den Lagern sitzende Leute unterstützt. Wir konnten uns nochmal auf das Netz stützen, dass das Schutzkomitee seinerzeit geknüpft hatte. Das haben wir nie öffentlich gemacht, es war eine ganz stille, verschwiegene Aktion, wo nur Jürgen Fuchs und ich persönlich die Leute, die wir kannten, anschrieben.

Noch ein paar konkrete Fragen, zum Beispiel, wie du Ami Pannach kennengelernt hast.

Ich weiß nicht mehr, wer konkret den Kontakt hergestellt hat, aber Ami kam immer nach Berlin gereist, und wir haben uns in Ost-Berliner Lokalen, im „Gastmahl des Meeres“, erinnere ich so dunkel, getroffen. Sie hat sehr freimütig erzählt, was los war, auch von den anderen Frauen, die ihre Männer in der Haft besuchen durften. Dadurch war ich immer ganz gut auf dem Laufenden. Ich habe dann später Lilo Fuchs abgeholt, als sie mit ihrer kleinen Tochter Lili aus der DDR ausgereist ist. Merkwürdigerweise hatte ich immer noch Einreise in die DDR, was ich mir damit erkläre, dass die Stasi versucht hat, erst einmal zuzusehen, was wir da eigentlich treiben, um uns dann langsam zu zersetzen. Es gab natürlich Zersetzungspläne der Staatssicherheit, wo sie dann angefangen haben, über mich Unwahrheiten auszustreuen und in der SPD dafür zu sorgen, dass ich durch Verleumdungskampagnen nicht zum Delegierten gewählt wurde, und sie haben beschlossen, dass ich eine Rüge durch den Landesvorstand der SPD und der Gewerkschaft bekommen sollte, weil dieser Einsatz für das Schutzkomitee entspannungsfeindlich sei. Dafür sollte ich gerügt werden von Partei und Gewerkschaft. Das haben sie betrieben, aber gleichzeitig haben sie drei Jahre lang zugesehen, was ich da treibe in Ost-Berlin. Dann haben sie mich erst am Tage des Prozesses gegen Rudolf Bahro ausgeschlossen, übrigens auch meine Frau, die auf dem Wege der Sippenhaftung am gleichen Tag an der Grenze zurückgewiesen wurde.

Bitte erzähle noch etwas von der Pressekonferenz vom Dezember 1976, bei der das „Leipziger Tonband" vorgestellt wurde.

Nach meiner Erinnerung war die Akademie der Künste damals nicht so furchtbar glücklich, weil sie auch fürchtete, sich politisch in scharfen Gegensatz zur DDR zu stellen. Aber nach meiner Erinnerung war es der sehr engagierte Generalsekretär der Akademie Manfred Schlösser, der auch den sehr schönen Agora-Verlag macht, in dem u. a. Erich Arendt im Westen publiziert wurde, der sich eingesetzt hat. Nach meiner Erinnerung war es wirklich die Initiative von Manfred Schlösser, der es uns möglich machte, in der Akademie der Künste die Pressekonferenz zu geben. Das war natürlich ein wunderbarer Ort, der große Aufmerksamkeit erregte, und ich glaube, dafür müssen wir Schlösser danken, dass er sich das Herz genommen hat, uns damals den Zugang zur Akademie zu ermöglichen.

Wie viele Leute waren da?

Das war sehr gut besucht. Die Liste aller Pressevertreter kann man in den Akten des Schutzkomitees im Archiv der Akademie der Künste noch auffinden. Die mussten sich alle eintragen. Die Vertreter der SEW, der sowjetischen und der DDR-Dienste, haben wir extra begrüßt und gesagt: „Wir legen großen Wert darauf, dass Sie hier sind und hören, was los ist."

Der RIAS-Literaturredakteur Hans-Georg Soldat hat das „Leipziger Tonband" am nächsten Tag mit einem Mitschnitt der Pressekonferenz und dem Statement von Wolf Biermann im RIAS ausgestrahlt.
Richtig. Außerdem lag das Manuskript von Jürgen Fuchs vor, das bei Rowohlt in der Reihe rororo aktuell erschien. Auch von Pannach waren Liedtexte darin. Das war enorm wichtig, weil wir eben gleich dokumentieren konnten, dass Jürgen Fuchs tatsächlich Schriftsteller war und was für Texte er geschrieben hatte. Wir konnten auch die schönen Texte von Gerulf Pannach, wie das Lied über den Vertrauensmann, vortragen. Das war von sehr großer Bedeutung, so dass einige der Gewerkschaften, die da mitmachen wollten, mitgegangen sind und die Gewerkschaftspresse zum Teil auch dieses pannachsche Lied nachgedruckt hat. Es ist dann in den Gewerkschaftszeitungen verbreitet worden, sehr zum Ärger der IG Druck und Papier, die sich geweigert hat, dem Schutzkomitee beizutreten. Wir haben dann das Schutzkomitee neben der Gewerkschaft her gefahren, aber es war doch eine Initiative des Berliner Schriftstellerverbandes.

Zurück zur Ausreise von Jürgen Fuchs, Gerulf Pannach und Christian Kunert. Ihr hattet ja schon Wohnungen organisiert und Möglichkeiten, dass sie untergekommen sind, auch für die Jenaer, die eine Woche später nach West-Berlin kamen. Als die drei ausreisten, war klar, dass noch mehr nachkommen würden. Wer hat das organisiert, und wo sind Jürgen, Gerulf und Kuno untergekommen?
Jürgen Fuchs hat zunächst einmal bei Margret Frosch gewohnt, aber wir hatten auch andere Freunde, auch über die Kirche. Die sehr nette Fotografin Riki Kalbe, die Frau des Karikaturisten Rainer Hachfeld, besaß eine Villa im Grunewald und nahm mehrere Jenaer auf. Wir hatten einen Freundeskreis von Leuten, die sich bereit erklärten, einige der Abgeschobenen erst einmal bei sich wohnen zu lassen. Das hat schnell und reibungslos geklappt.

Wann wurde die Arbeit des Schutzkomitees beendet?
Offiziell beendet wurde es 1979, wenn ich es richtig sehe, nach dem Bahro-Prozess und nachdem ich dann ausgesperrt war und nachdem die Zerset-

zungsmaßnahmen sehr heftig griffen. Ich habe mir dann gesagt, weil ich mitten in meiner Habilitationsschrift steckte und auch genervt war von den verdeckten politischen Angriffen, die liefen: Jetzt habe ich lange genug gemacht, und dann ist Margret Frosch, glaube ich, noch einmal statt meiner Geschäftsführerin geworden. Wir hatten keine formellen Positionen, wir sagten Sprecherin, Sprecher. Sie ist Sprecherin für kurze Zeit geworden. Dann kam die Frage auf, ob wir das Schutzkomitee einstellen, weil unsere Schützlinge, die wir adoptiert hatten, inzwischen alle auf freiem Fuße waren. Wir haben gesagt: Mission beendet. Da kam aber Thomas Auerbach zu mir und hat die Überlegung aufgeworfen, ob das Schutzkomitee jetzt übernommen werden sollte aus dem Kreis der ehemaligen Verfolgten der DDR. Ich hatte dagegen nichts einzuwenden und habe gesagt: „Wenn ihr das auf die Beine bringt, macht es." Es kam aber nicht zustande. Da gab es schon einen Satzungsentwurf, glaube ich, den hat Otto Schily gemacht. Das Schutzkomitee blieb dann liquidiert, aber wie die Stasi richtig vermutet hat und auch in ihren Akten schrieb, die Verbindungen blieben natürlich bestehen.

Hattest du später noch Kontakt zu den Ausgebürgerten?

Pannach habe ich bis zu seinem Tod immer wieder gesehen. Natürlich Jürgen Fuchs auch, wobei das Verhältnis mit ihm nicht ganz einfach war, weil Jürgen, wie er mir später auch gestanden hat, sehr verunsichert war, was mit mir eigentlich los sei, weil ich durch die Gespräche, die ich in Ost-Berlin führte, etwas im Zwielicht stand. Man konnte immer auch denken, ich würde vielleicht alle möglichen nicht ganz sauberen Fäden da haben, und Jürgen war sich nie ganz im Klaren. Erst nach dem Mauerfall, nachdem er in der Gauck-Behörde meine Akten gesehen hatte, hat er dann dieses Nachwort zum Schutzkomitee[336] geschrieben, wo er gesagt hat: „Ich wusste nie so richtig, woran ich mit dir bin. Jetzt aber, danke, dass du sauber warst." Aber lange war er immer etwas vorsichtig zu mir, zumal wir auch durchaus Dissens hatten. Als Bahro in Haft war, haben wir von den Angehörigen Bahros ein

336 Ebd., S. 99 f.

Signal bekommen, dass er zwar in einer strengen Haft saß, aber relativ korrekt behandelt wurde und dass das Gerücht falsch war, das damals verbreitet wurde, um Schrecken zu säen, er sei von der Todesstrafe bedroht. Ich war damals dafür, vom Schutzkomitee eine Erklärung abzugeben, die die Wogen etwas dämpfen sollte, und sagte: „Wir haben Solidarität für ihn gezeigt, aber er ist nicht mit der Todesstrafe bedroht." Jürgen hat heftig dagegen opponiert und gesagt: „So eine Erklärung könnt ihr nicht abgeben, die Stasi ist zu allem fähig." Worin ich ihm heute in besserer Erkenntnis der Dinge auch zustimmen würde, aber damals war ich nicht bereit, zu glauben, dass sie solcher verschärften Dinge fähig wären. Jürgen hat gesagt: „Sie können ihm Drogen geben." Ich habe gesagt: „Wenn sie das täten, dann hättest du es selber erfahren." Wir sind uns nicht einig geworden, natürlich in aller Freundschaft, und das war auch in Ordnung. Ich hatte mit Jürgen nie einen Konflikt, aber es gab diesen Abstand. Die Zersetzung hat auch wirklich funktioniert.[337]

---

337 Interview mit Hannes Schwenger, 2012, zusammen mit Bodo Strecke, im Zusammenhang mit der CD-Produktion „Für uns, die wir noch hoffen" (wie Anm. 5).

QUELLEN UND LITERATUR

Quellen

BStU

Zu Gerulf Pannach

MfS AKK 3179/84, 5 Bde. (1.214 S.), eingesehen: 545 S.

MfS AU 14674/77 [Archivierter Untersuchungsvorgang], 12 Bde. (3.531 S.), eingesehen: 2.910 S.

MfS BV Leipzig AOP 535/77, 1 Bd. (229 S.), eingesehen: 229 S.

MfS BV Lpz AP 1015/81, 5 Bde. (1.417 S.), eingesehen: 990 S.

Zu Christian Kunert

MfS AU 14974/77, 11 Bde. (2.974 S.), eingesehen: 2.395 S.

MfS AKK 9686/85, 2 Bde. (509 S.), eingesehen: 242 S.

MfS HA XX AP 56874/92, 1 Bd. (129 S.), komplett eingesehen

Zu Jürgen Fuchs

MfS AU 86/85, 6 Bde., 2.193 S., komplett eingesehen

MfS AU 11554/78, 17 Bde. (ca. 4.228 S.), eingesehen: 4.020 S.

Bundesarchiv Lichterfelde, SAPMO

Zu Gerulf Pannach

DY 27/ 4853, Mikrofilm (Kulturbund)

DY 27/5813, Mikrofilm (Kulturbund)

DY 27/ 6151, Mikrofilm (Kulturbund)

DY 30/ 23317, ca. 200 Bl.

DY 24/23200, ca. 250 Bl.

Literatur

Baumann, Christiane: Manfred „Ibrahim" Böhme. Ein rekonstruierter Lebenslauf, Berlin 2009.

Berbig, Roland u. a. (Hg.): In Sachen Biermann. Protokolle, Berichte und Briefe zu den Folgen einer Ausbürgerung (Forschungen zur DDR-Geschichte, 2), Berlin 1994.

Biermann, Wolf: Warte nicht auf bessre Zeiten! Die Autobiographie, Berlin 2016.

Borak, Peter: Das Morgen schon im heute, in: Melodie und Rhythmus, 4. Quartal 2017, S. 23.

Brachmann, Helga: Mein Sohn in Stasi-Haft. Online-Veröffentlichung der Arbeitsgruppe Zeitzeugen der Seniorenakademie, Leipzig 2001.

Brüning, Uschi/Schädlich, Krista Maria: So wie ich. Autobiografie, Berlin 2019.

Fuchs, Jürgen: Gedächtnisprotokolle. Mit Liedern von Gerulf Pannach und einem Vorwort von Wolf Biermann, Reinbek bei Hamburg, Februar 1977.

Ders.: „Ihnen imponiert wohl, was sich dieser Biermann traut?“. Gedächtnisprotokoll einer Befragung (Anfang 1975, Jena, Friedrich-Schiller-Universität), in: Thomas Rothschild (Hg.): Wolf Biermann. Liedermacher und Sozialist, Reinbek bei Hamburg 1976, S. 163–168.

Ders.: Magdalena. MfS, Memfisblues, Stasi, Die Firma, VEB Horch & Gauck, Berlin 1998.

Ders.: Pappkameraden. Gedichte, Reinbek bei Hamburg 1981.

Ders.: Gedächtnisprotokolle. Vernehmungsprotokolle. November ’76 bis September ’77, Reinbek bei Hamburg 1990.

Gläser, Peter/Pötzsch, Gerhard: Cäsar. Wer die Rose ehrt. Die Autobiografie, Leipzig 2007.

Hentschel, Joachim: I. M. Rock: Was die Stasi mit der Musik der DDR zu tun hatte, in: Rolling Stone, 03.08.2011, https://www.rollingstone.de/i-m-rock-was-die-stasi-mit-der-musik-der-ddr-zu-tun-hatte-341747/ (28.04.2022).

König, Hartmut: Warten wir die Zukunft ab. Autobiografie, Berlin 2017.

Kriese, Delle: Nach der Schlacht. Die Renft-Story – von der Band selbst erzählt, Berlin 1998.

Kunert, Denise: Stasischatten, in: Anna Schädlich/Susanne Schädlich (Hg.): Ein Spaziergang war es nicht, München 2012, S. 139–155.

Kuczyński, Ernest: Über Grenzen hinweg. Die Wahrnehmung des literarischen Werks von Jürgen Fuchs außerhalb des deutschsprachigen Raumes, in: https://blogs.dickinson.edu/glossen/archive/glossen-44-2019-current-issue/uber-grenzen-hinweg/ (25.07.2022).

Ders.: Im Dialog mit der Wirklichkeit. Annäherungen an Leben und Werk von Jürgen Fuchs, Halle 2014.

Ders.: Sagen, was ist! Jürgen Fuchs zwischen Interpretation, Forschung und Kritik, Dresden/Wrocław 2017.

Kunert, Christian: Get no, in: Lutz Kerschowski/Andreas Meinecke (Hg.): Östlich der Elbe. Songs und Bilder 1970–2013, Berlin 2020, S. 56–57.

Ders.: „Schau mich nicht so schüchtern an, weil ich dich gut leiden kann." Rock in der DDR, in: Jörg Gülden/Klaus Humann (Hg.): Rock Session. Magazin der populären Musik, Teil 2, Reinbek bei Hamburg 1978, S. 198–212.

Ders.: The times they are ä Wahnsinn. Gerste, Renft und Rebellion, in: Michael Rauhut/Thomas Kochan (Hg.): Bye bye, Lübben City. Bluesfreaks, Tramps und Hippies in der DDR, Berlin 2004, S. 83–91.

Ders.: Vom Rot das brennt. Gerulf Pannach zum 20. Todestag, in: Gerbergasse 18, Vierteljahreszeitschrift für Zeitgeschichte und Politik, 2/2018, Heft 87, S. 39–40.

Liebermann, Doris: Gespräche mit Oppositionellen, Berlin 2016.

Liebermann, Doris/Fuchs, Jürgen/Wallat, Vlasta: Dissidenten, Präsidenten und Gemüsehändler. Tschechische und ostdeutsche Dissidenten 1968–1998, Essen 1998.

Liebing, Yvonne: All you need is beat. Jugendsubkultur in Leipzig 1957–1968, hg. von Uwe Schwabe und Rainer Eckert im Auftrag des Archivs Bürgerbewegung e. V., Leipzig 2005.

Materni, Undine/Stephan, Heike (Hg.): Die Bewaffnung der Nachtigall. Tagebücher von Klaus Renft 1968 bis 1997, Berlin 2015.

Pannach, Gerulf: Anpasser oder Aufmüpfer. Ein Songschreiber über Bands und Legenden, in: Irmela Hannover/Peter Wicke (Hg.): Puhdys. Eine Kultband aus dem Osten, Berlin 1994, S. 31–36.

Ders.: Als ich wie ein Vogel war. Gerulf Pannach: Die Texte. Die Songtexte von Gerulf Pannach für die Klaus Renft Combo, Pannach & Kunert, Veronika Fischer, die Puhdys und andere, hg. von Salli Sallmann, mit Anm. von Christian Kuno Kunert, Berlin 1999.

Ders.: Als ich wie ein Vogel war. Gerulf Pannach: Die Texte, neu hg. von Salli Sallmann, mit Anmerkungen und Anekdoten von Kuno Kunert, Berlin 2021 (mit ausführlichen Angaben zur Diskografie, S. 366 ff.)

Rauhut, Michael: Blues in Rot. Der Fall Gerulf Pannach und das Verbot der Klaus Renft Combo, in: Deutschlandarchiv, 31 Jg., Nr. 5/1998, S. 775–782.

Renft, Klaus: Zwischen Liebe und Zorn. Die Autobiografie, hg. von Hans-Dieter Schütt, Berlin 1997.

Rothschild, Thomas (Hg.): Wolf Biermann. Liedermacher und Sozialist, Reinbek bei Hamburg 1976.

Sallmann, Salli: Badetag. Mit einem Nachwort von Joachim Walther, Frankfurt am Main/Wien/Zürich 2009.

Scheer, Udo: Die Sonne hat vier Ecken. Günter Ullmann – eine Biografie, Halle 2012.

Ders.: Jürgen Fuchs. Ein literarischer Weg in die Opposition, Berlin 2007.
Ders.: Jürgen Fuchs. Schriftsteller, Bürgerrechtler, Sozialpsychologe. Ein Porträt, Erfurt 2019.
Ders.: Vision und Wirklichkeit. Die Opposition in Jena in den siebziger und achtziger Jahren, Berlin 1999.
Schmidt, Andreas: Unruhiges Refugium. Als Jürgen Fuchs bei Robert Havemann wohnte, Privatdruck, März/April 2009.
Schwenger, Hannes (Red.): Das Schutzkomitee Freiheit und Sozialismus in Selbstzeugnissen, Dokumenten, Briefen und im Zerrspiegel der MfS-Akten (Europäische Ideen, Sonderheft), Berlin 1995.
Wilke, Manfred: Das Schutzkomitee Freiheit und Sozialismus, in: ders.: Der SED-Staat. Geschichte und Nachwirkungen, Köln/Weimar/Wien 2006, S. 111–121.
Zimmer, Andreas: Der Kulturbund in der SBZ und in der DDR. Eine ostdeutsche Kulturvereinigung im Wandel der Zeit zwischen 1945 und 1990, Wiesbaden 2019.

Medien

Für uns, die wir noch hoffen. Lieder von Gerulf Pannach & Christian Kunert, Prosa von Jürgen Fuchs. Leipzig 1976, West-Berlin 1977, hg. von Doris Liebermann und Bodo Strecke, CD, Marktkram 2013.
Klaus Renft Combo: Zwischen Liebe und Zorn. Die Original-Amiga-Alben, Hits und Raritäten + DVD, Sechzehnzehn 2015.
Kunert, Christian Kuno: Das muss Sie gar nicht interessieren. Aufzeichnung einer Veranstaltung zur Leipziger Museumsnacht am 21. April 2007 in der „Runden Ecke", der ehemaligen Stasibezirkszentrale und heutigen BStU, Außenstelle Leipzig, CD, Marktkram 2007.
Pannach, Gerulf: Wer sagt, das kann nicht sein. Live 1969–1975, CD, Marktkram 2000.
Pannach, Fuchs und Kunert: Für uns, die wir noch hoffen. Lieder und Prosa aus der DDR, LP, CBS Schallplatten GmbH 1977.
Pannach & Kunert: Gib mir 'ne Hand voll Glück. Live 1977–1993, BuschFunk 2000.

ABKÜRZUNGSVERZEICHNIS HISTORISCHER BEGRIFFE

ADN	Allgemeiner Deutscher Nachrichtendienst, die DDR-Nachrichtenagentur
AG	Arbeitsgemeinschaft
Agitprop	Agitation und Propaganda
AKK	archiviertes Material zu einer mit Kerblochkarte erfassten Person (MfS)
AWA	Anstalt zur Wahrung der Aufführungsrechte auf dem Gebiete der Musik
BL	Bezirksleitung (SED)
BSG	Betriebssportgemeinschaft
BV	Bezirksverwaltung (MfS)
CBS	Columbia Broadcasting System
DDR	Deutsche Demokratische Republik
DHfK	Deutsche Hochschule für Körperkultur
DPA	Deutsche Presse-Agentur
DTSB	Deutscher Turn- und Sportbund
EV	Ermittlungsverfahren
FDGB	Freier Deutscher Gewerkschaftsbund
FDJ	Freie Deutsche Jugend
FIM	Führungs-IM, ein Inoffizieller Mitarbeiter, der weitere IM führte (MfS)
FSU	Friedrich-Schiller-Universität (Jena)
Gen.	Genosse (SED)
GHG	Großhandelsgesellschaft
GMS	Gesellschaftlicher Mitarbeiter für Sicherheit (MfS)
GÜST	Grenzübergangsstelle
HA	Hauptabteilung (MfS)
IG	Industriegewerkschaft
IM	Inoffizieller Mitarbeiter (MfS)
IMB	Inoffizieller Mitarbeiter zur unmittelbaren Bearbeitung im Verdacht der Feindtätigkeit stehender Personen (MfS)
IMV	Inoffizieller Mitarbeiter mit vertraulichen Beziehungen zur bearbeiteten Person (MfS)
KD	Kreisdienststelle (MfS)
KG	Kontrollgruppe (MfS)

KGB	Komitet Gossudarstwennoj Besopasnosti (Komitee für Staatssicherheit)
KGD	Konzert- und Gastspieldirektion
KOR	Komitet Obrony Robotników (Komitee zur Verteidigung der Arbeiter)
KP	Kommunistische Partei
KPF	Kommunistische Partei Frankreichs
KPI	Kommunistische Partei Italiens
MAB	Maschinen- und Apparatebau
KP	Kommunistische Partei
KZ	Konzentrationslager
MfS	Ministerium für Staatssicherheit
NDPD	National-Demokratische Partei Deutschlands
NVA	Nationale Volksarmee
OG	Operativgruppe (MfS)
op.	operativ
OPK	Operative Personenkontrolle (MfS)
OV	Operativer Vorgang
RIAS	Rundfunk im amerikanischen Sektor (Berlins)
SED	Sozialistische Einheitspartei Deutschlands
SEW	Sozialistische Einheitspartei Westberlins
SFB	Sender Freies Berlin
Skr.	Sekretär
SS	Schutzstaffel, nationalsozialistische Organisation
SSD	Staatssicherheitsdienst (westdeutsche Bezeichnung für das MfS)
Stasi	Staatssicherheit, das MfS
StGB	Strafgesetzbuch der DDR
StPO	Strafprozessordnung
UHA	Untersuchungshaftanstalt
VAO	Vorlauf-Akte-Operativ (MfS)
VEB	volkseigener Betrieb
V-IM	Vorlauf-IM, Person, die mit dem Ziel der Gewinnung zur inoffiziellen Zusammenarbeit in einem Vorgang erfasst war
VM	Vergleichsmaterial
ZfKA	Zentralhaus für Kulturarbeit der DDR
ZI	Zelleninformator
ZK	Zentralkomitee (SED)
ZK 246	Tonbandgerätetyp der polnischen Firma Unitra
ZOV	Zentraler Operativer Vorgang (MfS)

PERSONENREGISTER

Jürgen Fuchs, Christian Kunert und Gerulf Pannach sind aufgrund der Häufigkeit ihrer Nennung nicht im Register aufgeführt.

DANK

Für Hilfe und Unterstützung danke ich Amrei Pannach († 2019), Lilo Fuchs, Christian „Kuno“ Kunert, Bettina Wegner, Wolf Biermann, Pamela Biermann, Margret Frosch, Dr. Hannes Schwenger, Prof. Manfred Wilke († 2022), Dr. Karl Corino, Dr. Edwin Kratschmer, Salli Sallmann, Gerd Sonntag, Dr. Nancy Aris, Lutz Rathenow, Thomas Schoppe, Hans-Georg Soldat, Bodo Strecke, Heike Kalnbach, Udo Scheer sowie den BStU-Mitarbeiterinnen Roswitha Meister und Anke Weiße. Die Bundesstiftung zur Aufarbeitung der SED-Diktatur unterstützte freundlicherweise die Drucklegung der ersten Auflage. Meinem Sohn Anatol danke ich für alle Computerhilfen.